PORTUGUÊS JURÍDICO

Eduardo Sabbag

PORTUGUÊS JURÍDICO

3ª edição

2025

■ O autor deste livro e a editora empenharam seus melhores esforços para assegurar que as informações e os procedimentos apresentados no texto estejam em acordo com os padrões aceitos à época da publicação, e *todos os dados foram atualizados pelo autor até a data da entrega dos originais à editora*. Entretanto, tendo em conta a evolução das ciências, as atualizações legislativas, as mudanças regulamentares governamentais e o constante fluxo de novas informações sobre os temas que constam do livro, recomendamos enfaticamente que os leitores consultem sempre outras fontes fidedignas, de modo a se certificarem de que as informações contidas no texto estão corretas e de que não houve alterações nas recomendações ou na legislação regulamentadora.

■ Data do fechamento do livro: 04/09/2024

■ O autor e a editora se empenharam para citar adequadamente e dar o devido crédito a todos os detentores de direitos autorais de qualquer material utilizado neste livro, dispondo-se a possíveis acertos posteriores caso, inadvertida e involuntariamente, a identificação de algum deles tenha sido omitida.

■ Direitos exclusivos para a língua portuguesa
Copyright ©2025 by
Saraiva Jur, um selo da SRV Editora Ltda.
Uma editora integrante do GEN | Grupo Editorial Nacional
Travessa do Ouvidor, 11
Rio de Janeiro – RJ – 20040-040

■ **Atendimento ao cliente: https://www.editoradodireito.com.br/contato**

■ Reservados todos os direitos. É proibida a duplicação ou reprodução deste volume, no todo ou em parte, em quaisquer formas ou por quaisquer meios (eletrônico, mecânico, gravação, fotocópia, distribuição pela Internet ou outros), sem permissão, por escrito, da **SRV Editora Ltda.**

■ Capa: Lais Soriano
Diagramação: Rafael Cancio Padovan

■ **DADOS INTERNACIONAIS DE CATALOGAÇÃO NA PUBLICAÇÃO (CIP)**
ODILIO HILARIO MOREIRA JUNIOR – CRB-8/9949

S114p   Sabbag, Eduardo
Português jurídico / Eduardo Sabbag. - 3. ed. - São Paulo: Saraiva Jur, 2025.

224 p. - (Sinopses Jurídicas)
ISBN 978-85-5362-608-3

1. Língua portuguesa. 2. Português jurídico. 3. Língua culta. 4.Latim. 5. Redação forense. 6. Comunicação jurídica. I. Título. II. Série.

	CDD 469
2024-2733	CDU 81

Índices para catálogo sistemático:
1. Língua portuguesa   469
2. Língua portuguesa   81

Sumário

Capítulo 1 — A redação forense **1**

1.1. Dicas rápidas 2

    1.1.1. Existe diferença entre exotérico (com -x) e esotérico (com -s)? 2

    1.1.2. Maestria ou mestria 2

    1.1.3. Haja vista o ocorrido 2

    1.1.4. *Mea culpa* 3

1.2. As "pérolas" do português 3

Capítulo 2 — A comunicação jurídica **5**

2.1. Dicas rápidas 7

    2.1.1. Custas, núpcias, pêsames, óculos, olheiras 7

    2.1.2. O imã (oxítona) e o ímã (paroxítona) 7

    2.1.3. Rixa 7

2.2. As "pérolas" do português 7

Capítulo 3 — Boa linguagem **9**

3.1. A organização das ideias 9

3.2. Qualidades da boa linguagem 10

3.3. Dicas rápidas 17

    3.3.1. Inadimplência ou inadimplemento 17

    3.3.2. Infenso a 17

    3.3.3. À medida que – na medida em que 18

    3.3.4. Propositado ou proposital 18

3.4. As "pérolas" do português 19

Capítulo 4 — Da petição inicial **21**

4.1. A articulação na petição 21

4.2. A dissertação – dedução e indução 22

4.3. A petição à luz da dissertação 24

4.4. Dicas rápidas 31

    4.4.1. Viver à custa de – estar em via de 31

    4.4.2. Meritíssimo 32

    4.4.3. Supracitado ou supramencionado 32

4.5. As "pérolas" do português 32

Capítulo 5 — Como enriquecer a linguagem do foro **35**

5.1. Dicas rápidas 59

    5.1.1. *Grosso modo* (e não *"a grosso modo"*) 59

	5.1.2.	Aficionado de / ao	59
	5.1.3.	Boa-fé e má-fé	59
	5.1.4.	Automação e automatização	60
5.2.		As "pérolas" do português	60

Capítulo 6 — Latim **63**

6.1.		Expressões latinas usadas na linguagem do foro	63
	6.1.1.	*Mutatis mutandis*	63
	6.1.2.	*Sic*	63
	6.1.3.	*A priori* e *a posteriori*	65
	6.1.4.	*In casu*	66
	6.1.5.	*Venia concessa*	66
	6.1.6.	*In verbis*	67
	6.1.7.	*Ex positis*	67
	6.1.8.	*Ex vi*	68
	6.1.9.	*In albis*	68
	6.1.10.	*In pari causa*	68
	6.1.11.	*In fine*	68
	6.1.12.	*V.g.* e *E.g.*	69
	6.1.13.	*I.e.*	69
	6.1.14.	*Apud*	69
	6.1.15.	*Pari passu*	71
	6.1.16.	*Inaudita altera parte*	71
	6.1.17.	*Ipso facto*	72
	6.1.18.	*(De) per se*	72
	6.1.19.	*Sine die*	73
	6.1.20.	*Sine qua non*	73
	6.1.21.	*Punctum pruriens – punctum saliens*	73
	6.1.22.	*Habeas corpus*	73
	6.1.23.	*Ab initio*	74
	6.1.24.	*Ab irato*	74
	6.1.25.	*Absente reo*	74
	6.1.26.	*Ad cautelam*	74
	6.1.27.	*Ad instar*	75
	6.1.28.	*Ad libitum*	75
	6.1.29.	*Ad nutum*	75
	6.1.30.	*Ex professo*	75
	6.1.31.	*In loco – in situ*	75
6.2.		Dicas rápidas	75
	6.2.1.	Júri	75
	6.2.2.	Cesárea e cesariana	75

Português Jurídico

6.2.3.	Imbróglio	75
6.2.4.	Desadorar	76
6.3.	As "pérolas" do português	76

Capítulo 7 — Pronúncia ... 77

7.1.	Dicas de pronúncia	77
7.2.	Dicas rápidas	92
	7.2.1. Ante o exposto	92
	7.2.2. Fleuma	92
	7.2.3. *Toalete*: masculino ou feminino?	92
	7.2.4. O imã (oxítona) e o ímã (paroxítona)	93
7.3.	As "pérolas" do português	93

Capítulo 8 — Problemas gerais da língua culta ... 95

8.1.	As expressões semelhantes e seus significados diferentes	95
	8.1.1. *Que* e *quê*	95
	8.1.2. *Por que, por quê, porque* e *porquê* – os quatro porquês	95
	8.1.3. *Mas* e *mais*	96
	8.1.4. *Mal* e *mau*	96
	8.1.5. *A par* e *ao par*	97
	8.1.6. *Ao encontro de* e *de encontro a*	97
	8.1.7. *A* e *há*	98
	8.1.8. *Acerca de, há cerca de* e *a cerca de*	98
	8.1.9. *Demais* e *de mais*	98
	8.1.10. *Todo* e *todo o*	98
	8.1.11. *Senão* e *se não*	99
	8.1.12. *Na medida em que* e *à medida que*	100
	8.1.13. *Mais grande* e *mais pequeno*	100
	8.1.14. *Em princípio* e *a princípio*	101
8.2.	A questão dos parônimos e os significados das palavras	101
8.3.	O problema das redundâncias ou pleonasmos viciosos	105
8.4.	Dicas rápidas	108
	8.4.1. Advogado abaixo assinado	108
	8.4.2. A olhos vistos	108
	8.4.3. Carrasco	108
	8.4.4. *Lance* ou *lanço*	108
	8.4.5. *A fim de* e *afim*	108
8.5.	As "pérolas" do português	109

Capítulo 9 — Ortografia ... 111

9.1.	Letra e alfabeto	111
	9.1.1. A letra h	111
	9.1.2. Significação das palavras	111

9.1.3.	O fonema /s/	112
9.1.4.	O emprego do z	113
9.1.5.	O emprego do s	113
9.1.6.	O confronto entre s e z	114
9.1.7.	O emprego do j	114
9.1.8.	O emprego do g	115
9.1.9.	O confronto entre g e j	115
9.1.10.	O emprego do x	115
9.1.11.	O confronto entre s e x	116
9.1.12.	O confronto entre x e ch	116
9.1.13.	O emprego do ç	116
9.1.14.	O emprego do e	117
9.1.15.	O emprego do i	117
9.1.16.	O confronto entre e e i	117
9.1.17.	O confronto entre o e u	118
9.2.	Palavras de grafia complexa	119
9.3.	O hífen e o acordo ortográfico	120
9.4.	Enriqueça seu vocabulário: rol de vocábulos de grafia complexa	123
9.5.	Dicas rápidas	127
9.5.1.	Indochinês	127
9.5.2.	Nó górdio	128
9.5.3.	Lacônico	128
9.6.	As "pérolas" do português	128

Capítulo 10 — Acentuação gráfica **129**

10.1.	Regras de acentuação	129
10.1.1.	Oxítonos	129
10.1.2.	Paroxítonos	130
10.1.3.	Proparoxítonos	131
10.1.4.	Hiatos	132
10.1.5.	Ditongos	132
10.1.6.	Monossílabos	132
10.1.7.	Formas verbais	132
10.1.8.	Trema	133
10.1.9.	Acento diferencial	133
10.2.	Dicas rápidas	133
10.2.1.	Estada e estadia	133
10.2.2.	Malgrado ou mau grado	133
10.2.3.	Uma agravante – uma atenuante	134
10.3.	As "pérolas" do português	134

Capítulo 11 — Crase **137**

Português Jurídico

11.1.	Casos obrigatórios de crase	137
11.2.	Casos proibitivos de crase	140
11.3.	Casos específicos de crase	141
	11.3.1. A crase e seu uso facultativo	142
	11.3.2. A crase e a expressão "a uma (só) voz"	142
	11.3.3. A crase e os pronomes adjetivos e substantivos	142
11.4.	Dicas rápidas	142
	11.4.1. Olhos de lince	142
	11.4.2. *Índex* ou *índice*	143
	11.4.3. Oxalá	143
	11.4.4. *Veredicto* e *detector*	143
11.5.	As "pérolas" do português	143

Capítulo 12 — Regências nominal e verbal **145**

12.1.	Regência nominal	145
12.2.	Regência verbal	146
12.3.	Dicas rápidas	153
	12.3.1. Mossa (ó) e moça (ô)	153
	12.3.2. Excesso	153
12.4.	As "pérolas" do português	153

Capítulo 13 — Concordância nominal **155**

13.1.	Casos especiais	155
	13.1.1. Adjetivo posposto a dois ou mais substantivos	155
	13.1.2. Adjetivo anteposto a dois ou mais substantivos	155
	13.1.3. Adjetivo como predicativo do objeto	156
	13.1.4. Substantivo modificado por dois ou mais adjetivos no singular	156
	13.1.5. Adjetivo composto	156
	13.1.6. "Um e outro", "nem um nem outro", "um ou outro", seguidos de substantivo	156
	13.1.7. Termos que concordam com o nome a que se referem...	156
	13.1.8. O aposto	157
	13.1.9. Termos que permanecem invariáveis	157
	13.1.10. Possível (o mais / o menos possível – o pior / o melhor possível – quanto possível)	157
	13.1.11. Grão e grã	158
	13.1.12. Meio – só – bastante – caro – barato – longe	158
	13.1.13. Sujeito em grau absoluto	158
	13.1.14. Concordância com nomes de cor	159
	13.1.15. Adjetivos compostos que indicam cores	159
13.2.	Dicas rápidas	159

13.2.1.	Avexar ou vexar	159
13.2.2.	É vernácula a expressão "pernas para que te quero!"?	159
13.2.3.	Filha temporã	160
13.2.4.	Artigo inserto no capítulo	160
13.2.5.	Ostracismo	160
13.2.6.	A libido desenfreada e o dó da vítima do crime sexual	160
13.3.	As "pérolas" do português	160

Capítulo 14 — Concordância verbal **163**

14.1.	Casos especiais: sujeito simples	163
14.1.1.	Substantivo coletivo	163
14.1.2.	Mais de um	163
14.1.3.	Expressões partitivas (a maioria de, a maior parte de, uma porção de, a metade de, entre outras)	164
14.1.4.	Expressões aproximativas (cerca de, perto de etc.)	164
14.1.5.	Locuções pronominais (algum, alguns de nós, alguns de vós; qual, quais de nós, quais de vós, entre outras)	164
14.1.6.	Um dos (...) que	164
14.1.7.	*Que* e *quem*	164
14.1.8.	Substantivo próprio no plural	165
14.1.9.	Porcentagem	165
14.2.	Casos especiais: sujeito composto	165
14.2.1.	Sujeito anteposto e sujeito posposto	165
14.2.2.	Sujeito composto de pessoas diferentes	166
14.2.3.	Um e outro; nem um nem outro	166
14.2.4.	Sujeito formado de infinitivos	166
14.2.5.	Cada	166
14.2.6.	Com	167
14.2.7.	Sujeito resumido (tudo, nada, nenhum, ninguém)	167
14.3.	Outros casos	167
14.3.1.	Verbos *dar*, *soar*, *bater*	167
14.3.2.	Verbo *parecer* + infinitivo	167
14.3.3.	Expressão *haja vista*	167
14.3.4.	Os verbos impessoais	168
14.3.5.	O verbo *ser*	168
14.3.6.	Concordância irregular ou ideológica	169
14.4.	Dicas rápidas	170
14.4.1.	Cadê?	170
14.4.2.	Passar revista a...	170
14.4.3.	São e santo	170
14.4.4.	O verbo *tresandar*: qual o significado?	170
14.5.	As "pérolas" do português	170

Português Jurídico

Capítulo 15 — Pontuação **173**
15.1. O valor estilístico da pontuação 173
15.2. Vírgula 173
    15.2.1. A não aplicação da vírgula 177
15.3. Dicas rápidas 178
    15.3.1. O elemento de composição "sesqui-" 178
    15.3.2. Exceção 178
    15.3.3. Como se pronuncia belchior? 178
    15.3.4. Foro (ô) 179
    15.3.5. Por que se chama "enxadrista" aquele que joga xadrez?. 179
    15.3.6. Verbo *jazer* 179
15.4. As "pérolas" do português 179

Capítulo 16 — Verbos **181**
16.1. Verbos regulares e irregulares 181
16.2. Uso dos tempos verbais 196
16.3. O gerúndio e o gerundismo 197
16.4. A colocação pronominal e a conjugação dos verbos 198
16.5. Dicas rápidas 201
    16.5.1. Fazer jus a 201
    16.5.2. Moscar-se 201
    16.5.3. *Impio* (pí) e *ímpio* (ím) 201
    16.5.4. Nobel 202
    16.5.5. *Próvido* e *provido* 202
16.6. As "pérolas" do português 202

Referências **203**

Capítulo 1
A REDAÇÃO FORENSE

O escrever corretamente assume no campo do Direito valor maior do que em qualquer outro setor. O advogado que arrazoa ou peticiona ou o juiz que sentencia ou despacha têm de empregar linguagem escorreita e técnica. A boa linguagem é um dever do advogado para consigo mesmo.

O **Direito** é a profissão da palavra, e o operador do Direito, mais do que qualquer outro profissional, precisa saber usá-la com conhecimento, tática e habilidade. Deve-se prestar muita atenção à principal ferramenta de trabalho, que é a palavra escrita e falada, procurando transmitir melhor o pensamento com elegância, brevidade e clareza.

Nesse contexto surge a **redação forense** ou o **português jurídico**. Mas o que têm a traduzir tais expressões?

Os operadores do Direito são profissionais da comunicação que se valem, cotidianamente, de enunciados comunicativos para levarem a cabo a exteriorização das normas jurídicas, como as decisões judiciais, os textos doutrinários e as petições.

Entretanto, tudo se apresentaria simples, se não convivêssemos com um idioma marcadamente complexo, cujo desconhecimento atinge até aqueles que dele necessitam para exercer seus misteres. O operador do Direito vive do Direito e da Língua Portuguesa, primacialmente. Um erro em petição, sentença ou acórdão tem o condão de retirar-lhe a pujança e a autoridade, além de espelhar a incapacidade do anunciante.

Essa é a razão que nos levou à confecção da presente obra – a necessidade de o profissional dominar as questões afetas à Língua pátria, sanando dúvidas do vernáculo em suas atividades diárias de escrita. Daí se falar no chamado *português jurídico* – expressão que pode criar uma falsa ideia acerca de seu significado. É patente que a Língua Portuguesa é uma só: advogados, juízes, médicos, dentistas e outros profissionais, todos eles falam o mesmo português. O que se denomina "português jurídico" é, então, a aplicação das regras gramaticais aos recursos expressivos mais usuais no discurso jurídico. É a exteriorização jurídica do sistema gramatical. Traduz-se no empréstimo das ferramentas gramaticais pelo Direito, que se incumbe de produzir um objeto final: **o português jurídico**.

É imperioso que o operador do Direito mantenha constante preocupação em expressar as ideias com clareza e precisão, sem sacrificar o estilo solene que deve nortear a linguagem forense. Para levar a cabo tal mister, não pode se valer da fala pedante, com dizeres mirabolantes e terminologia "enrolativa", que vem de encontro à precisão necessária e à assimilação do argumento exposto. A linguagem hermética e "centrípeta" só agrada ao remetente, não ao destinatário.

Portanto, é questão de urgência: devemos evitar a terminologia pernóstica utilizada em textos jurídicos, procurando alcançar o conceito de precisão e objetividade na exposição do pensamento, que, necessariamente, passa pelo paradigma de *boa linguagem*, cujos pilares conheceremos em breve, na presente obra. Aliás, o dito popular é claro: *"Quem muito fala, muito erra e muito enfada".*

Ademais, não se pode confundir a linguagem polida ou solene com expressões de subserviência, oriundas de um anacronismo extemporâneo, tais como os termos "suplicante" e "suplicado". Tais vocábulos são resquícios de vassalagem, vindos do tempo da *Casa de Suplicação*, já ultrapassada pela inexorabilidade dos séculos, mas não por alguns profissionais menos avisados.

Sabe-se que o advogado despreparado possui vocabulário limitado. Desconhece o sentido das palavras e raramente consulta o dicionário. Esse distanciamento do vernáculo é maléfico, porque o retira do "mundo das letras", alienando-o em um ambiente de "falso conhecimento" do léxico, o que é de todo condenável.

Desse modo, o aplicador do Direito deve atrelar à linguagem jurídica um razoável conhecimento das normas de rigor do nosso léxico, a fim de que logre se destacar na arte de convencer outrem – ofício primacial do causídico.

A propósito do termo *linguagem jurídica*, faz-se mister elucidar que é gênero do qual exsurge espécie conhecida por *linguagem forense*. Esta representa a linguagem do advogado, enquanto aquela refere-se à linguagem jurisprudencial, doutrinária ou legislativa. Há três funções para a *linguagem forense*: tomar cautela, escrever e responder. Na verdade, as três palavras (verbos) encerram o nobre mister do advogado, podendo ser assimiladas, consoante a língua latina, em *cavere, scribere et respondere*. Não há como conceber o dia a dia do advogado despido dessas funções: sempre deve redigir as peças (*scribere*), tomando cautela com o procedimento nas ações (*cavere*) e com a resposta aos atos processuais (*respondere*).

Por meio de uma linguagem jurídica breve, clara e precisa, o operador do Direito reúne atributos à formação da *elegantia juris*, como denomina Jhering, ou beleza funcional (ou *estética funcional*). A dificuldade a ser suplantada pelo causídico em seu eminente trabalho diuturno é conciliar a brevidade com a clareza, alcançando-se o conceito da *elegantia juris*.

1.1. DICAS RÁPIDAS

1.1.1. EXISTE DIFERENÇA ENTRE EXOTÉRICO (COM -X) E ESOTÉRICO (COM -S)?

Embora os termos venham do grego e se refiram aos ensinamentos filosóficos da antiguidade grega, sendo vocábulos homófonos, designam, com efeito, coisas opostas. José de Nicola e Ernani Terra (2000: 99) preconizam que esotérico refere-se aos ensinamentos dedicados, exclusivamente, aos discípulos já iniciados, o que confere a essas lições um caráter de doutrina secreta, restrita a um círculo fechado. Por extensão, o adjetivo esotérico (com -s) refere-se a "algo de difícil compreensão, hermético, secreto".

De outra banda, exotérico (com -x), apresentando, em sua formação, o prefixo ex-, pressupõe algo para fora. Portanto, refere-se aos "ensinamentos endereçados a público aberto, de forma irrestrita".

Posto isso, memorize: esotérico é adjetivo que designa "iniciático ou relativo à iniciação"; por sua vez, exotérico tem a acepção de "aberto a todos".

Por derradeiro, não confunda os vocábulos em estudo com isotérico, isto é, "de igual densidade".

1.1.2. MAESTRIA OU MESTRIA

A mestria significa "a qualidade ou habilidade do mestre, a perícia, a destreza". Exemplos: a mestria do escultor; a mestria do tenor; a mestria do professor; a mestria do advogado do Júri etc.

Por outro lado, maestria é substantivo derivado do português arcaico "maestre" (registros do século XII), que significa "mestre". Dessa forma, não há impropriedade no uso de maestria em lugar de mestria ou vice-versa. Ambas designam "perícia e habilidade".

1.1.3. HAJA VISTA O OCORRIDO

Situação: *Haja vista os acontecimentos, tomaremos as providências cabíveis.*

Comentário: trata-se de locução estereotipada, uma espécie de "fóssil sintático". Assim, é melhor mantê-la toda invariável – portanto, **haja vista**. Significa "veja-se, tendo em vista, oferecer-se à vista, aos olhos". Exemplos:

Português Jurídico

O candidato estava preparado para o concurso, haja vista as notas que tirou.

A invasão do Iraque de nada adiantou, haja vista a forte pressão imposta pelos rebeldes aos EUA.

Em outro giro, sabe-se que a forma "haja visto" não pode ser usada como sinônima de *haja vista*; no entanto, caso imaginemos o haja visto como tempo verbal sucedâneo de "tenha visto", sua utilização será legítima. Exemplos:

É imperioso que ele haja visto (tenha visto) o cometimento do ilícito.

Espero que ele haja visto (tenha visto) o filme.

Talvez ele haja visto (tenha visto) o resultado das provas antes dos colegas.

Convém que eu haja visto (tenha visto) o texto antes de responder ao teste.

Nos outros casos, como se enfatizou, há consenso em que a expressão deve ser fixa:

Haja vista o acidente; Haja vista a tempestade; Haja vista os acidentes; Haja vista as tempestades.

Ressalte-se, ainda, que há registros gramaticais que legitimam o uso invariável do verbo "haver", mas com o termo "vista" acompanhado da preposição "a" ou "de". Exemplos:

Haja vista ao acidente; Haja vista à tempestade.

Haja vista dos acidentes; Haja vista das tempestades.

Frise-se, ademais, que há quem tolere o verbo "haver" variável e o termo "vista" sem preposição. Exemplos:

Hajam vista os acidentes; Hajam vista as tempestades.

1.1.4. *MEA CULPA*

A expressão latina *mea culpa* deve ser utilizada como forma de reconhecimento de culpa, de erro, de arrependimento. É usual nas expressões "fazer mea culpa" ou "dizer mea culpa". É expressão que possui o gênero de substantivo masculino.

Trata-se de um substantivo masculino de dois números (o mea-culpa; os mea-culpa). Na redação forense, deve-se preferir a forma latina à expressão hifenizada. Portanto, aprecie as frases:

O namorado fez um "mea culpa" do compromisso de chegar ao evento sem atraso.

Ele fez seu "mea culpa" na questão controvertida do contrato.

1.2. AS "PÉROLAS" DO PORTUGUÊS

Passificação

Correção: o substantivo derivado do verbo pacificar é pacificação.

Exências humanas

Correção: é da essência humana o erro, porém "exência", com -x, é, no mínimo, "desumano"...

Quadro sinótico – Conceito de português jurídico, linguagem jurídica e linguagem forense

Português jurídico	É a aplicação das regras gramaticais aos recursos expressivos mais usuais no discurso jurídico.
Linguagem forense	É a linguagem do advogado.
Linguagem jurídica	É a linguagem jurisprudencial, doutrinária ou legislativa.

Capítulo 2
A COMUNICAÇÃO JURÍDICA

O texto jurídico na petição é uma forma de comunicação entre o advogado (transmissor) e o juiz (receptor), por meio da mensagem (pretensão aduzida pelo transmissor).

Na linguagem escrita, diferentemente da despretensiosa e possível linguagem falada do dia a dia, cabe ao operador do Direito a irrestrita adesão às normas da gramática, devendo o transmissor preocupar-se com a clareza e a objetividade. Esse cuidado no redigir remete aquele que lida com a linguagem jurídica, na qualidade de transmissor da mensagem, à chamada norma culta, aquela de maior prestígio, por meio da qual deverá observar as normas gramaticais em sua plenitude. Dessa forma, o profissional do Direito deve ficar circunscrito ao rigor da linguagem formal.

Devemos evitar os maus hábitos da linguagem descomprometida, veiculada com descaso no exprimir. Como nós representamos o mundo intelectualmente por palavras, não podemos corromper nosso pensamento com vocábulos ruins ou incorretos, falseando nossa visão, e prejudicando o propósito comunicacional.

Hodiernamente, é evidente a deturpação da linguagem por aqueles que a deveriam mimar. Refiro-me aos vários meios de comunicação escrita e falada (jornais, revistas e periódicos; universidades e centros de informação) e, fundamentalmente, àqueles de comunicação televisiva e auditiva (tevê e rádio). Apresentam-se dia a dia com uma linguagem distante das normas cultas, incapaz de convencer, quanto menos seduzir. Aliás, nos últimos tempos, não é raro deparar o cultor do idioma, para o seu mais genuíno desespero, com a mensagem falaciosa propagada por esses meios de comunicação de que "não importa a linguagem correta, mas, sim, a comunicação...". Tirante a absurdez do enunciado, é de se indagar: o que é "comunicação", senão a informação transmitida com linguagem escorreita e preocupada com o êxito comunicacional? Afinal, a boa linguagem é aquela que consegue expressar adequadamente um assunto querido, no contexto situacional pertinente.

Portanto, a proliferação da linguagem desconexa, com desprezo à etimologia e à semântica, torna o emissor incapaz de representar a realidade por meio de palavras, inviabilizando uma comunicação adequada entre as pessoas.

Um exemplo retumbante de linguagem "nova", sem nexo etimológico nem semântico, que tem corrompido as estruturas basilares da boa linguagem, refere-se àquela utilizada na Internet e nos *sites* (em Portugal, é dito *sítios*), por internautas e seus usuários. Ali não se comunicam por palavras, balbuciam-nas. A estrutura frasal (sujeito, verbo e complemento) é inexistente. Quer-se comunicar com o menor número de toques no teclado, nem que sejam cinco, quatro, dois ou, o que é incrível, um toque. Deturpa-se o pensamento e sua tradicional manifestação. Corrompe-se a boa linguagem, por meio de uma manifestação "automática" do pensar. Pergunta-se: *para onde teriam ido a linguagem literária, o sentido das palavras, a arte de escrever e se comunicar e a técnica da redação?*

Visto que é inequívoco o descaso com nosso léxico, é imperioso que nos conscientizemos da necessidade de uma "realfabetização", que nos municie a tomar novos rumos na formação de um processo linguístico satisfatório na arte da comunicação.

A questão que nos aflige é: *o que se espera de um operador do Direito no seu trato com a escrita e com a fala?* A nosso ver, o problema da norma linguística tem de considerar a língua efetivamente realizada, observando cada interação em sua integralidade e complexidade. Ou seja: é a própria sociedade que deve configurar "o que e como" se espera que se diga/escreva, em cada interação. Portanto, tudo dependerá de cada interação ou situação de comunicação. Não há um registro linguístico único para todas as interações. Há um registro linguístico adequado para cada interação (cf. Leite, 2005: 196-197).

Ao redigir as peças, ao advogado compete buscar a clareza a todo custo, imprimindo nas palavras um sentido próprio e denotativo, a fim de que não se permita mais de uma interpretação ao que se expõe. *"A palavra é a porta de entrada para o mundo"*, nas palavras de Cecília Meireles, devendo o advogado atravessá-la por meio de uma linguagem satisfatória.

A linguagem conotativa precisa ser evitada, relatando-se os fatos como foram de verdade, e não como deveriam ter sido.

Vamos diferençar "denotação" de "conotação":

Denotação: linguagem referencial que reflete o mundo objetivo, representando a realidade.

Conotação: linguagem figurativa que alcança o mundo subjetivo, diferente da realidade posta. Designa tudo o que o termo possa avocar, com interpretações diferentes e múltiplas, dependendo do contexto em que se conferir. Por meio da linguagem conotativa, transcende-se a realidade.

Portanto, a linguagem denotativa é aquela que deve nortear os petitórios, sendo exteriorizada por meio do idioma nacional – o português. Com efeito, é patente a imprescindibilidade do uso do idioma nacional nos atos processuais, além de corresponder a uma exigência que decorre de razões vinculadas à própria soberania nacional, como projeção caracterizadora da norma inserida na Constituição Federal, art. 13, *caput*, que proclama ser a Língua Portuguesa o idioma oficial da República Federativa do Brasil.

Dessarte, os arrazoados demandam conteúdo acessível a todos, nada impedindo que se valha o culto causídico de frases ou expressões em outro idioma, para as quais, dependendo do caso, deve proceder à imediata tradução na peça.

É tempo, pois, de se mudar a linguagem jurídica, livrando-a de excessos, dos "entulhos literários" e da adjetivação presunçosa. Confeccionar uma narrativa clara e concisa dos fatos é burlar as extravagâncias de linguagem, a serviço da Justiça e da imagem de quem a emite. Aliás, Guimarães Rosa não poupa justeza quando assevera que *"o idioma é o espelho da personalidade"*.

Parafraseando, nesse ínterim, a expressão latina *Dat mihi factum, dabo tibi jus* e adequando-a à mensagem querida, ter-se-ia: "Dá-me os fatos" com simplicidade e clareza, e "eu te darei o direito", com praticidade e bom senso.

Em petições ou sentenças, chega-se, às vezes, ao ridículo de falar com o objetivo de não ser entendido, como denota esta pérola de linguagem a seguir demonstrada:

"Declinam estes autos saga de prosaico certame suburbano, em que a destra contrariedade do ofendido logrou frustrar sanhuda venida de um adolescente. Foi na Vila Esperança, nesta urbe, em noturna e insone hora undevicésima...".

Seria bem mais simples e clara a transcrição:

Os autos tratam de um trivial conflito, na Vila Esperança, às 19h, ocasião em que o ofendido conseguiu evitar o repentino e furioso ataque de um adolescente.

Deve, portanto, o profissional do Direito agir, pensar e escrever na atualidade, e para a atualidade, sem qualquer prejuízo à qualidade das petições ou para a eficácia dos julgados. Dessa forma, ter-se-á aproximado do conceito da comunicação perfeita, respeitando o destinatário da mensagem, a si próprio e o próprio idioma nacional. Afinal, parafraseando Caetano Veloso, sempre é bom lembrar: *"Minha pátria é minha língua"*.

Português Jurídico

2.1. DICAS RÁPIDAS

2.1.1. CUSTAS, NÚPCIAS, PÊSAMES, ÓCULOS, OLHEIRAS

Situação: *No comovente enterro, era possível ver as profundas olheiras dos familiares, que se retraíam atrás dos óculos escuros.*

Comentário: há certos substantivos que só se usam no plural – os vocábulos ou palavras pluralícias. Diríamos, jocosamente, que sofrem elas de "complexo de superioridade". Eis alguns: suspensórios, arredores, bodas, anais, férias escolares, damas (o jogo), condolências, pêsames, exéquias, núpcias, algemas, trevas, antolhos, belas-artes, belas-letras, calendas, cãs, esponsais, fezes, matinas, parabéns, primícias, víveres, cadeiras e costas (partes do corpo humano), olheiras (o VOLP e o Houaiss admitem a forma no singular, também).

Portanto, diga:
Onde estão os meus óculos? Onde estão minhas calças? Adquira aqui seus óculos.

Interessante é compartilhar a suscitação de dúvida levantada por Celso Pedro Luft, que, intrigado com o assunto em comento, atribui-lhe um inusitado desrespeito à lógica. Afirma o renomado gramático que se "quebrei o pires amarelo", por que não "quebrei 'o' *óculos escuro*"? O raciocínio merece nosso aval. Entretanto, o melhor é que usemos tudo no plural (os meus óculos escuros, teus óculos novos). Caso contrário, deve-se optar pelo uso irrestrito no singular – o meu óculo escuro, teu óculo novo (forma pouco sonora, uma vez que "óculo" é cada aro e, como se sabe, hoje em dia, ninguém usa mais pincenê ("óculos sem haste", que se prende ao nariz por meio de uma mola).

2.1.2. O IMÃ (OXÍTONA) E O ÍMÃ (PAROXÍTONA)

Os substantivos masculinos imã e ímã podem gerar dúvidas ao anunciante de tais vocábulos. Como oxítona, imã, com a sílaba tônica em -mã, indica o dirigente religioso muçulmano. Difere, pois, do ferro magnetizado, isto é, do ímã, uma paroxítona com a sílaba tônica em "í-".

2.1.3. RIXA

Situação: *O crime de rixa tem previsão no art. 135 do Código Penal.*

Comentário: o substantivo **rixa** deve ser grafado com -x. Dele derivam nomes como *rixentos* e *rixosos*. Grafam-se, ademais, com -x: *xampu, xícara, xaxim, lagartixa, coaxar, bruxa, xucro, xingar, extravasar, extemporâneo*.

2.2. AS "PÉROLAS" DO PORTUGUÊS

Impossive
Correção: onde está a letra -l? Prefira impossível, articulando com adequação as letras.

Hipidemia / Hepidemia
Correção: grafa-se epidemia, com -e, sem -h. Aliás, por que a letra -h? Seria -h... de "horror"?

Quadro sinótico – Linguagem jurídica

Linguagem denotativa	Linguagem referencial que reflete o mundo objetivo, exteriorizada por meio do idioma nacional.
Linguagem conotativa	Linguagem figurativa que alcança o mundo subjetivo. A ser evitada pelo operador do direito.

Capítulo 3
BOA LINGUAGEM

O pensamento humano organiza-se, articula-se e ganha nitidez à medida que o indivíduo exercita a linguagem. Quanto mais nos esforçamos para exprimir nossas ideias de modo claro, mais alcançamos essa virtude rara na comunicação. Isso nos leva a admitir que a escrita pode ser aprimorada ao longo do tempo. É sabido que não se consegue fluência em um idioma sem contínuo esforço. É importante também frisar – com uma boa dose de ufanismo, é claro – que há idiomas e idiomas, ou seja, não há parâmetros de comparação entre nosso riquíssimo vernáculo e outras línguas do globo. Espalhados pelos cinco continentes, somos mais de 240 milhões de cultores de um idioma sedutor e rico. Nesse passo, Analu Fernandes obtempera: *"A língua portuguesa não é difícil. É rica"*.

Essa riqueza, que se mostra pelo brilho de uma gramática lógica e empolgante, tem que ser perscrutada e assimilada, cotidianamente. À proporção que se aperfeiçoa a linguagem, aprimora-se o modo de pensar porque o desenvolvimento da linguagem permite a organização do pensamento e a exteriorização deste em toda a sua complexidade. O esforço trará a consecução do resultado querido: o sucesso na transmissão do pensar. Aliás, *"o que é escrito sem esforço é geralmente lido sem prazer"* (Samuel Johnson).

Como se pode notar, a boa linguagem passa por organização das ideias, com o propósito de que o pensamento, uma vez disciplinado, possa se traduzir em convencimento de outrem. Mas como se devem organizar as ideias? É o que veremos no próximo tópico.

3.1. A ORGANIZAÇÃO DAS IDEIAS

A expressão do pensamento é uma manifestação humana, que pode se representar pela exteriorização da fala, de gestos, da escrita ou de comportamento. O objeto principal da presente obra é analisar a expressão do pensamento pela escrita, que exige igualmente uma disciplina no pensar. É vital, para uma escrita a contento, que se conceba de antemão a ideia querida, refletindo-a em um processo de "ruminação mental", com o fito de manifestá-la com a clareza e a objetividade da boa linguagem. Com efeito, aquilo que se pretende enunciar deve ser bem concebido, com uma detida reflexão da manifestação pretendida. Repise-se que a **reflexão** é pré-requisito para a **expressão**.

É necessário pensar detidamente sobre um assunto, uma ideia, antes de expressá-la. O pensamento, em sua origem, é uma massa disforme que, aos poucos, vai ganhando ordem e corporificação, na busca das palavras exatas que servirão para transmiti-lo.

Em nosso dia a dia, no entanto, não nos dedicamos a essa prática, acabando por cultivar hábitos impulsivos de exteriorização de ideias, o que torna o texto escrito tradutor de lampejos mentais irrefletidos.

Ainda, a corroborar o exposto, a maior de todas as poetisas brasileiras – Cecília Meireles – assevera, com riqueza de pensamento, que *"a palavra é a porta de entrada para o mundo"*. Portanto, entendemos que, se não a usarmos com perspicácia, com organização, seremos alvo de uma "babelização" na transmissão do pensamento em nosso cotidiano.

Posto isso, é crucial que busquemos a arte na comunicação, mantendo organizadamente a conexão entre as palavras e a realidade que designam. Vale dizer, somente pelo caminho de uma linguagem correta e inteligível é que se pode avançar na trilha que assegura a adequada comunicação.

3.2. QUALIDADES DA BOA LINGUAGEM

O operador do Direito, em seu dia a dia, deve utilizar uma linguagem castiça, procurando construir um texto balizado em parâmetros que sustentem a boa comunicação. Nos dias atuais, o ato de comunicar precisa ser eficiente e rápido. Assim, esteja atento para as virtudes de estilo ou qualidades da boa linguagem. Veja a seguir os fatores que influem positivamente no processo de manifestação verbal.

Correção: traduz-se na obediência à disciplina gramatical, com respeito às normas linguísticas. A correção deve ser conquistada com o uso de uma linguagem escorreita, livre de vícios, formando uma imagem favorável do comunicador perante os receptores das mensagens. Há, pois, a necessidade de uma linguagem inatacável, quer sob o aspecto técnico-jurídico, quer à luz da própria casticidade do idioma.

A obediência ao rigor gramatical não deve provocar a abertura de um "abismo" entre o anunciante e o leitor da mensagem. O segredo da boa comunicação está na receita: **simplicidade com propriedade** – a primeira indicando uma preocupação com quem lê; a segunda, uma preocupação de quem escreve.

Concisão: é qualidade inerente à objetividade e à justeza de sentido no redigir. Como se sabe, falar muito, com prolixidade, é fácil; o difícil é falar tudo, com concisão... É dizer muito em poucas palavras, evitando períodos extensos. A sobriedade no dizer, expondo o sentido retilíneo do pensamento, sem digressões desnecessárias e manifestações supérfluas, representa o ideal na exposição do pensar. Quem fala em demasia abusa de frases "obesas", que mais parecem "pinheirinho de Natal" – cheias de enfeites e badulaques. Deve-se evitar a vazão à **verborragia e à egolatria.**

É sabido que a frase longa é um labirinto de ideias várias que, desordenadamente, expõem-se sem sequência definida, frustrando-se o mister comunicativo. O cipoal de informações não leva a lugar qualquer, pois o leitor se cansa com facilidade ao acompanhar longos raciocínios sem pausas. A frase deve conter uma ideia principal e clara, que a norteie, em uma relação de causa-consequência, adição, comparação etc., não se podendo servir como veículo de períodos extensos e pouco nítidos ao leitor.

Portanto, deve-se buscar transmitir o máximo de ideias com o mínimo de palavras, evitando a "enrolação". Pense que, quase sempre, o leitor do seu texto tem pouco tempo e quase nenhuma paciência disponível. A linguagem direta, sem rebuscamentos e excesso de adjetivações, comunica melhor.

Não é desnecessário salientar que, em concursos públicos, nos quais se exige a elaboração de peças escritas, deve o examinando procurar se valer de um "rascunho", para, em ulterior momento, transpor as suas ideias para as páginas de correção definitiva. Recomenda-se que, depois de escrever na folha de rascunho tudo a que tinha direito, aí, sim, será o momento de "enxugar" o texto, melhorando frases, cortando outras, corrigindo grafias etc. E aparecerá, também, a grande oportunidade de eliminar detalhamentos desnecessários que, além de prejudicar o ritmo do texto, demonstram falta de confiança no que o anunciante escreveu anteriormente.

Segue um retumbante exemplo, em um pedido de petição, que denota a falta de concisão do operador do Direito:

"Protesta, assim, o reconvinte pela produção de todos os meios de prova permitidos em Direito, sem exceção, especialmente, depoimentos pessoais, por parte da reconvinda, por parte de funcionários, por parte da Autoridade Policial e Investigadores, de vizinhos, de testemunhas outras, da juntada de novos documentos, prova pericial, expedição de ofícios e tantas quantas necessárias no decorrer da instrução processual".

Na verdade, o pedido poderia ter sido bem mais simples:

> "Protesta, assim, o reconvinte pela produção de todos os meios de prova permitidos em Direito, incluindo depoimentos pessoais, a juntada de novos documentos, provas periciais e outras que se fizerem necessárias".

Nesse rumo, observe, nas frases adiante, como é possível aperfeiçoar frases, substituindo palavras ou expressões por outras mais fortes e adequadas, no intuito de conferir maior expressividade à ideia a ser transmitida. Vamos a elas:

Nesta lista há o seu nome.

Prefira: *Nesta lista figura o seu nome.*

Devemos ter esperança.

Prefira: *Devemos alimentar esperança.*

Ter boa reputação.

Prefira: *Gozar de boa reputação.*

Além disso, recomenda-se que, ao enxugar o texto, proceda o cultor da boa linguagem à supressão de termos, como "coisa" ou *pronomes demonstrativos* em demasia.

Exemplos:

A vaidade é coisa deplorável.

Substitua "coisa" por *"vício".*

A guerra é uma coisa terrível.

Substitua "coisa" por *"flagelo".*

Ele pratica a filantropia; isso o torna um bom homem.

Substitua "isso" por *"essa virtude".*

A propósito, veja que o *advérbio de intensidade* "muito" é, frequentemente, desnecessário, podendo ser substituído, como se notará nos exemplos a seguir:

Água muito clara.

Troque por: *Água límpida.*

Estilo muito conciso.

Troque por: *Estilo lacônico.*

Nas peças forenses, é comum encontrarmos *expressões supérfluas*, cuja simples supressão importará em aperfeiçoamento da frase. Observe os exemplos a seguir:

A prova pericial realizada concluiu que o resultado era inábil.

Enxugando: *A prova pericial concluiu que o resultado era inábil.*

As testemunhas ouvidas deixam claro que o autor é inimputável.

Enxugando: *As testemunhas deixam claro que o autor é inimputável.*

Na linguagem forense, deve-se evitar o uso excessivo de *advérbios de modo*. O exemplo típico ocorre com a forma "brevemente" – produto da falta de tirocínio de quem emprega ou tem coragem de fazê-lo. Evite "brevemente", devendo o termo ser substituído por "sucintamente". Vamos conhecer outros dislates:

Possui um imóvel precariamente...

Corrigindo: *Possui um imóvel a título precário.*

Tocantemente à medida de segurança...

Corrigindo: *No tocante à medida de segurança…*

Eles foram editaliciamente citados.

Corrigindo: *Eles foram citados por edital.*

Tangentemente a esse caso...

Corrigindo: *No que tange a esse caso...*

Por fim, o abuso de *artigos indefinidos* pode sacrificar a concisão do texto. Observe a arguta observação de Cegalla (1999: 37):

Evite-se o uso dos artigos indefinidos sempre que desnecessários. Nos exemplos seguintes, não passam de recheios: Ela ainda guarda um certo ressentimento contra o ex-namorado. / Um tal gesto é digno de nossos aplausos. / O homem tinha uma cara de poucos amigos. / (...) Agora ele goza de uma ótima saúde (destaques nossos).

Portanto, é de crucial importância a elaboração de um texto conciso, que pode ser alcançado mediante a utilização das táticas aqui ofertadas e de um treino constante.

Clareza: esse atributo é a limpidez de pensamento e a simplicidade da forma; opõe-se à obscuridade. A clareza se evidencia na exteriorização cristalina do pensar, da vontade e dos desejos. Trata-se de virtude essencial da comunicação, e seu oposto é a obscuridade e a ambiguidade (ou anfibologia) – vício de linguagem que consiste em deixar uma frase com mais de um sentido.

Obtém-se a clareza com auxílio da concisão, que, a ela associada, permite lastrear o texto com vocábulos de alta frequência ou inteligíveis ao receptor comum, com períodos curtos e ordem direta. Nesse rumo, Shenstone assevera: *"Frases longas numa composição curta são como móveis grandes numa casa pequena"*.

Como já se tratou em tópicos precedentes, há certos profissionais que se esmeram na linguagem rebuscada, quase incompreensível, na vã ilusão de que com isso impressionam. Ledo engano. Não perca de vista a adequação do nível de linguagem ao público a quem se dirige: conforme os destinatários, você precisará empregar linguagem acessível, fazendo-se entender. O ideal é o falante ser *"poliglota na sua própria língua"*, consoante os lúcidos dizeres de Evanildo Bechara.

À guisa de reforço, é bom enfatizar que, além da prolixidade, é comum a falta de clareza dos concursandos, quando elaboram as respostas às questões dissertativas de concursos públicos. Recomenda-se, nesse caso – e, mais uma vez –, que o concursando recorra, em primeiro lugar, ao uso do *rascunho* e, após rever o texto, manifeste suas ideias com a clareza suficiente.

Frise-se, em tempo, que, em prol da clareza, a caligrafia é fundamental. Claro que, naquelas provas que requerem respostas manuscritas – as provas dissertativas de concursos, por exemplo –, não se pretende que o examinando lapide uma "obra de arte", mas não se pode esquecer de que a letra é o veículo por meio do qual o anunciante se apresenta... e apresenta os seus pensamentos. A tolerância do examinador, em provas escritas, variará com a maior ou menor facilidade de entender o texto que for elaborado.

A falta de clareza, a par da ambiguidade, mostra-se patente nas orações a seguir expostas. Aprecie, tentando aclará-las:

"Haverá um seminário sobre homossexualidade na Câmara dos Deputados".

Todos sabem que o seminário será na Câmara, porém a dúvida paira: o tema do seminário é "homossexualidade" ou "homossexualidade na Câmara"? Caso se confirme este último, não seria seminário, mas discriminação sexual, não acha? Quanta ambiguidade!

Vamos consertar, com uma simples inversão de termos, fazendo exsurgir o "poder" da vírgula: *"Na Câmara dos Deputados, haverá um seminário sobre homossexualidade"*.

"Médico defende ambulatório de denúncia."

Sabe-se que existem ambulatórios ou *"hospital para atendimento de enfermos que se podem locomover"* (Aurélio), mas um "ambulatório de denúncia" é novidade! E, infelizmente, é o que parece anunciar a distorcida frase ao ouvinte. Vamos proceder à correção: *"Médico rebate denúncia contra ambulatório"*.

Português Jurídico

"Mando-lhe um cão pelo meu motorista que tem as orelhas cortadas e marcas nas patas."

Questiona-se: que motorista é esse com patas... e marcas nelas, além de orelhas cortadas? Seria um tanto assustador, não é mesmo? Confesso que, particularmente, prefiro guiar meu carro sozinho... Seria melhor afirmar: *"Pelo meu motorista, mando-lhe um cão que tem as orelhas cortadas e marcas nas patas"*.

"O ministro da Fazenda qualificou os compradores de motos que pagavam ágio aos revendedores de ignorantes."

A sentença é de elaboração ousada: "revendedores de ignorantes"? E o que é pior: não se trata de "vendedores", mas de "revendedores"! Isso, certamente, vai gerar uma dupla "venda"... e uma "dupla indagação": *o que se deu, verdadeiramente? Venda ou revenda de ignorantes?* Confesso que não tenho interesse na "compra", nem mesmo em liquidação... E você, teria? Note que a ambiguidade e a falta de clareza podem levar o elaborador da mensagem ao ridículo. Melhor se houvera o emissor se tivesse afirmado: *"O ministro da Fazenda qualificou de ignorantes os compradores de motos que pagavam ágio aos revendedores"*.

Outras vezes, a falta de clareza se dá em virtude da má ordenação da frase. Alguns exemplos a seguir porão em evidência o defeito e a sua correção:

Em que pese a concordância do réu, não pode ser o acordo entabulado entre as partes homologado.

Ordenando: *Em que pese a concordância do réu, não pode ser homologado o acordo entabulado entre as partes.*

Na avaliação de seus ministros, a estratégia contra as greves adotada foi um sucesso.

Ordenando: *Na avaliação de seus ministros, a estratégia adotada contra as greves foi um sucesso.*

As provas de que o acusado tenha abordado a vítima, encostando em suas costas um punhal e tapando-lhe a boca, obrigando-a a entregar-lhe um par de brincos e um relógio, são exuberantes.

Ordenando: *São exuberantes as provas de que o acusado abordou a vítima, encostou-lhe nas costas um punhal e, tapando-lhe a boca, a obrigou a lhe entregar um par de brincos e um relógio.*

É relevante destacar o mau uso de *adjetivos e locuções adjetivas* em petitórios, quer pela impropriedade, quer pela desarmonia textual. Há que se notar que o uso de locuções adjetivas deve ocorrer em virtude da falta de adjetivo adequado, evitando que se sacrifiquem o estilo e a harmonia.

Um exemplo retumbante de inadequação dessas expressões ocorre com a expressão "materialidade delitiva" – locução inapropriada, por ser evidente que a "materialidade" não pode ser qualificada de "delitiva"; o "fato" é que pode ser delituoso. Portanto, substitua por "materialidade do fato delituoso". A seguir, observe alguns pitorescos exemplos de impropriedade no uso dos adjetivos:

Laudo avaliatório.

Prefira: *Laudo de avaliação.*

Anotação no documento laboral.

Prefira: *Anotação da caderneta de trabalho.*

Testemunhas acusatórias.

Prefira: *Testemunhas arroladas pela acusação.*

Processar e julgar o pedido falencial.

Prefira: *Processar e julgar o pedido de falência / pedido falimentar.*

Irresignado com o auto flagrancial.

Prefira: *Irresignado com o auto de prisão em flagrante.*

O depoimento vitimário.

Prefira: *O depoimento da vítima.*

Apreenderam dois pacotes canábicos.

Prefira: *Apreenderam dois pacotes de maconha.*

Insuficiência probatória.

Prefira: *Insuficiência de provas.*

A Lei Complementar n. 95, de 26-2-1998, sob os efeitos do art. 59 da Constituição Federal, estabelece regras para elaboração, redação e consolidação de uma lei. Em seu art. 11, inciso I, tratando da *clareza* – e também do **preciosismo** –, assim dispõe:

Art. 11. As disposições normativas serão redigidas com clareza, precisão e ordem lógica, observadas, para esse propósito, as seguintes normas:

I – para a obtenção de clareza:

a) usar as palavras e as expressões em seu sentido comum, salvo quando a norma versar sobre assunto técnico, hipótese em que se empregará a nomenclatura própria da área em que se esteja legislando;

b) usar frases curtas e concisas;

c) construir as orações na ordem direta, evitando preciosismo, neologismo e adjetivações dispensáveis;

d) buscar a uniformidade do tempo verbal em todo o texto das normas legais, dando preferência ao tempo presente ou ao futuro simples do presente;

e) usar os recursos de pontuação de forma judiciosa, evitando os abusos de caráter estilístico (destaques nossos).

Acerca do **preciosismo**, mencionado na alínea *c* do inciso I do art. 11, sabe-se que seu uso prejudica o propósito daquele que pretende se comunicar com clareza, e o legislador deve sempre evitá-lo. No trabalho jurídico do dia a dia, também, é crucial evitar a linguagem muito rebuscada, principalmente quando o discurso inteiro não a sustenta. Em cada item a seguir, existe ao menos um termo que caracteriza *preciosismo*. Observe as frases, identificando-o:

Tais querelas judiciais só têm por consequência mangrar o desenvolvimento da sociedade (**mangrar**).

Quer o acusado vestir-se com o cretone da primariedade, a fim de enganar os ouvintes (**cretone**).

São Paulo não se livra da récova de migrantes que vêm aqui trabalhar duramente (**récova**).

O excesso de recursos é que caracteriza a tranquibérnia que forma a azoada corriqueira no sério trabalho do Poder Judiciário (**tranquibérnia, azoada**).

O réu pretende a peragração da linha processual, mas seus argumentos são totalmente baldos de maior razão (**peragração, baldos**).

O banco concedeu empréstimos a qualquer peralvilho janota que lhe aparecesse à frente (**peralvilho, janota**).

A operação é delicada, por conta da trimegista quantia que envolve a venda imobiliária (**trimegista**).

Não fosse a velutina maviosidade da atual mulher, com quem vive o autor, jamais superaria o tantálico sacrifício de não poder ver seus filhos (**velutina, maviosidade, tantálico**).

Sua ficha de antecedentes revela quão furbesco é seu comportamento no dia a dia (**furbesco**).

O tema proposto será matéria cevatícia para os operadores do Direito, no ano que se aproxima (**cevatícia**).

Português Jurídico

Precisão: refere-se à escolha do termo próprio, da palavra exata, do conhecimento do vocabulário. Na construção do texto, é fundamental colocar a palavra certa no lugar devido.

A expressão precisa revela-se vital para o leitor atingir o objetivo de comunicar exatamente o que pretende e evitar mal-entendidos. A prática constante da leitura e da escrita e exercícios com sinônimos ajudam a desenvolver a precisão.

O contrário da comunicação exata é a *imprecisão* ou mesmo a *obscuridade*, muitas vezes causadas pela inadequação vocabular. A impropriedade dos termos torna a linguagem fluida, imprecisa e obscura.

Por fim, outro defeito da redação forense, prejudicial à precisão do texto, consiste no abusivo emprego da locução **sendo que**, com valor conjuncional. Essa expressão pode ser bem empregada, quando for sinônima de "uma vez que", "porque", "porquanto" etc., haja vista representar uma *locução conjuntiva causal*. Do contrário, o uso será agramatical, afeando-se o estilo. Note o uso correto: *Sendo que o juiz deu o apito final, o time tornou-se campeão.*

Cegalla (1999: 370), a par de vários outros gramáticos, corrobora o seu uso, ressalvando, todavia, o abuso condenável do termo em situações que refogem ao sentido ora estudado. Tal excesso ocorre quando se nota a substituição de conjunções coordenativas aditivas e adversativas pela expressão "sendo que", evidenciando uma impropriedade no uso de conectivos. Observe o emprego inadequado nas elocuções a seguir, com as devidas correções:

O homem disparou quatro tiros, sendo que duas balas atingiram a vítima.

Corrigindo: *O homem disparou contra a vítima quatro tiros, dos quais dois a atingiram.*

O réu mentiu quando disse que não estava na cidade, sendo que foi visto várias vezes por testemunhas.

Corrigindo: *O réu mentiu quando disse que não estava na cidade, contudo foi visto várias vezes por testemunhas.*

Nada foi requerido pela defesa, sendo que o Dr. Promotor, nesta fase, requereu certidões.

Corrigindo: *Nada foi requerido pela defesa, entretanto o Dr. Promotor, nesta fase, requereu certidões.*

Nesta fase processual, é bastante a autoria e o resultado da ação, sendo que a alegação da legítima defesa não está configurada.

Corrigindo: *Nesta fase processual, é bastante a autoria, todavia a alegação da legítima defesa não está configurada.*

Os réus foram citados, sendo que apenas um deles contestou.

Corrigindo: *Os réus foram citados, mas apenas um deles contestou.*

Vale a pena repisar que a Lei Complementar n. 95/98, em seu art. 11, inciso II, refere-se à *precisão* do texto jurídico:

Art. 11. As disposições normativas serão redigidas com clareza, precisão e ordem lógica, observadas, para esse propósito, as seguintes normas:

(...)

II – para a obtenção de precisão:

a) articular a linguagem, técnica ou comum, de modo a ensejar perfeita compreensão do objetivo da lei e a permitir que seu texto evidencie com clareza o conteúdo e o alcance que o legislador pretende dar à norma;

b) expressar a ideia, quando repetida no texto, por meio das mesmas palavras, evitando o emprego de sinonímia com propósito meramente estilístico;

c) evitar o emprego de expressão ou palavra que confira duplo sentido ao texto;

d) escolher termos que tenham o mesmo sentido e significado na maior parte do território nacional, evitando o uso de expressões locais ou regionais;

e) usar apenas siglas consagradas pelo uso, observado o princípio de que a primeira referência no texto seja acompanhada de explicitação de seu significado;

f) grafar por extenso quaisquer referências a números e percentuais, exceto data, número de lei e nos casos em que houver prejuízo para a compreensão do texto;

g) indicar, expressamente, o dispositivo objeto de remissão, em vez de usar as expressões "anterior", "seguinte" ou equivalentes (destaque nosso).

Desse modo, a precisão e a clareza – esta, anteriormente estudada – revelam-se como atributos determinantes da boa linguagem.

Naturalidade: quanto à naturalidade no ato de redigir, a escrita deve correr simples e espontânea, sem que se perceba o esforço da arte e a preocupação do estilo. Para se alcançar a naturalidade, deve-se evitar o artificialismo e a afetação, que remetem o emissor da rebuscada mensagem ao maléfico campo da linguagem intangível, com emprego de expressões empoladas e vocábulos inacessíveis para a maioria das pessoas. Nessa toada, por exemplo, prefira a utilização de "morrer" a "falecer"; de "caixão" a "féretro"; o uso da expressão "com fulcro no artigo tal" à utilização da forma "com espeque no artigo tal".

Originalidade: trata-se da qualidade inata ao escritor, um dom natural. É o "ser você mesmo", o estilo de cada um e, como já dizia, magistralmente, o ínclito naturalista francês Georges Louis Leclerc, Conde de Buffon (1707-1788): *"O estilo é o próprio homem"*.

Origina-se da visão pessoal do mundo e das coisas, sem a imitação subserviente, denotadora de um estilo postiço, artificial e pasteurizado. Com o tempo, o estilo vai-se definindo, mediante certas preferências vocabulares e de construção frasal. Essa definição há de evidenciar a "marca" do emissor e mostrar sua visão do mundo.

Como exemplo de *originalidade*, embora não seja o padrão de linguagem que se espera em um texto jurídico, vejamos alguns trechos da brilhante sentença prolatada pelo Juiz de Direito Ronaldo Tovani, substituto da Comarca de Varginha, Minas Gerais, que concedeu liberdade provisória a Alceu da Costa, vulgo "Rolinha", preso em flagrante por ter furtado duas galinhas e ter perguntado ao delegado: *"– Desde quando furto é crime neste Brasil de bandidos?"*. O ilustre magistrado, com muita originalidade, lavrou então sua sentença em versos e afirmou, antes, que lei no país é para pobre, enquanto mantém impunes os "charmosos" autores das fraudes do antigo INAMPS. Apreciemos alguns trechos da criativa manifestação:

"No dia cinco de outubro Do ano ainda fluente Em Carmo da Cachoeira Terra de boa gente Ocorreu um fato inédito Que me deixou descontente. O jovem Alceu da Costa Conhecido por 'Rolinha' Aproveitando a madrugada Resolveu sair da linha Subtraindo de outrem Duas saborosas galinhas. (...)	Desta forma é que concedo A esse homem da simplória Com base no CPP Liberdade provisória Para que volte para casa E passe a viver na glória. Se virar homem honesto E sair dessa sua trilha Permaneça em Cachoeira Ao lado de sua família Devendo, se ao contrário, Mudar-se para Brasília".

Nobreza: a linguagem nobre é aquela que não é chula e torpe, que não enxovalha o petitório. A arte literária não merece ser prostituída. Esta não dispensa o véu do pudor e do decoro. Nesse passo, não se pode admitir no texto jurídico a presença de palavrões e chocantes pornografias, que só vêm atentar contra a nobreza do petitório, maculando a sua essência.

Com relação à utilização da **gíria**, é de se notar que deve ser evitada no discurso jurídico, salvo situações particulares e justificadas. Mas a utilização ou não do vocabulário gírio, como índice de cultura, deve sempre ser analisada com cautela.

Em tempo, na linguagem oral do dia a dia, tem sido bastante frequente o uso da expressão **fazer uma colocação**, no sentido de "emitir uma opinião, ideia ou sugestão". Esse é um dos condenáveis modismos ou chavões em voga, que deve ser abolido em caráter emergencial, por ser eufonicamente desarmônico e rude. É clichê modernoso, tradutor de expressão

Português Jurídico

que, se colocada ao lado daquelas que podem substituí-la, apresentar-se-á reprovável, não se justificando em nosso léxico.

Harmonia: a prosa harmônica prima pela adequada escolha e disposição dos vocábulos, pelos períodos não muito longos e pela ausência de cacofonias. Representa o componente musical da frase. A confecção cuidadosa dos períodos imprime ao texto o equilíbrio melódico e rítmico, permitindo uma leitura com prazer.

Na busca do texto bem escrito, evite as cacofonias e a repetição vocabular – daí a importância dos exercícios com sinônimos e do uso constante do dicionário, que, aliás, existe para ser consultado. Ele não é adereço, mas objeto de consulta, sob pena de cultivarmos o que tenho apelidado de *substituísmo*: condenável hábito de substituir as palavras, diante da dúvida semântica, trocando-as por outras de fácil escrita ou significado, em vez de consultar o nosso querido "paizão" – o dicionário –, a fim de esclarecer a dúvida.

Sabe-se que o *vocabulário* é expressão da personalidade do homem e de seus conhecimentos linguísticos, representando o inventário vocabular que facilita a tarefa comunicativa, principalmente redacional, por ampliar o leque utilizável na escolha da palavra mais adequada. Para tanto, a consulta frequente a dicionários e a leitura de autores renomados são atividades imprescindíveis à riqueza lexical e, por consequência, à produção e compreensão das imagens verbais.

Frise-se que, atualmente, há excelentes *dicionários eletrônicos*, que muito nos auxiliam no aprimoramento do repertório lexical – o *Dicionário Houaiss da Língua Portuguesa*, por exemplo –, em face de suas convidativas ferramentas eletrônicas de busca.

Da mesma forma, não há como prescindir dos clássicos dicionários de *regência verbal* e *nominal* de Celso Pedro Luft e o de verbos de Francisco da Silva Borba.

Diante do exposto, é fundamental ao operador do Direito, evitando o prejudicial distanciamento dos postulados estudados, preservar a **boa linguagem** e, com isso, alcançar o que se busca no discurso jurídico: o êxito na arte do convencimento.

3.3. DICAS RÁPIDAS

3.3.1. INADIMPLÊNCIA OU INADIMPLEMENTO

Os substantivos **inadimplência** e **inadimplemento** designam a "falta de cumprimento de um contrato ou de parte dele" e são plenamente aceitos pelos dicionários e pelo VOLP. Embora considerados neologismos, são de uso generalizado e de formação etimológica regular, o que lhes imprime vernaculidade. Deles defluem vocábulos como adimplente, adimplência, adimplir, adimplemento, inadimplir, inadimplente – todos abonados pelo VOLP.

Enfatize que os verbos *adimplir* e *inadimplir* são defectivos, isto é, não possuem todas as formas. Assim, serão conjugados nas formas em que ao -l se segue a vogal -i. Exemplos:

Eu adimpli – Eu inadimpli;

Tu adimpliste – Tu inadimpliste;

Ele adimpliu – Ele inadimpliu;

Nós adimplimos – Nós inadimplimos;

Vós adimplistes – Vós inadimplistes;

Eles adimpliram – Eles inadimpliram.

3.3.2. INFENSO A

O adjetivo **infenso** significa "inimigo, contrário ou hostil". Pode ser utilizado em expressões, como: ser infenso a, mostrar-se infenso a. Portanto, aprecie as frases:

A *revelação da MPB – Maria Rita – mostrou-se infensa às críticas.*
O *advogado, infenso a atualizações, mostrou-se desnorteado.*
A *mulher, infensa a intrigas, não se relacionava com as vizinhas.*
O *policial, ouvido em audiência, mostrou-se infenso a conchavos.*

3.3.3. À MEDIDA QUE – NA MEDIDA EM QUE

Situação: À *medida que estudava, percebia que o estudo é mister cumulativo.*

Comentário: a locução conjuntiva (ou conjuncional) **à medida que** deve ser grafada com o sinal indicador da crase e, principalmente, sem a inoportuna preposição "em", criando a inadequada expressão "à medida em que". Exemplos:

Carolina chorava à medida que relia seu nome na lista de aprovados.

A *carga tributária do Brasil crescia à medida que os impostos eram majorados.*

Ressalte-se que, paralelamente à locução em comento, exsurge outra, bastante semelhante, todavia com sentido diverso: **na medida em que**. Essa locução conjuntiva causal traz em seu bojo a preposição "em", agora plenamente cabível. Tendo o sentido de "tendo em vista que", introduz uma oração com a ideia de causa. Exemplificando:

João bateu todos os recordes olímpicos na medida em que treinou com obstinação.

Ela não passou no concurso na medida em que vivia na folia.

3.3.4. PROPOSITADO OU PROPOSITAL

Situação: O *ladrão se aproximou propositadamente da vítima.*

Comentário: o dicionarista Aurélio registra os adjetivos proposital e propositado como sinônimos. Antônio Houaiss faz uso do termo propositadamente, e não "propositalmente", quando define as diversas acepções do verbete proposital. O gramático Napoleão Mendes de Almeida (1999: 448), a quem fazemos coro, diz textualmente: "Não são consideradas de bom uso – a advertência é de João Ribeiro – proposital e propositalmente, convindo dizer propositado (ofensa proposital) e propositadamente: agiu propositadamente".

É mister, pois, seguir o exemplo dos grandes mestres e fazer uso do vocábulo propositadamente. Desse modo, entendemos que, no sentido de "acintosamente, de propósito", o advérbio propositadamente é forma preferível a "propositalmente". No mesmo rumo, prefira despropositadamente à expressão "despropositalmente". Ainda, prefira a forma despropositado ao adjetivo "desproposital".

Frise-se que propositado é adjetivo designativo "daquilo que é feito com alguma intenção, em que há propósito; não casual". Por sua vez, "proposital" é adjetivo com o sentido de "premeditado, deliberado, feito por querer; propositadamente; intencional".

Em tempo, à guisa de fortalecimento vocabular, aprecie as variações etimológicas da palavra propósito, como substantivo masculino, indicando a "intenção de fazer algo; projeto; desígnio; objetivo; finalidade" (Houaiss).

A propósito de: tem o mesmo sentido de "oportunamente; por falar nisso; aliás".

Exemplo: A *propósito, acho que fomos apresentados na última reunião.*

De bons (ou maus) propósitos: é o mesmo que "bem-intencionado ou mal-intencionado".

Exemplo: As *irmãs eram pessoas de bons propósitos.*

De propósito: é o mesmo que "propositadamente; por querer".

Exemplo: *Ele esqueceu o compromisso de propósito.*

Fora de propósito: tem a mesma acepção de "algo que não é adequado".

Exemplo: *Sua intervenção é totalmente fora de propósito.*

Ter propósito: na acepção de "ter razão de ser; ser sensato; ter sentido".

Exemplo: *Tem propósito fazer tanta dieta assim?*

3.4. AS "PÉROLAS" DO PORTUGUÊS

Nesta terra ensi plantando tudo dá.

Correção: A forma correta é: Nesta terra, em se plantando, tudo dá.

Por falar na preposição "em" antes de gerúndio, é imperioso enaltecer que seu uso é simplesmente enfático, portanto, evitável, em orações que exprimem "tempo ou condição", como nas frases:

Em se tratando de pedras nos rins, devemos proceder à retirada.

Em se plantando, tudo dá.

Em aparecendo a ferida, tome os remédios.

"Em chegando a hora, saberei como agir" (Aurélio).

Em chegando ao parque, ligue-me.

Quadro sinótico – Qualidades para uma boa linguagem

Correção	É a obediência à disciplina gramatical, com respeito às normas linguísticas.
Concisão	É a objetividade e a justeza de sentido no redigir.
Clareza	É a limpidez de pensamento e a simplicidade da forma.
Precisão	É a escolha apropriada para um determinado contexto.
Naturalidade	É a escrita que corre simples e espontânea.
Originalidade	É o estilo de cada um.
Nobreza	É o uso de palavras oficiais da língua, evitando termos chulos e gírias.
Harmonia	É a adequada escolha e disposição dos vocábulos, pelos períodos não muito longos e pela ausência de cacofonias.

Capítulo 4
DA PETIÇÃO INICIAL

Na lição de Nascimento (1992: 205), "o silogismo é um raciocínio, mediante o qual 'da posição de duas coisas, decorre outra, só por estas terem sido postas' (Aristóteles); ou, mais simplesmente, é um argumento dedutivo formado de três proposições encadeadas, de tal modo que das duas primeiras se infere necessariamente a terceira" (*H. Geenne*). Essas proposições chamam-se "**premissa maior**", "**premissa menor**" e "**conclusão**". Exemplos:

Todo cidadão brasileiro pode votar (premissa maior).

João é cidadão brasileiro (premissa menor).

Logo, João pode votar (conclusão).

Na petição inicial, a "premissa menor" precede a "premissa maior":

O FATO .... Premissa menor

O DIREITO .... Premissa maior

O PEDIDO .... Conclusão

Além disso, a inicial deve ser redigida com ideias concatenadas, isto é, articuladas, a saber: disposição da matéria em artigos ou parágrafos, separados e correlacionados. Tais artigos são hoje impropriamente denominados "itens" e são numerados ou enunciados por letras na ordem do abecedário. Segundo os cânones da boa disposição, quando se usam números, colocam-se pontos; quando letras, parêntesis. Exemplos: 1. 2. 3. ou a) b) c). Nos petitórios, recomenda-se essa regra.

4.1. A ARTICULAÇÃO NA PETIÇÃO

A articulação no petitório serve para explicar a necessidade de delimitar as partes da dissertação (tese, desenvolvimento, argumentação e conclusão).

A troca de parágrafos não implica uma mudança de assunto, que deve ser o mesmo em toda a extensão da dissertação na petição. Entretanto, pergunta-se:

O que tem a ver uma dissertação com a petição?

A resposta a essa indagação é muito simples: tudo. Com efeito, a técnica do convencimento desenvolvida nas petições e recursos não está divorciada da técnica dissertativa. Pelo contrário, podemos afirmar, categoricamente, que a petição é uma "dissertação" apresentada ao juiz, na tentativa de convencê-lo acerca de um determinado ponto de vista.

Para desenvolvermos uma dissertação, precisamos organizar as ideias, acomodando-as numa estrutura discursiva, convincente e persuasiva. Vamos conhecê-la.

TESE, DESENVOLVIMENTO, ARGUMENTAÇÃO E CONCLUSÃO

Tese: é a exposição do tema, por meio da elaboração do parágrafo introdutório. Neste se transmite a ideia central (ou ideia-núcleo), delineando o que se pretende expor nos articulados que serão a seguir expostos. Na introdução define-se o problema, o objeto.

Encerrando a ideia-núcleo, o tópico frasal deve ser mais genérico do que o desenvolvimento, e não pode conter ideias conclusivas. Lembre-se, no entanto, que no texto narrativo é frequente a diluição da ideia-chave no desenvolvimento do parágrafo, podendo, até, surgir no final do texto. Todavia, o cuidado de enunciar de pronto a ideia-núcleo garante a unidade do parágrafo, sua coerência, facilitando a tarefa de realçar o tema.

Desenvolvimento ou argumentação: é a exposição detalhada dos argumentos norteadores da tese. Representa os parágrafos seguintes à introdução ou tese, nos quais se fará o desenvolvimento da linha argumentativa, por meio de uma visão crítica do tema ora proposto. Seguindo o fio do discurso, deve-se unir os parágrafos com elementos de ligação (conectivos de passagens de pensamento, como "portanto", "embora", "desse modo", entre outros).

Conclusão: condensa a essência do conteúdo desenvolvido, reafirmando o posicionamento exposto na "tese", permitindo-se uma efetiva "retomada" daquela. Segundo Oliveira (2001: 56), "a conclusão deve traduzir plenamente sua proposição inicial. Tudo em seu texto deve apontar para a conclusão de sua argumentação. Esse é o espaço dedicado à união das ideias lançadas ao longo do texto".

É fato que a montagem de qualquer linha argumentativa passa pela feitura de um "esboço" dos fatos que se pretende narrar. Após esse mister preambular, deve o causídico construir as "teses" ventiladas, que serão sustentadas com "argumentos". Com efeito, a confecção de qualquer argumento se traduz no "trinômio" *esboço – tese – argumento*, que deve lastrear a exposição da ideia querida, sob pena de sacrificar a ordem no pensamento e a sua aposição no petitório.

Nesse ínterim, enfatize que é possível a coexistência de argumentos em uma tese – hipótese em que deve o peticionário se valer de uma estrutura textual predeterminada.

Diante do exposto, conclui-se que é possível notar a mesma estrutura dissertativa nas **petições.**

> **Introdução:** é a apresentação da linha argumentativa que se pretende seguir, expondo sucintamente os elementos fáticos que a sustentam.
> **Desenvolvimento:** é a exposição detalhada dos argumentos norteadores da tese, concatenados em linguagem crítica e dialética.
> **Conclusão:** é o fechamento textual, conhecido como "arremate" ou "fecho", por meio do qual se procede à retomada da tese, chegando-se a conclusões pretendidas, em um nítido *iter* silogístico, trilhado pelo causídico.

Vamos, agora, aprofundar a estrutura do texto dissertativo.

4.2. A DISSERTAÇÃO – DEDUÇÃO E INDUÇÃO

Podemos desenvolver uma dissertação, encaminhando nosso raciocínio "indutivamente", ou seja, partindo de um fato particular para uma generalização, ou "dedutivamente", tomando um princípio geral para chegar a uma conclusão particularizante.

Pelo *método dedutivo*, opera-se o raciocínio silogístico: parte-se de uma premissa de caráter geral para se chegar a uma conclusão particular.

A dedução leva-nos a tomar fatos ou ideias gerais para alcançar uma conclusão singularizada. Portanto, *deduz-se* quando se parte da *generalização* em direção à *particularização*.

A linguagem deve ter a clareza de um pensamento disciplinado, visando à concatenação e ordenação de ideias. Concatenar ideias é buscar seu encadeamento, formando a tessitura redacional, à medida que se empregam termos adequados. A linguagem adequada formará o repertório linguístico que se espera de um advogado.

Uma dissertação bem redigida apresenta perfeita articulação de ideias. Para obtê-la, é necessário promover o encadeamento semântico (significado ou ideias) e o encadeamento sintático (mecanismos que ligam uma oração à outra). Tal coesão é obtida por meio de *elementos de ligação* – conectivos de integração harmoniosa de orações e parágrafos em torno de um mesmo assunto –, que se traduzem no *eixo temático*. Esses elementos de ligação podem ser advérbios, conjunções, preposições, pronomes etc. Há elementos ou conectores:

Português Jurídico

a) de adição, continuação: *outrossim, ademais, vale ressaltar também*;
b) de resumo, recapitulação, conclusão: *em suma, em resumo*;
c) de causa e consequência: *por isso, de fato, com efeito*.

A estratégia argumentativa ou percurso argumentativo que melhor contribui para tornar o texto persuasivo e convincente é a "exemplificação", que ilustra e fundamenta as ideias-núcleo. Sem a exemplificação correspondente a cada ideia-núcleo citada, a argumentação fica inócua. Daí o peticionário se valer de argumentos doutrinários e jurisprudenciais.

Um dos objetivos da dissertação é **convencer alguém de que determinado ponto de vista é praticamente inquestionável**. Portanto, "dissertar" é expor ideias a respeito de um determinado assunto, apresentando provas que justifiquem e convençam o leitor da validade do ponto de vista de quem as defende.

A título de revisão, veja o quadro abaixo:

> Estrutura Sinóptica da Dissertação
> a) **introdução:** parágrafo introdutório – ideia central, ideia-núcleo – **tese**;
> b) **desenvolvimento:** vários parágrafos – reforçar o primeiro parágrafo – **argumentação**;
> c) **conclusão:** condensa a essência do conteúdo desenvolvido, reafirmando a tese – **retomada da tese**.

A propósito, aproveita o Autor o momento para trazer à baila algumas redações de sua autoria.

1ª Proposta de Redação:
Um quadro: tela e moldura (o Autor, 1991)

O homem é um ser eminentemente social e, como consequência dessa natureza, está sujeito às imposições ou determinações da sociedade que o abriga. Inegavelmente discriminadoras, tais determinações visam ao benefício de um pequeno grupo, que denominamos "elite", em detrimento da grande parte restante, essencialmente inconsciente, que chamamos de "massa".

Toda tela precisa de uma moldura para se constituir num verdadeiro quadro. Essa realidade em pedaços vem levar-nos a refletir sobre o grupo minoritário, porém poderoso, que vive à custa da massa oprimida, constituindo o verdadeiro sistema capitalista, que, mediante reflexão radical, seria um "egossistema".

Há a necessidade de ter a massa envolvida, enlaçada nos efeitos paralisantes do eficiente mecanismo usado pela elite – o discurso ideológico. Esse envolvimento gera passividade, e esta, legitimação dos valores. Há a necessidade de todos se envolverem com o sistema manipuladoramente paternalista, e o não envolvimento pode causar amargas consequências ao arrojado indivíduo que o tentar. Não será "este perturbador da ordem" perseguido pela elite como subversivo, assim como o alvo o é pelo cartucho? Não o seria, se todos não "tirassem sempre o chapéu" e "comessem só o que 'eles' dão", sem saber se o que está ingerindo é bom ou ruim, benéfico ou maléfico.

Assim, resta-nos concluir que todas as diretrizes que seguimos são a moldura da tela que o "pintor", o sistema capitalista, deseja retratar – a manipulação ideológica. E mediante o desenho em que nos baseamos, entende-se que tal manipulação está para o sistema assim como a tela, para a moldura.

2ª Proposta de Redação:
A enxada e a caneta (o Autor, 1991)

A caneta e a enxada são instrumentos úteis ao homem. Justificam, aparentemente, uma relação de oposição entre o engajamento e a alienação que, segundo Hegel, tendem a uma

SINOPSES JURÍDICAS

aproximação. Mas em que medida a enxada caracteriza o ser dominado diante da caneta, como ser dominador?

O sistema capitalista a que somos submetidos é estruturado, fundamentalmente, pela exploração do homem pelo homem, no qual o "poder" é análogo ao "ter". Uma minoria elitizada domina uma massa alienada, segundo os interesses egoisticamente unilaterais da classe dominante.

Embora a caneta e a enxada mostrem interesses opostos e conflitantes, há profunda identificação, na medida em que ambos os instrumentos coexistem, isto é, não há dominador sem dominado nem elite sem massa, em nossa sociedade. Enquanto a caneta simbolizar a consciência e a enxada, a ignorância, o primeiro prevalecerá sobre o segundo, pois o conhecimento gera dominação, e esta, passividade.

Assim, ambos são a antítese que se sintetizam na estrutura social capitalista.

4.3. A PETIÇÃO À LUZ DA DISSERTAÇÃO

Observemos, agora, a sequência de articulados que devem compor a linha argumentativa de um petitório:

DO DIREITO

De acordo com o art. 150, I, da CF, é vedado aos Entes tributantes, entre eles os Municípios, aumentar tributo sem lei que o estabeleça.

A corroborar o exposto acima, impende destacar a dicção dos §§ 1º e 2º do art. 97 do CTN, que destacam a necessidade de lei para atualização em bases de cálculo de impostos, com índices acima da correção monetária do período.

O Decreto, na realidade, não atualizou apenas a base de cálculo do imposto, mas, sim, estabeleceu um aumento real, portanto acima da correção monetária do período, o que somente poderia ter sido exigido por meio de ato emanado do Poder Legislativo Municipal, isto é, lei, jamais um ato do Poder Executivo.

Citar DOUTRINA...

Citar JURISPRUDÊNCIA...

Com efeito, fica demonstrada, à saciedade, que a majoração da base de cálculo do IPTU, ou seja, a atualização do valor venal dos imóveis acima da correção monetária oficial, mediante Decreto do Poder Executivo, viola frontalmente o princípio da legalidade, consagrado no art. 150, I, da CF, combinado com o art. 97, §§ 1º e 2º, do CTN.

A redação de petições

O presente item versará sobre o detalhamento da petição, a fim de que o eminente leitor possa angariar meios de expressão consentâneos com a forma solene dos petitórios. Portanto, deverá assimilar as dicas ofertadas e, fundamentalmente, aplicá-las em seu dia a dia, na elaboração de peças e arrazoados. Vamos, então, a elas.

O endereçamento

Sabemos que é por meio de petições que o advogado se comunica com o Poder Judiciário, importando muito a qualidade delas, não apenas para o resultado da ação, como também para a apresentação do trabalho jurídico.

A petição inicia-se com o *endereçamento*. Ele é necessário para que se conheça a Vara a que se deve encaminhar o petitório, além de indicar a pessoa a quem deve ser dirigido o texto, comumente o juiz ou o desembargador responsável pela instrução e pelo julgamento do processo. O endereçamento deve, por isso, vir logo no início da página, desta forma:

Excelentíssimo Senhor Doutor Juiz de Direito da __ Vara Criminal do Foro Regional de Santo Amaro, São Paulo.
Ou:
Excelentíssimo Senhor Doutor Desembargador Presidente do Egrégio Tribunal de Justiça de São Paulo.

Português Jurídico

No cabeçalho da petição (endereçamento ou vocativo), não use abreviaturas. A redação forense as repele quando usadas sem critério nas petições. Assim, evite a forma "Exmo. Sr. Dr. Juiz ...", preferindo "Excelentíssimo Senhor Doutor Juiz...".

É de destacar que a abreviatura prejudica o estilo solene da linguagem do foro, despindo-a de rigor. Ademais, a visualização do texto com abreviaturas torna-se áspera e desagradável ao olhar do leitor, devendo o aplicador do Direito usá-las somente em casos extremos. Queremos mencionar que existe tranquila tolerância com relação a certas abreviaturas, como: "art." para artigo; "p." para página; ou mesmo "CF" para Constituição Federal. Todavia, deve-se, *exempli gratia*, evitar "r. sentença", preferindo "respeitável sentença". Da mesma forma, substitua "v. acórdão" por "venerando acórdão" e, por fim, "V. Exa." por "Vossa Excelência".

A esse propósito, Rodríguez (2000: 61-62) ensina que

> existem adjetivos que, devido às formalidades do discurso jurídico, encontram-se impregnados na redação de peças enviadas ao Poder Judiciário. Esses adjetivos podem ser entendidos como forma de referência, e devem ser utilizados para que, no mínimo, se demonstre conhecimento da linguagem usual no foro. São os principais:

SUBSTANTIVO	ADJETIVO	SUBSTANTIVO	ADJETIVO
Acórdão	Venerando acórdão	Juiz	Meritíssimo Juiz
Câmara, Turma Julgadora	Colenda Câmara	Juízo	Digníssimo Juízo
Defensor/ Relator	Culto Defensor/ Nobre Relator	Julgador	Ínclito Julgador
Sentença	Respeitável sentença	Patrono	Culto Patrono
Tribunal	Egrégio Tribunal	Procurador, Promotor de Justiça	Nobre Procurador/ Douto Promotor de Justiça

Não obstante, a adjetivação que se impinge a alguns termos forenses, no intuito de imprimir elegância ao texto e respeito à autoridade mencionada, pode vir a se tornar repetitiva, em razão do número de retomadas que o autor tem de fazer em sua exposição. Nesse ínterim, surge a opção pela abreviação desses adjetivos, de índole excepcional, a fim de que tal adjetivação hermética não prejudique a "musicalidade" ou "harmonia" textuais. Exemplo:

A r. sentença de fls. 20, a par do v. acórdão de fls., não satisfez os interesses do postulante, à medida que se pretendeu provar a essa C. Corte o dolo do autor.

SUGESTÕES DE MELHORIA

Como se notou nos tópicos precedentes, a petição é articulada com parágrafos, que devem estar concatenados por adequados elementos de ligação. Tais elementos visam imprimir uma ordem lógica ao texto, ofertando-lhe unicidade em torno do eixo temático. Observe alguns exemplos.

Para citar artigos, comece com os seguintes conectivos de passagens:
Segundo o comando inserto no artigo tal, o Autor ...;

Consoante a inteligência do artigo tal, o Embargante ...;

"Ex vi" do disposto na literalidade do artigo tal, o Réu ... (Ex vi: por força de; leia-se com a sílaba tônica em "éx");

Conforme se depreende do alcance do artigo tal ...;

Observe que o texto ganha elegância, denotando o convívio do emissor com a melhor linguagem do foro. Com efeito, é indiscutível que as formas citadas são preferíveis à simples enunciação: "O artigo tal reza que ...". Portanto, use-as sem receio de transparecer afetação, uma vez que tal vício está longe de ser localizado nas expressões supracitadas, mas, sim, em modos intangíveis de exteriorização do pensamento, que permeiam alguns petitórios, dando a nítida impressão de que vieram tão somente para confundir, e não para veicular pensamentos.

Para mencionar o caso concreto, utilize as formas abaixo:

No caso em tela, há que se destacar ...;

No vertente caso, faz-se mister enaltecer ...;

No caso "sub examine", urge mencionar ... (pronuncie "sub eczâmine");

No caso em comento, é mister frisar ...;

No caso em tela, esclareça-se que ... .

Note que são formas estereotipadas, de que pode se valer o aplicador do Direito, a fim de que conduza a petição com linguagem técnica. É imperioso afirmar que o conhecimento de múltiplas formas é de vital importância, à medida que pode o ilustre causídico diversificar o texto, variando-as. Aliás, enquanto a repetição de palavras ou termos traduz-se em condenável pobreza vocabular, a diversificação de vocábulos, que se materializa no domínio da sinonímia, denota o controle amplo do léxico, conferindo zelo ao redigir.

Não é difícil imaginar que todos os falantes da Língua compreendem um universo de vocábulos significativamente maior do que o rol de palavras emitidas no dia a dia. É episódio natural em qualquer idioma: entende-se, todavia não se emprega.

Nesse passo, evidencia-se o "perigo", no momento da construção da petição, à medida que se deve proceder à boa seleção de vocábulos conhecidos e, decorrencial e apropriadamente, inseri-los no corpo da petição.

Na prática, a "seleção" e o "emprego" das palavras traduzem-se no domínio do léxico. É sabido que o **léxico ativo** representa o rol de palavras conhecidas e, realmente, empregadas na conversação cotidiana, enquanto o **léxico passivo** se traduz no conjunto de vocábulos que o leitor conhece, identificando seu significado, todavia não os utiliza efetivamente em seu texto, por motivo de insegurança ou por falta de prática.

O desenvolvimento do *léxico ativo* desponta a partir do "convívio vocabular insistido" – expressão por nós empregada, no intuito de demonstrar que o conhecimento das palavras e de seus sinônimos é fundamental para a desejada desenvoltura na confecção do texto. Recomendamos, a todo tempo, que se parafraseiem textos. O que é isso, afinal? A **paráfrase** representa a maneira diferente de dizer algo que foi dito, valendo-se da sinonímia. Conhecida como "metáfrase", é eficiente recurso para o fortalecimento vocabular, à medida que se traduz o texto na "mesma língua", procedendo à alteração de palavras, no mister de confecção de um novo texto. Com efeito, é essa substituição de palavras por outras do mesmo teor que provoca, paulatinamente, o robustecimento do vocabulário ativo do usuário da Língua.

Construir a paráfrase de um texto significa "traduzi-lo na mesma língua". Ou seja, escrever as mesmas ideias que nele constam, com palavras diferentes. O grande segredo da boa paráfrase, então, é a **utilização dos sinônimos**.

Para citar doutrina, os elementos de ligação podem ser:

Nesse sentido, necessário se faz mencionar o entendimento do ilustre Fulano, que preconiza, "in verbis": (citar a doutrina).

A esse propósito, faz-se mister trazer à colação o entendimento do eminente Fulano, que assevera, "ipsis litteris": (citar a doutrina).

Nesse diapasão, impende destacar o entendimento do ínclito Fulano, que aduz, "verbis": (citar a doutrina).

Português Jurídico

A corroborar o exposto acima, insta transcrever o entendimento do renomado Fulano, que preleciona, "ad litteram": (citar a doutrina).

Nesse passo, é de todo oportuno trazer à baila o entendimento do preclaro mestre, que obtempera, "verbo ad verbum": (citar a doutrina).

Observe que os enunciados supracitados vêm ao encontro do que objetiva o modesto trabalho literário a que agora se dedica, nobre amigo leitor: municiá-lo com linguagem técnica e múltipla.

Note que os exemplos trazem a lume o mesmo contexto, com modos diversos de expressão. Confira na tabela a seguir a variedade de expressões utilizadas, confrontando-as com os modelos anteriormente mencionados:

Elemento de ligação I	Elemento de ligação II	Qualificativo	Verbo	Latim*
Nesse sentido	necessário se faz mencionar	Ilustre Fulano	Preconiza	In verbis
A esse propósito	faz-se mister trazer à colação	Eminente Fulano	Assevera	Ipsis litteris
Nesse diapasão	impende destacar o	Renomado Fulano	Aduz	Verbis
A corroborar o exposto acima	insta transcrever	Ínclito Fulano	Preleciona	Ad litteram
Nesse passo	é de todo oportuno trazer à baila**	Preclaro Fulano	Obtempera	Verbo ad verbum

* As expressões latinas utilizadas (**in verbis, ipsis litteris, verbis, ad litteram e verbo ad verbum**) têm a acepção de "sem alteração" ou "literalmente", de modo que devem transitar com tranquilidade nos textos jurídicos, à medida que, inexoravelmente, valer-se-á o nobre causídico de fiéis citações de doutrina, jurisprudência, entre outros argumentos *ab auctoritatem*. Ressalte-se que há, ainda, a forma *ad litteris et verbis*, na acepção de "literalmente".

** A forma "**vir à baila**" pode ser grafada como "vir à balha". Primitivamente, a expressão significava "vir à dança", "vir ao baile", "aparecer" ou "ser visto". Desse modo semanticamente restrito, a expressão evoluiu para um sentido genérico, aplicando-se também ao campo das ideias.

Dessa forma, na elaboração da peça prático-profissional, deve o aplicador da redação jurídica demonstrar domínio da linguagem simples, porém técnica, peculiar ao estilo forense. Para tanto, faz-se mister que utilize expressões tradutoras de uma desenvoltura adequada na elaboração de parágrafos componentes do trabalho escrito.

Aprecie o quadro a seguir, com algumas "fórmulas", para utilização na introdução de articulados.

Nesse raciocínio,	o douto (Autor)	assevera
Nessa esteira,	o ínclito (...)	ministra
Nesse passo,	o ilustre (...)	preleciona
Nesse rumo,	o culto (...)	aduz
Nesse diapasão,	o eminente (...)	entende
A esse propósito,	o renomado (...)	leciona
Na mesma toada,	o preclaro (...)	obtempera

Ou, ainda:

Outrossim, merece ser trazido à baila o entendimento do ilustre doutrinador ... .

Ademais, merece ser trazido a lume o magistério do renomado catedrático ... .

Além disso, imperioso se faz trazer à colação os dizeres do renomado escritor ... .

À guisa de corroboração, necessário se faz trazer à baila o entendimento do eminente professor ... .

A ratificar o acima expendido, é de todo oportuno gizar (= delinear) o magistério do ínclito autor ... .

Veja, em tempo, outras "fórmulas" a serem usadas na petição para citar doutrina:

Nesse raciocínio, o festejado Autor preleciona, de modo esclarecedor, no sentido de que ... .

Nos respeitáveis dizeres do eminente Autor ... .

Com muita propriedade, o douto Fulano traça as seguintes explanações sobre o assunto ... .

Em consonância com o magistério do Fulano ... .

Sobre tal aspecto, merece ser trazido (ou necessário se faz trazer) à baila o excelente magistério do Fulano ... .

Também por este prisma é o entendimento do respeitável Autor, que perfilha o mesmo pensar, ao asseverar que ... .

Nesse rumo, ainda, as Impetrantes pedem vênia para transcrever as lapidares explanações tecidas pelo ilustre Fulano sobre o tema ora analisado ... .

Escudado nesse sólido embasamento doutrinário, a Autora entende que ... .

Deve o anunciante observar as importantes regras abaixo para citação de doutrina:

1. utilize aspas (começo e fim);

2. se for destacar algo, indique com a expressão "grifos nossos", "destaques nossos" ou "sublinhas nossas";

3. utilize recurso que dê destaque ao trecho de citação: geralmente, quando a citação é um tanto extensa, procura-se mudar a fonte (o tipo de letra), ou a paragrafação, impondo uma margem bem maior para o texto citado. Assim, a própria estética da petição demonstra que aquele trecho é recorte de outra obra;

4. se for pular um trecho, use reticências entre parêntesis ou colchetes (...) / [...], ou utilize a expressão latina "omissis";

5. quando houver erro do doutrinador, jamais corrija. Insira apenas o termo sic ("assim", em latim), entre parêntesis, "debitando na conta" de outrem o erro de que não é dono. Exemplo: O título foi enviado à (sic) Cartório;

6. ao final (ou no início), deve-se detalhar a fonte, indicando autor, nome da obra, edição, cidade, editora, volume, ano e página.

É interessante observar que o causídico, quando depara com um argumento de autoridade, deve proceder de modo adequado, preocupando-se em combatê-lo, tendo em conta, em primeiro lugar, que, ao lado do argumento de autoridade mencionado, deve haver a fundamentação da tese, sob pena de esvaziar a força persuasiva da citação.

Quanto à citação de jurisprudência

Seguindo a ordem dos articulados de uma petição, deverá o eminente aplicador do Direito citar a jurisprudência nos petitórios, logo após a doutrina. O modelo abaixo foi delineado com riqueza de detalhes, com vistas a enriquecer o vocabulário, podendo ser apreciado com parcimônia, caso o ilustre leitor não pretenda se valer de todo o delineamento vocabular propositadamente empregado, na forma abaixo transcrita:

Português Jurídico

29

> "Ademais, a corroborar o posicionamento doutrinário expendido nos tópicos supracitados, impende trazer à colação a judiciosa ementa do venerando acórdão proferido pela colenda Turma do Egrégio Tribunal Regional Federal, cuja transcrição segue em anexo, *ipsis litteris*: ...".

Ou, ainda, com maior brevidade:

> "Nesse contexto, urge trazer à baila a respeitável ementa da judiciosa decisão proferida pelo Egrégio Tribunal, cuja transcrição segue abaixo, *in verbis*: (citar a jurisprudência)."

Ressalte-se que deve o autor do petitório "preparar" o leitor para a apresentação da jurisprudência no texto. Geralmente, utilizam-se fórmulas introdutórias, como: *"É assim que decidem nossos Tribunais"*; ou *"A jurisprudência pátria é assente nesse sentido, da qual se depreende que ..."*, entre outras formas.

Outras "fórmulas" a serem usadas na petição para citar jurisprudência:

Lapidar nesse sentido o entendimento expendido pela egrégia __Turma do egrégio TRF da __ Região, na ementa de decisão proferida nos autos da Apelação, conforme se nota a seguir ... .

É altamente ilustrativo transcrever os clarividentes excertos dos votos de alguns dos ínclitos Ministros que participaram do julgamento ... .

Escudado nesse sólido embasamento jurisprudencial, a Autora entende que ... .

É necessário não perder de vista a posição que a jurisprudência pátria vem assumindo diante da matéria "sub examine", conforme se depreende da ementa abaixo transcrita ... .

A esse propósito, vale mencionar o venerando acórdão exarado pela __Turma, de cuja dicção depreende-se a rigidez dos argumentos ora apresentados pelo Autor ... .

Como se nota, a citação de jurisprudência é técnica que veicula o chamado argumento *a simili* ou "por analogia", segundo o qual as decisões dos magistrados funcionam como fonte do próprio Direito, em um processo analógico de convencimento.

Frise-se que a citação da jurisprudência deve ser precisa e, da mesma forma que o argumento por analogia deve prevalecer por uma identidade de fatos e fundamentos, o argumento de autoridade não pode se pautar apenas em citações descomprometidas de ementas, mas em enumerações contundentes de pronunciamentos de tribunais, adaptáveis com precisão ao caso concreto.

Assim, deve o anunciante observar as importantes regras abaixo para citar jurisprudência:

1. utilize aspas (começo e fim);

2. se for destacar algo, indique com a expressão "grifos nossos" ou "sublinhas nossas";

3. utilize recurso que dê destaque ao trecho de citação: geralmente, quando a citação é um tanto extensa, procura-se mudar a fonte (o tipo de letra), ou a paragrafação, impondo uma margem bem maior para o texto citado. Assim, a própria estética da petição demonstra que aquele trecho é recorte de outra obra;

4. se for pular um trecho, use colchetes ou reticências entre parêntesis [...] (...), ou utilize a expressão latina "omissis";

5. ao final (ou no início), deve-se detalhar a fonte, indicando qual o relator da decisão, o número dos autos em que se encontra, a data e o órgão da publicação ou a revista autorizada de jurisprudência;

6. não fazer citações muito longas se não for aproveitar seu conteúdo;

7. não faça citações desatualizadas, que traduzam posicionamentos jurisprudenciais superados.

Quanto à conclusão do texto

Por fim, para terminar o texto, devem ser empregados os elementos de ligação que são hábeis a concluir o pensamento. Por si sós, devem transparecer ao leitor que o emissor da mensagem está no derradeiro pensar, pronto para proceder ao fecho do raciocínio, arrematando o pensamento com elementos de finalização que se reportam à tese acima ventilada. Observe:

Posto isso, merece a Impetrante a concessão do provimento pleiteado, uma vez que ... .

Por derradeiro, logrou a Autora provar a veracidade dos fatos, merecendo a procedência do pedido ... .

Em face do exposto, insta mencionar ... (e não "Face ao exposto, ...").

É de se concluir, destarte, ... (ou dessarte).

Desse modo, inexorável a conclusão de que ... .

Solicita, afinal (e não "a final"), o julgamento procedente do pedido ... .

Não obstante o largo uso no meio jornalístico e na literatura moderna, as expressões "frente a" e "face a" – neologismos derivados do francês, portanto, francesismos – devem ser evitadas. A razão está no fato de que a locução preposicional deve conter a preposição "a" ou "em", antes da palavra "face", e não após o vocábulo. Logo, as locuções neológicas "frente a", "face a" e "ante a" devem ser substituídas por "em frente de", "em face de" e "ante" (sem a preposição "a") ou "perante" (sem a preposição "a"). Aliás, não há como sustentar gramaticalmente as formações vocabulares "perante a" ou "ante a", uma vez que "perante" e "ante" são preposições, não havendo espaço para outra preposição na expressão. Perguntar-se-á: o que faz o "a", preposição, ali, ao lado do "perante" ou "ante"?

Observe as erronias abaixo delineadas, bem como as oportunas correções:

Evite...	Troque por...
Face às dificuldades, ...	*Em face das dificuldades, ...* *Diante das dificuldades, ...* *Ante as dificuldades, ...*
Perante ao ocorrido, ...	*Perante o* ocorrido, ...*
Ante a isso, ...	*Ante isso, ...*

* A preposição "**perante**" tem a acepção de "diante de", "ante". Diz-se: perante o juiz (e não "perante ao juiz"), perante elas (e não "perante a elas"), perante o qual (e não "perante ao qual").

Como se enunciou acima, há vários registros na imprensa que denotam a preferência pelo uso ora condenado. Exemplos:

"Yeltsin se mobiliza face à oposição".

"Face às perspectivas que se abriam à sua frente, Henri ficou muito emocionado".

"O dólar teve nova desvalorização frente ao iene".

Por outro lado, Vivaldo Coaraci enuncia interessante frase, com a expressão adequadamente utilizada:

"Não seria o primeiro que, em face da viuvez, se acolhia ao altar" (destaque nosso).

Na mesma esteira, Vinicius de Moraes, no *Soneto de Fidelidade*, brilhou, como de costume, ao expor a locução com propriedade:

"De tudo ao meu amor serei atento

Antes, e com tal zelo, e sempre, e tanto

*Que mesmo **em face do** maior encanto*
Dele se encante mais meu pensamento" (destaque nosso).

Quanto ao pedido da petição:
"Fórmulas" a serem usadas na confecção do pedido na petição:

Ex positis, serve-se o Autor da presente para requerer a Vossa Excelência que se digne de:
a) conceder a liminar;
b) julgar procedente o pedido;
c) citar;
d) condenar o Réu;
e) autorizar a produção de provas.

Observação: o verbo "dignar-se" é pronominal e pode ser acompanhado, diretamente, do verbo que compõe a locução verbal. Exemplo: "... se digne citar" ou "digne-se citar". Ademais, ressalte-se que a preposição "de" é facultativa, podendo ser empregada, caso deseje o aplicador do Direito. Exemplo: "... se digne de citar" ou "digne-se de citar". Por fim, o verbo "dignar-se" não admite a preposição "a", embora seja forma aceita por lexicógrafos de nomeada. Vamos analisar a frase abaixo:

Do exposto, é a presente para requerer se digne Vossa Excelência a conceder a liminar ...
Troque por:
Do exposto, é a presente para requerer se digne Vossa Excelência conceder a liminar ...; **Ou:**
Do exposto, é a presente para requerer se digne Vossa Excelência de conceder a liminar ...; **Ou:**
Do exposto, é a presente para requerer digne-se Vossa Excelência conceder a liminar ...; **Ou:**
Do exposto, é a presente para requerer digne-se Vossa Excelência de conceder a liminar ... .

Observação: a omissão da conjunção integrante **QUE** foi intencional, apenas com propósito estilístico. Nada obsta a que se escreva a oração com a conjunção: *Do exposto, é a presente para requerer QUE se digne Vossa Excelência a conceder a liminar ... .*

Por derradeiro, segue uma lista de expressões estereotipadas de fecho ou conclusão em petitórios: *destarte, dessarte, em suma, em remate, por conseguinte, em análise última, concluin-do, em derradeiro, por fim, por conseguinte, finalmente, por tais razões, do exposto, pelo exposto, por tudo isso, em razão disso, em síntese, enfim, posto isto (isso), assim, consequentemente* etc.

4.4. DICAS RÁPIDAS

4.4.1. VIVER À CUSTA DE – ESTAR EM VIA DE

Situação: O genro vive à custa do sogro.
Comentário: a locução prepositiva **à custa de** é escrita sem o -s ("custas"). Há quem admita a forma "às custas de", porém, à luz do português jurídico, é preferível a utilização de à custa de (sem o -s). O que existe é **custas**, como substantivo designativo de "despesas processuais".

Portanto, com correção:
Ela vive à custa do tio.
O projeto foi feito à minha custa.

SINOPSES JURÍDICAS

O mesmo se diga da locução prepositiva em via de, equivalente a "prestes a", que deve ser escrita sem o -s. A expressão "em vias de" já está dicionarizada e, portanto, pode ser aceita em Português, embora não represente forma adequada à luz do português jurídico. Logo:

O jovem está em via de completar a maioridade.

O casamento está em via de romper-se.

Importante: a locução preposicional com vista a é biforme, podendo ser utilizada com -s (com vistas a). Uma e outra significam "a fim de, com o propósito de", sendo chanceladas pelos dicionários em ambas as formas.

4.4.2. MERITÍSSIMO

Situação: *O advogado perguntou ao Meritíssimo Juiz: – Vossa Excelência está passando bem?*

Comentário: o vocábulo meritíssimo pode conter duas acepções: (a) no sentido "do que é muito merecedor, muito digno ou digníssimo". Aqui se mostra como o superlativo absoluto sintético de *meritório* ou *merecedor*. Exemplo: *Seu sucesso é meritíssimo*; e (b) no sentido de "designar o tratamento dispensado a juízes em geral, devendo-se usar a inicial maiúscula" (Meritíssimo) ou a forma abreviada ("MM.").

Ressalte-se que, no discurso direto, usa-se "Meritíssimo Senhor" ou "Vossa Excelência" (Exemplo: *Obrigado, Meritíssimo Senhor, pela atenção dispensada*). Com efeito, em *discurso direto*, usa-se o pronome possessivo "Vossa" (Exemplo: *Vossa Excelência me permite esclarecer?*). Por outro lado, quando a forma ocorre em *discurso indireto*, usa-se o pronome possessivo "Sua" (Exemplo: *O Promotor, referindo-se ao Juiz, disse que Sua Excelência prolatou a sentença*).

Não é demasiado enfatizar que o verbo e os pronomes devem concordar na terceira pessoa com as formas de tratamento na função de "sujeito" (Exemplo: *Vossa Excelência entende que o critério prevalecente é o finalístico*).

4.4.3. SUPRACITADO OU SUPRAMENCIONADO

Situação: *O autor foi representado nos autos pelos supramencionados advogados que subscrevem a petição anexa.*

Comentário: o prefixo supra- atrairá o hífen se a palavra posterior iniciar-se com h- ou idêntica vogal. Assim sendo, deve o operador do Direito memorizar tal regra, escrevendo com acerto: *supra-atmosférico*, *supra-auricular*, *supra-anal*, *supra-histórico*, *supra-humano*, *supracitado*, *supramencionado*, entre outros.

4.5. AS "PÉROLAS" DO PORTUGUÊS

Doenças venéricas

Correção: como se não bastasse a gravidade da enfermidade, há, ainda, a impropriedade vocabular. Grafa-se venéreo, logo, doenças venéreas. A confusão pode, sim, gerar gargalhadas homéricas.

Espondo

Correção: o gerúndio do verbo expor é expondo (com -x). Não se exponha com o tal "espondo" ...

Português Jurídico

Quadro sinótico – Petição inicial

Conceito de petição	É uma "dissertação" apresentada ao juiz, na tentativa de convencê-lo acerca de um determinado ponto de vista.
Características	• Formada por três proposições encadeadas: o fato, o direito e o pedido. • Tese: é a introdução à exposição do tema, definindo o problema. • Desenvolvimento/Argumentação: é a exposição detalhada dos argumentos norteadores da tese. • Conclusão: é o "arremate", em que se retoma a tese para se fazer o(s) pedido(s).

Capítulo 5
COMO ENRIQUECER A LINGUAGEM DO FORO

Este capítulo traz as principais ferramentas para a construção do texto jurídico, analisado em uma perspectiva essencialmente prática. O leitor poderá se aproximar das principais questões que incomodam o operador do Direito no momento da elaboração da petição, da sentença, do parecer, enfim, dos mais diversos textos jurídicos.

Nesse ínterim, procuramos enfrentar a problemática afeta aos *defeitos das petições, clichês, arcaísmos, pronomes demonstrativos inadequados*, sem embargo de indicar o melhor caminho a seguir – o que ocorre, sobretudo, ao término do Capítulo, com as dezenas de **fórmulas** (composições frásticas) as quais recomendamos serem usadas no texto jurídico. Passemos, então, a esse importante estudo.

Evite a expressão "**através de**" usada sem adequação.

Essa locução preposicional significa "de um para o outro lado", na acepção de transpor obstáculo. A locução traz ínsita a ideia de "passar por", "de lado a lado". Não deve reger situações relacionadas com pessoa, pois, parafraseando Nascimento (1992: 144), "constitui emprego desconhecido na boa linguagem a locução preposicional 'através de' regendo nome de pessoa fora do sentido físico; bem como seu uso para indicar 'instrumento', 'meio' ou 'veículo' não é correto".

Portanto, é erronia usar a expressão como indicadora de meio. Em português, as preposições que indicam relações de "meio" são: *por meio de, por intermédio de, mediante, graças a, mercê de*, entre outras.

A locução somente deve ser usada para travessia de algo ou para representar o deslocamento de algo "através" de alguma coisa (no sentido de atravessar). Exemplos:

Irei ao outro lado do rio através da ponte.

A bala passou através da parede.

Vejo a escola através da janela.

"Laços que se prolongam através das eras" (*Alexandre Herculano*).

A vida prossegue através das vicissitudes.

Através dos tempos, as prioridades mudam.

Passou através de campos e matas (*ou seja: lado a lado*).

Andou através da multidão na Rua da Consolação (*= por entre*).

Conservou a fé através do tempo (*ou seja: no decurso do tempo*).

O *conceito de elegância mudou através dos tempos* (frase correta, uma vez que mostra que o conceito atravessou o tempo, ao longo dos anos).

Jamais, então:

"... vem através do advogado abaixo assinado".
"... provado através de testemunhas idôneas ...".
"... foi resolvido através de acordo".
"Chegaram a um bom termo através do acordo".

Há "remédios" para a "enfermidade" demonstrada: prefira o uso de "por meio de", "por intermédio de", "mediante", "graças a", "servindo-se de".

Evite, também, o uso indiscriminado do pronome **onde**, que equivale a "em que", referindo-se a lugar físico. Deve ser usado apenas para "local", e não para outras situações. Vejamos o uso correto:

O bairro onde ocorreu o acidente.

O condomínio onde ele trabalha.

Importante: existe uma praxe condenável de se usar a forma "onde" em excesso nos textos escritos. Costumamos denominar o fenômeno de "ondismo". Como pronome relativo, "onde" deve conter sempre um antecedente que se refira a lugar, podendo ser substituído por "em que", "no(a) qual" ou "nos(as) quais".

Exemplo: Minha terra tem palmeiras. O sabiá canta nas palmeiras.

Portanto, "Minha terra tem palmeiras, onde canta o sabiá" (verso da poesia *Canção do Exílio*, de Gonçalves Dias).

Evite expressões **clichês (frases feitas e preciosismos ou arcaísmos)** usadas de modo corriqueiro, porém irrefletido, pelos operadores do Direito menos avisados. É fato inequívoco da Língua atual do Brasil o uso inadequado de tais expressões – os famosos chavões, lugares-comuns ou hipérboles desnecessárias, que denotam uma pobreza de estilo e tornam a leitura cansativa.

Nesse passo, Damião e Henriques (2000: 58) afirmam que

> palavras, expressões e tipos de construção sintática caem em desuso, saem de circulação. A essas formas que cumprem sua missão em determinada fase da história e, depois, desaparecem na escuridão dos tempos, dá-se o nome de arcaísmos. Costumam ser divididos em "léxicos", "morfológicos" e "sintáticos"; o presente trabalho interessa-se pelos primeiros (arcaísmos léxicos).

Utilizar a linguagem culta não significa lançar mão de linguagem rebuscada e preciosismos inoportunos. Deve o advogado ter **bom senso**. Como pretende convencer os juízes, cidadãos comuns, com uma linguagem obsoleta e, às vezes, denotadora de pedantismo? São exemplos:

"... *vem, com espeque no art.* ..., *ajuizar a presente* ...".

"*Argumentos baldos de maior razão*".

"*A exordial ministerial apresentou uma miríade de falsas afirmações, que não passam de bazófias que devem ser repelidas por esse Douto Areópago*".

"*O autor procura aproveitar-se da indústria do dano moral, partindo para uma aventura jurídica sem fundamento*".

"*O réu pretende acobertar-se com o manto da impunidade*".

Damião e Henriques (2000: 24) referem-se à linguagem culta como sendo aquela que

> em latim, era o "sermo urbanus" ou "sermo eruditus". Utilizam-na as classes intelectuais da sociedade, mais na forma escrita e, menos, na oral. É de uso nos meios diplomáticos e científicos; nos discursos e sermões; nos tratados jurídicos e nas sessões do tribunal. O vocabulário é rico e são observadas as normas gramaticais em sua plenitude. Esta linguagem, usam-na os juristas quando nos diferentes misteres de sua profissão. Não é mais a linguagem de Rui Barbosa, mas dela se aproxima.

Portanto, nota-se que a linguagem culta deve dispor de vocabulário selecionado e ritualizado, sendo exemplos corriqueiros vocábulos, como *outrossim, estribar, militar* (verbo), *supedâneo, incontinenti, dessarte, tutela, arguir, acoimar*. Alguns termos fruem predileção especial por parte de certos autores: *incontinenti* e *supedâneo* (Miguel Reale) ou *dessarte* (Magalhães Noronha).

Nesse rumo, segue o escritor e pensador extraordinariamente fecundo Mário Ferreira dos Santos (1954: 29), versando sobre a linguagem do Direito: "Deve-se escrever com as palavras que usamos na linguagem comum. Por isso convém evitar-se os arcaísmos, expressões raras e obsoletas. Quando o discurso, a palestra ou o relato refiram-se a temas científicos e filosóficos deve ser empregada a terminologia em uso nessas ciências. A finalidade dessa regra é garantir a clareza, que é uma das qualidades principais de um bom estilo".

Evite elementos arcaicos, tais como:

Lídimo: De Plácido e Silva (1978) registra o termo com o sentido de *legítimo*, em se tratando do filho procedente do legítimo casamento. Artur de Almeida Torres (1959: 163) considera que, hoje, ninguém mais diria "filho lídimo, prole lídima, sucessão lídima".

Pertenças: substantivo usado no plural cujo sentido é de benfeitorias.

Avença: com o significado de *acordo, contrato, ajuste*; o termo aparece em Jaime Barros (1967: 110).

Usança: equivale a *uso*; é termo frequente no Direito Comercial.

Defeso: significa *proibido*; representa forma arcaica e acepção usada até o século XVI e mantida no Direito.

O preciosismo, na definição de Napoleão Mendes de Almeida (1999: 517), é o "uso de palavras, expressões e construções ou antigas (mais propriamente o vício se denomina, então, 'arcaísmo') ou inusitadas, esquisitas, rebuscadas, de forma que o pensamento se torne de difícil compreensão".

É sobremodo importante assinalar que, no ambiente forense, subsistem os **jargões** e os **arcaísmos**, realidades léxicas distintas, que merecem consideração. Com efeito, o *jargão* é termo usual na linguagem do operador do Direito, que recebe a chancela do usuário da linguagem forense, como se fosse uma "gíria profissional". Por outro lado, o *arcaísmo* é despido dessa "naturalidade" no uso, na medida em que representa o "preciosismo" – conjunto de expressões raras e obscuras, despidas de clareza, que acabam por traduzir certa dose de rebuscamento indesejável e pedantismo no emissor.

Evidencia-se o preciosismo no uso de expressões como "aferro", "pertinácia", "com espeque em", ou verbos de raro uso, como "apropinquar-se", "obsecrar", "soer", entre outros. Sempre insistimos: a utilização de vocábulos desse porte somente seria considerada tolerável, caso o texto o "sustentasse", isto é, na hipótese de o eixo temático do fragmento vir permeado de linguagem burilada, denotando, sim, que o redator é exímio conhecedor do idioma. Caso contrário, se o termo raro vier solto, perdido e em total desarmonia com o conjunto vocabular demonstrado, afirmamos tratar-se de "plantio de palavras", na tentativa de provocar uma falsa sensação de erudição. Esse "plantio vocabular" indesejável coloca em perigo a unidade e concatenação do texto, provocando uma inevitável desconfiança no leitor, que tende a se afastar do foco apresentado.

Uma linguagem clássica somente se sustenta se outras passagens do texto denotarem erudição e sapiência. É inadmissível que o redator empregue o verbo "obsecrar" e, por exemplo, titubeie nos "pilares gramaticais", como a crase, a concordância ou a regência. Portanto, entendemos que a seleção adequada de palavras se pauta pela simplicidade, despida de arcaísmos, excetuado o uso de termos que, de fato, encontrarão sustentabilidade no conjunto apresentado. Afinal, o arcaísmo e o jargão são como uma "estrada de mão dupla": em uma "faixa de rolamento", vai o *arcaísmo*, seguido da incompreensão; na via contrária, vem o *jargão*, trazendo a reboque a fácil assimilabilidade.

É comum, outrossim, um problema de estilo nos petitórios: a **hipérbole** – figura de linguagem que consiste no exagero no modo de enunciar uma ideia, com efeito falsamente persuasivo. A linguagem hiperbólica nada acrescenta à persuasão do destinatário da mensagem, além de conter, dependendo da intensidade, uma carga hilariante em seu conteúdo. Observe o exemplo:

> "É preferível despencarem os céus sobre mim a que o Meritíssimo Juízo acate o teratológico pedido do Autor, que pretende fazer destes autos uma verdadeira comédia, uma sátira com todos os envolvidos nesta pitoresca demanda!"

SINOPSES JURÍDICAS

Ao se referir às partes do processo, procure evitar insinuações hierárquicas, que denotem uma **falta de paralelismo entre as partes**. O tratamento deve ser polido, em um processo de "equivalência de funções", que liga o advogado ao juiz ou ao promotor, e estes àquele, sem dessemelhanças vãs.

Rodríguez (2000: 65-67), ao tecer comentários sobre a hierarquia entre os operadores do Direito no processo, preleciona:

> Sabe-se, no entanto, que, entre juiz, promotor e advogado, não há, na demanda, relação hierárquica, por força de dispositivo legal, como abaixo se lê:
>
> **LEI N. 8.906, DE 4-7-1994 – *DOU* 5-7-1994**
>
> **Estatuto da Advocacia e a Ordem dos Advogados do Brasil – OAB. Dispõe sobre o Estatuto da Advocacia e a Ordem dos Advogados do Brasil – OAB. Título I – Da advocacia (artigos 1º a 43) Capítulo II – Dos Direitos do Advogado (artigos 6º e 7º)**
>
> **Art. 6º** Não há hierarquia nem subordinação entre advogados, magistrados e membros do Ministério Público, devendo todos tratar-se com consideração e respeito recíprocos.
>
> **Parágrafo único.** As autoridades, os servidores públicos e os serventuários da justiça devem dispensar ao advogado, no exercício da profissão, tratamento compatível com a dignidade, a advocacia e condições adequadas a seu desempenho.

A paridade de tratamento entre os operadores do Direito vem ao encontro do bom andamento das lides processuais, que demandam um funcionamento harmônico das partes do processo. As atitudes de respeito e consideração, mais encontradiças nos eventos orais do foro – audiências, júris, entre outros –, que traduzem o rito solene que caracteriza o ambiente forense, devem ser estendidas aos petitórios e às sentenças. Essa é a razão por que devemos enaltecer as felizes construções de lúcidos magistrados que, em sentenças, mostram deferência ao patrono da causa, da mesma forma que o fazem com relação ao promotor de justiça. Não se pode admitir, mesmo que não se queira, qualquer indício de desigualdade ou subordinação nas formas de referência, sob pena de transformarmos o processo em "parte", e não em "partes", exaltando uma em detrimento de outra.

Devem-se utilizar as **iniciais maiúsculas** em sinal de respeito e paridade entre os cargos e funções. Ademais, há a necessidade de paralelismo em toda a petição. Assim, utilize as iniciais maiúsculas em "Autor e Réu", "Impetrante e Impetrado", "Reclamante e Reclamado", "Embargante e Embargado" etc.

A cordialidade na escrita é tão identificável quanto na linguagem falada. Uma forma, visualmente recomendável, de denotar polidez no redigir está no emprego da letra maiúscula, hábil a revelar, entre outros atributos, o respeito a cargos e funções. Essa é a razão para que se escrevam na petição "Juiz" (com -j maiúsculo), "Promotor" (com -p maiúsculo), "Autor" (com -a maiúsculo), "Réu" (com -r maiúsculo), "Patrono" (com -p maiúsculo), entre outras expressões.

O uso linear das formas, em abono de um adequado paralelismo, vem ao encontro da harmonia na construção do texto. Nessa esteira, não se deve "desequilibrar" o tratamento, quando se faz menção a órgão e a seus cargos. Exemplo: evite referir-se, no mesmo texto, à <u>O</u>rdem dos <u>A</u>dvogados do <u>B</u>rasil, com iniciais maiúsculas – o que, por óbvio, sabemos ser correto – e, simultaneamente, fazer referência a "<u>a</u>dvogado", com -a inicial, minúsculo, sob pena de ferir a harmonia das relações.

Posto isso, não é prudente utilizar um tratamento a uma parte sem o dar à outra, sob pena de chancelar um desnivelamento infausto, exceto se houver uma intenção clara de empreender a fatídica dessemelhança.

Evite a utilização do verbo **restar** como verbo de ligação. Ele não o é. Nenhum dicionário da Língua Portuguesa o registra como verbo de ligação. Assim, há equívoco quando se escrevem as expressões estereotipadas "resta provado", "resta demonstrado" ou "resta claro".

Português Jurídico

O verbo "restar" deve ser utilizado para indicar "sobras" e só. Exemplo: *Comi dois chocolates dos três que ganhei. Restou um.*

O mesmo raciocínio vale para o verbo **resultar**, que tem sido utilizado impropriamente como verbo de ligação, sinônimo de "ficar". A construção é fruto de espanholismo. Registre--se que o *Dicionário Gramatical de Verbos do Português Contemporâneo do Brasil*, editado pela UNESP, admite tal uso: *"Foi um belo momento que resultou triste, mas passou"*. No entanto, insistimos, *concessa venia*, em rechaçar seu uso. "Resultar" significa "dar em resultado, seguir--se, originar-se, ser a consequência lógica, redundar". Não se deve usá-lo como verbo de ligação, criando orações como "a prova resultou irrelevante", em vez de "a prova resultou em completa irrelevância" ou, também admissível, "a prova não deu resultado". Júlio Nogueira assevera que "a nossa imprensa parece disposta a dar ao verbo 'resultar' um emprego que ele só tem no espanhol: 'os esforços resultaram improfícuos'; 'a diligência resultou inútil'".

Nesse sentido, seguem Francisco Fernandes, em seu *Dicionário de Verbos e Regimes*, acompanhado de Napoleão Mendes de Almeida (*Dicionário de Questões Vernáculas*) e Cândido Jucá Filho (*Dicionário Escolar das Dificuldades da Língua Portuguesa*). Portanto, devemos evitar dar vazão ao estrangeirismo inoportuno, escrevendo à castelhana. Aprecie, pois, a correção das frases abaixo:

Os projetos resultaram improfícuos.

Troque por: *Os projetos foram improfícuos.*

As reuniões resultaram proveitosas para mim.

Troque por: *As reuniões resultaram em proveito para mim.*

"A operação, porém – e os seus efeitos eram implacáveis –, resultou inútil" (Euclides da Cunha, *Os Sertões*, p. 316).

Troque por: *"A operação, porém – e os seus efeitos eram implacáveis –, foi inútil".*

É imperioso frisar que escritores de nomeada, dicionaristas e até gramáticos cometeram pequenos deslizes no vernáculo. Desacertos, todos os podem cometer; o importante é enfrentá-los e, sobretudo, proceder à eventual correção deles.

É sobremodo elegante na linguagem forense a **omissão de termos nas orações**. Trata-se de elipse – supressão de um ou mais vocábulos, facilmente identificáveis pelo contexto. Exemplo: *"No mar (há) tanta tormenta, (há) tanto engano. Tantas vezes a morte (é) apercebida"* (Camões). Um exemplo retumbante na linguagem do foro é a omissão do verbo "ser". Exemplos:

A sentença merece confirmada.

O recurso merece lido.

A petição merece anexada.

A opinião do promotor precisa ouvida.

Na mesma esteira, vale mencionar a elegância da expressão "sobre", indicando "além de":

Sobre exagerada, a afirmação é leviana.

Evite a utilização do advérbio **"eis"**, cujo significado, consoante o *Grande Dicionário Etimológico Prosódico da Língua Portuguesa*, de Francisco da Silveira Bueno, é "aqui está". Com efeito, a expressão "eis a luz" equivale a verbo, na 2ª pessoa do plural "vós", significando "vós tendes a luz" ou "vós vedes a luz". Deve-se repudiar a locução igualmente condenável **eis que**, haja vista nenhum gramático ou dicionário autorizar o seu uso, na função de *conjunção causal*, como reiteradamente vem sendo usada na linguagem forense. Edmundo Dantes Nascimento (1992: 131) assevera que "de fato observa-se o equívoco em arrazoados, petições, sentenças e acórdãos, porém constitui erro que não cometem os que atentam mais para a pureza da língua".

No entanto, vale mencionar que é correto e castiço o uso de "eis que" como advérbio, significando "de repente", "de supetão", "de inopino". Exemplo: *Estávamos de partida, mas eis que veio a chuva.*

Note que na frase acima descrita o "eis que" não poderia ser conjunção causal, até porque sucede à conjunção adversativa "mas". Assim, "eis que" é vício de linguagem que deve ser substituído no texto por expressões como: "porquanto", "uma vez que", ou outras que aprouverem ao cultor da boa linguagem. Observe a errônea construção:

> "... deve ser condenado em honorários, eis que a ação foi julgada improcedente...".

Prefira:

> "... deve ser condenado em honorários, uma vez que a ação foi julgada improcedente...".

Evite a utilização do neologismo **inobstante**, que circula nos meios forenses, bastando substituí-lo pelas formas vernáculas já consagradas, quais sejam: "não obstante" ou "nada obstante".

Há, ainda, outras expressões esdrúxulas, que devem ser evitadas, tais como: "fragilizar", em vez de "enfraquecer"; "heliponto", em vez de "heliporto"; ou "reverter uma situação", em vez de "mudar a situação".

Da mesma forma, deve-se rechaçar o uso inadequado de invencionices, como "inacolher o pedido" ou "verbas impagas". Com efeito, **"in-"** é prefixo latino de valor negativo que se deve ligar a advérbio (*inadvertidamente*), a adjetivo (*inapto*) e a substantivo (*inexatidão*). Dessa forma, a combinação do prefixo em comento com verbos é condenável. São, portanto, exemplos de erronia: "inocorrer", "inacolher", "impagar" ou "inaplicar". Todavia, há exceções, designativas de verbos dotados de vernaculidade, com a chancela do VOLP, *verbi gratia*, inabilitar, inadimplir, inadmitir, inalienar, inexistir, inobservar, inutilizar, impermeabilizar, impossibilitar, improceder, impronunciar, impunir, incapacitar, entre outros.

Pronomes demonstrativos: ESSE, ESSA, ISSO e ESTE, ESTA, ISTO

Na petição, é comum a utilização de expressões formadas com os pronomes demonstrativos *esse, essa* ou *isso*, tais como "dessa forma", "nesse rumo", "a esse propósito", "nesse diapasão", "isso posto" e "nesses termos".

A dúvida é singela: devo usar o pronome com dois -ss ou com -ste, preferindo-se "esse" a "este" ou "isso" a "isto"? Para obtermos a resposta, é necessário conhecer o emprego dos pronomes demonstrativos. Vejamos:

É sabido que uma das funções do pronome grafado com dois -ss (isso) é referir-se a algo já dito. Exemplos:

> *Liberdade, igualdade e fraternidade: esse é o lema da Revolução Francesa.*
>
> *"A vida é a melhor faculdade". Esse dito popular é de todo verdadeiro.*
>
> *"Saddam Hussein: estadista ou louco?" Essa é uma pergunta difícil de responder.*
>
> *Nesse passo, reitero meus argumentos.*
>
> *Isso posto, julgo procedente o pedido.*
>
> *Nesses termos, pede deferimento.*
>
> *"A estrada do mar, larga e oscilante, essa, sim, o tentava".*
>
> *"Os operários, esses nunca apareciam ali".*

Por outro lado, os pronomes demonstrativos "este", "esta" e "isto" podem indicar aquilo que ainda vai ser falado. Exemplos:

> *Espero de fato isto: que se façam as pazes.*
>
> *Estes são alguns problemas difíceis: o trinta e um e o vinte e dois.*

Portanto, entendemos que devem prevalecer nas petições as formas "isso posto" e "posto isso" àquelas grafadas com o emprego do pronome "isto" ("isto posto" ou "posto isto"). Ainda, perscrutando a máxima correção na utilização das duas formas admitidas, somos da opi-

Português Jurídico

nião de que se deve preferir **posto isso** a "isso posto", em virtude da composição participial da primeira expressão. Com efeito, as orações reduzidas de particípio são formadas com o "verbo + sujeito", e não o contrário. Exemplos:

Tomadas *as providências*, aceitei o pedido. (Sujeito da oração em destaque: **as providências**.)

Feitos *os cálculos*, apurou-se o débito. (Sujeito da oração em destaque: **os cálculos**.)

Então, há que se dizer: *Posto isso, chegou-se à conclusão* ... (na acepção de *Postas essas considerações, chegou-se à conclusão* ...).

A corroborar a postura acima expendida, Nascimento (1992:24) preconiza que "é comum nos requerimentos a expressão final 'posto isto'; ora, este e isto denotam o que vem a seguir, ao passo que esse e isso, o que já foi exposto (...)".

Vamos assimilar com o quadro abaixo:

PRONOMES DEMONSTRATIVOS	
Este, Esta, Isto *x* Esse, Essa, Isso	
ESTE	**ESSE**
1) *O objeto está perto da pessoa que fala. Exemplo: Este livro que tenho em mão.*	**1)** *O objeto está perto da pessoa com quem se fala. Exemplo: Esse livro que tens em mão.*
2) *O tempo está próximo da pessoa que fala. Refere-se a "esta semana", "este mês" ou "este ano". Exemplo: Este ano é o ano da virada.*	**2)** *O tempo está um pouco distante da pessoa que fala. Refere-se ao passado próximo. Exemplo: Estive em Natal em 1999. Nesse ano, visitei todo o Nordeste.*
3) *Refere-se a algo a ser dito. Exemplos: Este é o lema da Revolução Francesa: liberdade, igualdade e fraternidade. O militar disse esta frase: "Soldados, lutem até a morte". O aluno fez esta pergunta: "Professor, qual é o porquê?". Este é o resultado da disputa, porém não era o que esperávamos. Isto deve ser destacado: nós venceremos! A celeuma é esta: grafa-se com -s ou -z? Este é o motivo da discórdia: falta de fé.*	**3)** *Refere-se a algo já dito. Exemplos: Liberdade, igualdade e fraternidade: esse é o lema da Revolução Francesa. "A vida é a melhor faculdade". Esse dito popular é de todo verdadeiro. "Saddam Hussein: estadista ou louco?" Essa é uma pergunta difícil de responder. Nesse passo, reitero meus argumentos apresentados alhures. Isso posto, julgo procedente o pedido. Nesses termos, pede deferimento. "Pague já!" – isso foi dito anteontem.*

Muito cuidado ao redigir a expressão *ad judicia* – forma adequada para designar as procurações. Não utilize *ad juditia* (com -t), pois é erro grave. A forma correta *ad judicia* (vem do latim *judicium-ii*), tendo a acepção de ação judicial, do processo ou litígio em discussão. Com essa cláusula, fica o advogado impedido de agir além dos estritos termos do mandato.

Nadólskis, Marcondes e Toledo (1997: 10) asseveram que

> "ad judicia" é a procuração pela qual se conferem poderes ao outorgado judicial a praticar, conforme o art. 38 do CPC, todos os atos do processo, salvo para receber a citação inicial, confessar, transigir, desistir, renunciar ao direito sobre o que se funda a ação, receber, dar quitação e firmar compromisso.

Vê-se, portanto, que o mandatário pode, com a procuração "ad judicia", praticar todo e qualquer ato processual, tirante os mencionados na segunda parte do artigo, para os quais necessita de poderes especiais, além daqueles constantes da cláusula "ad judicia".

Nascimento (1992: 85) assevera que "é uma cinca a expressão 'ad juditia', porém, correm as procurações impressas ou datilografadas com o erro".

A favor e contra a tese...

É comum que os anunciantes, "sovinas" no redigir, empreguem poucas palavras na exteriorização da ideia, numa ânsia de economizar tempo e espaço. Com isso, perdem clareza e imprimem incorreção ao texto. Existem expressões antônimas, por exemplo, que não podem ser usadas com a conjunção aditiva "e", sob pena de permitir a existência de um só complemento para ambas as preposições, o que é insustentável. As boas normas de regência agradecem... Portanto, aprecie os exemplos:

O processo seguirá com ou sem o réu.

Troque por: *O processo seguirá com o réu ou sem ele.*

Elementos a favor e contra a tese dos apelantes.

Troque por: *Elementos a favor da tese dos apelantes e contra ela.*

Ele entrou e saiu de casa momentos depois.

Troque por: *Ele entrou na casa e saiu dela momentos depois.*

Vi e me apaixonei por Salvador.

Troque por: *Vi Salvador e me apaixonei por ela.*

Quero e preciso de mais dinheiro.

Troque por: *Quero mais dinheiro e preciso dele.*

Queremos, gostamos com intensidade, ou melhor, ansiamos ardentemente pela pacificação social.

Troque por: *Queremos a pacificação social, gostamos dela com intensidade, ou melhor, ansiamos ardentemente por ela.*

Respeite e obedeça às normas impostas.

Troque por: *Respeite as normas impostas e obedeça a elas.*

Note que deve haver uma repetição, em abono da correção gramatical. Não se sinta "constrangido" em fazê-lo. Pior do que repetir é "enxugar", desautorizadamente, chancelando uma erronia. Observe mais alguns exemplos:

"Os gritos da vítima antes da luta e durante a luta continuavam a repercutir".

Subiu no brinquedo e desceu dele sem ajuda dos pais.

Seja polido ao redigir. Denota-se, com isso, domínio da boa técnica e se mantém o nível solene e respeitoso do discurso jurídico. Ao se referir à sentença, utilize "respeitável sentença", ou "sábia decisão", ou "judiciosa decisão".

Nessa esteira, utilize "egrégio Tribunal", "venerando acórdão", "culto Relator", "ínclito Julgador", "meritíssimo Juiz", "digníssimo Juízo", "nobre Promotor" e "colenda Câmara".

Rodríguez (2000: 56), ao tecer comentários sobre a polidez no redigir, preleciona:

> E assim o ambiente forense preserva, em todo o mundo, muito dos protocolos e solenidades que nasceram em tempos antigos, e as formas de tratamento e de referência são provas disso. Elas se constituem algumas expressões cristalizadas, seja na própria gramática, seja na praxe do dia a dia, acabam se impregnando na linguagem e no vocabulário jurídico de modo indelével.
>
> (...) É certo que muitas vezes a expressão, usada apenas pela praxe, acaba se distanciando de seu valor original (responda o leitor: qual o significado exato da palavra "egrégio"? E "colenda"?), mas ainda assim continua tendo seu significado que, embora não seja propriamente técnico, é plenamente adequado ao protocolo, à linguagem específica do contexto forense.

Essas formas de tratamento e de referência procuram manter o nível solene, sóbrio e respeitoso das relações com o Poder Judiciário.

Mostrar respeito, ainda que haja discórdia, com a parte contrária ou com o julgador, é essencial na disputa forense.

Português Jurídico

Como se escreve: "consta de fls." ou "consta em fls."?

O verbo constar, na acepção de "estar registrado", pode ser regido pelas preposições "de" (constar de) ou "em" (constar em), indiferentemente. Portanto, é adequado redigir:

O documento consta dos autos.

O nome da aluna não constava na lista.

Frise-se, outrossim, que o tal verbo pode ser usado no sentido de "chegar ao conhecimento", mantendo-se, quer no modo indicativo, quer no modo subjuntivo, a 3ª pessoa do singular (ele). Exemplos:

Não me consta que tenha chegado a mercadoria.

Seu argumento não é inadequado, que me conste.

Por fim, diga-se que na linguagem forense, encontra-se a expressão constante de, nos arts. 5º, LXXII, a, e 6º, § 5º, da Constituição Federal.

Vistos ou vistos?

Na abertura das sentenças, a expressão vistos funciona como título, identificando a própria sentença. Tal termo objetiva revelar que os autos foram propriamente "vistos, relatados e discutidos", para, só então, dar-se a eles uma solução. Não há exigibilidade, pela regra gramatical, de as letras estarem todas em maiúsculas. Bom é de lembrar, contudo, que as próprias gramáticas grafam inteiramente em maiúsculas os títulos e subtítulos, como medida de realce. Também, interessante se faz mencionar as variantes "Vistos etc." ou "Vistos, etc." (com vírgula) e, ainda, em maiúsculas "VISTOS ETC." ou "VISTOS, ETC." (com vírgula).

Pronúncia de artigos – numerais

O Constituinte de 1988, ao tratar do tema do "Processo Legislativo", estabeleceu que seria editada lei complementar que dispusesse sobre "a elaboração, redação, alteração e consolidação das leis" (art. 59, parágrafo único, da CF).

Dando cumprimento ao comando constitucional, o Congresso Nacional aprovou a Lei Complementar n. 95, de 26-2-1998, que ditou normas gerais, estabelecendo padrões para a "elaboração", "a redação", a "alteração" e a "consolidação" da legislação federal.

O Decreto n. 2.954/99 veio a regulamentar a Lei Complementar n. 95/98.

Na linguagem do Foro, é mister adotar a seguinte regra, para a numeração e pronunciação de artigos de leis, decretos e portarias:

Até o número nove, utilizaremos números ordinais:

Art. 6º (sexto);

Art. 1º (primeiro);

Inciso IX (nono);

§ 5º (quinto).

A partir do número dez, utilizaremos números cardinais:

Art. 10 (dez);

Art. 33 (trinta e três);

Inciso XXXIV (trinta e quatro).

É o que determina o art. 10, I e III, da Lei Complementar n. 95/98, disciplinando que, quanto aos artigos e parágrafos, deve-se empreender a numeração ordinal até o nono e a cardinal a partir deste. O curioso é que não se fez menção a "incisos", para os quais entendemos que, não obstante a omissão do legislador, vale a mesma regra.

Observações:

i. Na designação do primeiro dia do mês, é possível a utilização do número cardinal (um) ou ordinal (primeiro). Registre-se que há preferência pelo ordinal. Exemplo:

Ele nasceu no dia primeiro (ou dia 1) de janeiro.

ii. Na designação de séculos, reis, papas e partes indicativas de obras, usam-se numerais ordinais até "décimo" e cardinais de onze em diante. Exemplos:

Século V (quinto), Século XII (doze), Século X (décimo), Canto IV (quarto), Capítulo XXI (vinte e um), Tomo XI (onze), Rei Eduardo II (segundo), Papa João XXIII (vinte e três), Papa Pio X (décimo), Papa Pio XII (doze).

ii.1. Se o numeral anteceder o substantivo, emprega-se, porém, o ordinal. Exemplos:

Nono século, Quarto ato, Terceiro Canto, Vigésimo sexto capítulo, Décimo quarto tomo, III Salão do Automóvel (terceiro), VIII Copa do Mundo (oitava).

iii. Na numeração de páginas e de folhas de um livro, assim como na de casas, apartamentos, cabines de navio, poltronas de cinema, entre outras hipóteses, empregam-se os cardinais. Exemplos:

Página 7 (sete), Folha 56 (cinquenta e seis), Cabine 2 (dois), Casa 3 (três), Apartamento 27 (vinte e sete).

iii.1. Se o numeral anteceder o substantivo, emprega-se, porém, o ordinal. Exemplos:

Sétima página, Vigésima quinta folha, Quarta cabine, Segunda casa.

Elementos de ligação importantes – rico vocabulário jurídico

É bastante comum, no momento de feitura da peça, aquela situação em que ocorre a famosa "trava". Na verdade, "travar" é permitido, porém deve o cauteloso operador do Direito dispor de mecanismos "antitrava", capazes de lhe assegurar uma retomada tranquila do controle do texto, sem delongas desnecessárias.

Abaixo, seguem "frases feitas", próprias da linguagem do foro, que todo aplicador da Linguagem Jurídica deve dominar, no intuito de marcar seus arrazoados e petições com um estilo nobre e retilíneo, caracterizador de nossa bela profissão. Procure memorizá-las e comece a adotar as fórmulas em seu dia a dia.

"FÓRMULAS" A SEREM USADAS NO TEXTO JURÍDICO

Esta seção visa enriquecer o arcabouço vocabular do aplicador do Direito, possibilitando-lhe contato com expressões elegantes da linguagem do Foro. Tais expressões podem ser aplicadas com propriedade em seu cotidiano e denotam o domínio do rico vocabulário jurídico:

Fica, portanto, cristalino que à Autora falece razão.

Comentário: a frase demonstra que falta à autora a razão de que precisa, tendo havido a utilização de recurso sobremodo elegante – verbo "falecer", na forma **falece a**.

Ademais, ressalte-se que o adjetivo **cristalino** tem a acepção de "evidente, claro, nítido, patente, indubitável ou irretorquível".

Ora, Excelência, não pode prosperar, "in casu", a falaciosa argumentação expendida pelo Réu.

Comentário: na oração, é importante destacar que o vocativo **Excelência** deve estar separado por vírgulas, e não com uma ou outra vírgula, tão somente.

Note-se ainda que o uso da expressão latina *(in casu)* exige aspas ou a grafia em itálico, diferençando o destaque do restante do texto. Por fim, o verbo **expender** tem o significado de "expor, transmitir", não devendo ser confundido com "despender", com acepção de gastar.

Com efeito, translúcida a agressão aos artigos em comento, não há que se falar em tributação constitucional.

Comentário: o exemplo traz à tona a expressão **com efeito**, no sentido de "efetivamente, com razão, de fato". Desponta, a seguir, o adjetivo **translúcida**, na acepção de "claro, evidente".

Português Jurídico

A expressão **em comento** tem o sentido de "em exame, em tela" – elementos vocabulares importantes na formação do eixo temático proposto. Ressalte-se que a expressão "em questão", bastante utilizada na linguagem coloquial, deve ser evitada, por ser antieufônica.

Por fim, a colocação pronominal na frase "... **não há que se falar em** ..." apresentou-se irretocável, delineando regra de próclise obrigatória, em face da atração exercida pela palavra *que*.

Diga-se, ademais, que, no vertente caso, revela-se descabida a exigência de se provar o irrefutável.

Comentário: uma forma elegante de expor o pensamento se vê na expressão **diga-se, ademais,** na acepção de "frise-se, além disso". O pronome "se" imprime uma agradável harmonia prosódica ao texto, como se nota, à frente, na expressão **revela-se descabida,** no sentido de "apresenta-se inoportuna".

Por fim, o adjetivo **irrefutável** quer exprimir a ideia de "inatacável, irretorquível, indiscutível, incontestável".

"Data venia", torna-se desnecessário salientar que o Reclamado era hipossuficiente, fazendo horas extras seguidas vezes.

Comentário: observe que a expressão latina *data venia* é grafada sem acento (circunflexo).

Nesse passo, é necessário notar a interessante grafia das palavras **hipossuficiente**, com o sentido de "carente, debilitado", e **despiciendo**, na acepção de desnecessário. Portanto, quando se afirma "não é despiciendo", quer-se dizer, *a contrario sensu*, que "é necessário".

Com relação ao adjetivo **extra**, a concordância nominal será simples: uma hora extra; duas horas extras.

Com fulcro em tais considerações, pode-se afirmar que a Agravante se faz merecedora da concessão dos efeitos da antecipação da tutela recursal.

Comentário: o período se inicia pela expressão **com fulcro**, que tem o sentido de "com base, com suporte, com supedâneo" etc.

Por fim, observe o uso adequado do pronome proclítico "se", atraído pelo "que" (conjunção integrante), em um nítido caso de próclise obrigatória ("... *que se faz merecedora* ...", e não "... que faz-se merecedora ...").

Conforme é cediço, a violação ao direito apresenta-se irretorquível, não encontrando guarida em nosso ordenamento jurídico.

Comentário: a expressão **como é cediço**, usual em ambientes forenses, tem o sentido de "como é pacífico" ou "como é assente", isto é, aquilo que já se apresenta sedimentado e aceito. Nesse diapasão, aquilo que é cediço necessariamente sê-lo-á **irretorquível** ou indiscutível.

Por fim, o substantivo **guarida** (e não "guarita", com -t!) tem o sentido jurídico de "amparo, sustento, suporte". Logo, "não encontrar guarida" é o mesmo que estar insulado no raciocínio, despido de sustentação.

À luz do expendido, dessume-se que o direito é líquido e certo, fazendo jus a Impetrante à liminar pleiteada.

Comentário: a expressão **à luz do expendido** tem o sentido de "à luz do exposto", na medida em que o verbo "expender" significa "expor, detalhar, esmiuçar".

O verbo **dessumir** tem a acepção de "inferir, concluir".

Ressalte-se, por fim, a interessante expressão **fazer jus a**, composta do vocábulo "jus" (grafa-se com -s) e acompanhada da crase (*"fazer jus à liminar"*), se anteceder palavra feminina.

Dessarte, deflui do artigo em comento, de maneira inolvidável, que o comportamento doloso apresenta-se estreme de dúvidas.

Comentário: o elemento de ligação hábil a veicular finalização de raciocínio – **dessarte** – é variante da forma mais encontradiça "destarte", significando "dessa forma, portanto, assim", entre outras expressões.

O adjetivo **inolvidável** representa aquilo que não se olvida, o que é inesquecível. Diga-se, nesse passo, que o verbo "olvidar" significa esquecer ou deixar cair no esquecimento.

Por derradeiro, o adjetivo **estreme** (grafa-se com -s) significa "despido, isento, genuíno, o que não tem mistura". A expressão "estreme de dúvidas" tem a acepção de "despido de dúvidas, indubitável, irretorquível, indiscutível".

Sua prova é inexoravelmente robusta, isto é, há nítida indiscrepância nos autos quanto à veracidade dos fatos.

Comentário: o advérbio **inexoravelmente** tem a acepção de "indiscutivelmente, implacavelmente, rigidamente, indubitavelmente". Derivado do adjetivo "inexorável", com o sentido de "irretorquível", deve ser pronunciado com adequação: o -x tem som prosódico de "z", como em "exame". Portanto, pronuncie "ineZOravelmente".

Com relação ao substantivo **indiscrepância**, diga-se que se apresenta como sinônimo de "certeza, indiscutibilidade ou indubitabilidade".

Por derradeiro, o adjetivo **robusta**, como qualificativo de prova, é de todo oportuno, quando se quer evidenciar a pujança do elemento probante. Pode-se usar, alternativamente, *prova sobeja, prova eloquente, prova iniludível* (que não admite dúvidas). Observe as frases abaixo:

As provas devem ser sobejamente analisadas (excessivamente).

Este processo encerra provas sobejas de uma tentativa de homicídio.

Nosso ordenamento é marcado pelo primado da Constituição sobre os demais instrumentos normativos.

Comentário: o vocábulo **primado** tem o sentido de "excelência, primazia ou prevalência". Note os exemplos:

A ordem social tem como base o primado do trabalho.

O primado da norma especial sobre a regra geral é básico em nosso ordenamento.

De fato, cristalina a presença dos pressupostos autorizadores da tutela antecipatória, merece a Autora a obtenção do provimento emergencial que promova o adiantamento dos efeitos da sentença.

Comentário: o adjetivo **cristalino** tem a acepção de "patente, indubitável e indiscrepante". Deve ser usado nos petitórios, porém não se pode ultrapassar os limites impostos pelo bom senso. Já deparamos com arrazoados, nos quais o causídico, talvez em razão de um entusiasmo excessivo com a beleza prosódica e semântica do vocábulo em epígrafe, usou-o repetidas vezes, denotando pobreza vocabular.

No caso citado, o incauto operador do Direito usara o adjetivo a torto e a direito, evidenciando uma "fossilização sinonímica" e uma certa fissura com o termo. Nesse passo, ressalte-se que o modelo traz a lume a forma **provimento emergencial** para designação de tutela antecipada, como recurso de sinonímia, a fim de não provocar a repetição desta expressão, em prejuízo da sonoridade do texto, e imprimir elegância no pensamento exteriorizado.

É bem verdade que o Autor não logrou provar os fatos; no entanto, mais indubitável ainda se apresenta a falta de nexo na argumentação trazida aos autos.

Comentário: a expressão **é bem verdade** traduz-se em importante elemento de ligação de petitórios, marcando concatenação no texto. É viável sua utilização no momento em que se pretende reforçar uma ideia anteriormente defendida, podendo ser substituída por expressões igualmente recomendáveis, por exemplo, *com efeito* (ou seja: *efetivamente, de fato*), *com toda razão, de fato, não há dúvida de que ...*, *oportuno se torna dizer que ...* ou *inadequado seria esquecer que ...* . Observe os exemplos a seguir:

Oportuno se torna dizer que não houve dolo ensejador da aplicação da Teoria da Despersonalização da Pessoa Jurídica ou postulado do "Disregard of Legal Entity".

Com efeito, a teoria tripartida dos tributos não prevalece à luz da melhor doutrina e jurisprudência. Inadequado seria esquecer que a Reclamante agia de modo evasivo, evitando que a ora Reclamada a encontrasse no ambiente de trabalho.

Português Jurídico

É sobremodo importante assinalar que a Emenda Constitucional n. 42 representa o passo inicial à reforma tributária no Brasil.

Comentário: na frase acima ventilada, o advérbio **sobremodo** se destaca, na condição de sinônimo de "sobremaneira", isto é, "excessivamente, extraordinariamente". Portanto, seu uso é recomendado, além de representar forma elegante e sonora.

À guisa de exemplificação, urge trazer aos autos situações semelhantes à que se lhe apresenta, Excelência, no intuito de se evidenciar a ocorrência habitual do fato.

Comentário: a expressão **à guisa de** tem a acepção de "à maneira de" ou "à feição de", traduzindo-se em forma recomendável na confecção de textos jurídicos, como importante elemento de ligação na introdução do que se pretende exemplificar. Exemplo:

À guisa de esclarecimentos, vale mencionar que o pai não se ausentava do lar, como se afirmou nos autos.

Evidencia-se, outrossim, no trecho acima expendido, o uso apropriado da **crase**: "... situações semelhantes à que se lhe apresenta". Trata-se de elipse do termo, obrigando a presença do sinal grave indicador. Sem a omissão proposital, ter-se-ia: "... situações semelhantes à [situação] que se lhe apresenta".

Não obstante o texto apresentar-se bastante sumariado, devemos tratar ambos os conceitos de forma díspar.

Comentário: o adjetivo **sumariado** tem o sentido de "sintetizado, resumido ou conciso". A concisão, como se sabe, segue caminho oposto ao do vício da prolixidade.

Por outro lado, o adjetivo **díspar**, cujo plural forma "díspares", tem a acepção de "desigual ou dessemelhante".

Embora a questão seja interpretável, foi defendida com notável brilhantismo, no intuito de evidenciar que o contrato apresenta-se eivado de nulidade.

Comentário: como adjetivo derivado do verbo "interpretar", a forma **interpretável** designa o "objeto passível de análise exegética". Quer-se exprimir "aquilo que pode ser analisado à luz da ciência da interpretação, isto é, a hermenêutica".

Portanto, "interpretar" é a atividade de descoberta do ânimo das palavras, clarificando--as ou as desnudando. Por outro lado, **eivado** é qualificativo com sentido de "manchado, contaminado, maculado ou impuro". O substantivo feminino "eiva" significa "mancha, mácula, vício". Nesse rumo, o verbo "eivar" tem a acepção de "manchar, macular, viciar ou anular". Bastante utilizado no meio forense, o adjetivo em comento pode ser empregado em expressões estereotipadas, tais como: *eivado de nulidade, eivado de inconstitucionalidade, eivado de arbitrariedade, eivado de ilegitimidade.* É interessante observar que "estar eivado de" é expressão antônima de "estar estreme de". Portanto, aprecie as frases, analisando o efeito "presença" *versus* "ausência":

O contrato apresenta-se eivado de nulidade.

O contrato apresenta-se estreme de nulidade.

A defesa vai brandir o seguinte argumento, citando uma variedade inexaurível de exemplos.

Comentário: o verbo **brandir** tem o sentido de "acenar com". Pode ser empregado na linguagem forense para exprimir "aquilo que se pretende expor, exprimir ou expender". Por outro lado, o adjetivo **inexaurível** representa "aquilo dotado de inesgotabilidade, isto é, o que é infindável, inacabável ou interminável".

Na frase trazida à baila, utilizou-se a expressão "variedade inexaurível de exemplos", no sentido de "presença de farto rol exemplificativo ou grande quantidade de exemplos". Podemos, alternativamente, usar a expressão em situações várias, tais como: *variedade inexaurível de espécies de aves, de argumentos contrários, de animais em extinção, de razões, de desculpas, entre outras.*

O uso inadequado da expressão alienígena por nós incorporada resultou num cipoal de contradições.

Comentário: o adjetivo alienígena tem a acepção de estrangeiro ou aquilo que não é nacional ou doméstico. A forma ora estudada ("expressão alienígena") quer exprimir termos ou vocábulos não consagrados pela Língua Portuguesa. Aliás, como é sabido, circunda-nos um excesso de estrangeirismos, que transitam em abundância no cotidiano do usuário do idioma.

Nesse passo, mencione-se que o termo cipoal representa uma "situação intrincada, uma complicação" (exemplo: *um cipoal burocrático para obter o documento*). Com efeito, como substantivo masculino designativo do "emaranhado de cipós, difícil de atravessar", traduz-se, figuradamente, em "algo difícil de transpor ou resolver".

Assim que procedermos a um cotejo entre as classificações, deveremos pugnar pela defesa da teoria mais adequada.

Comentário: o verbo proceder, no sentido de "executar", é transitivo indireto, sendo regido pela preposição "a". Portanto, deve-se falar "proceder a um cotejo", e não "proceder um cotejo". Ressalte-se que, se o objeto indireto a que se refere o verbo for representado por palavra feminina, exsurgirá o fenônemo indicador da crase: *ele procedeu à feitura do exame*; *ele procedeu à colheita de provas*.

Nesse passo, o substantivo cotejo vem a lume como sinônimo de "confronto ou comparação", sendo expressão bastante comum na linguagem forense. Exemplo: *No cotejo entre as causas e consequências, inferimos tratar-se de matéria dúbia*.

O verbo pugnar, por outro lado, tem o sentido de "defender, sustentar, combater, pelejar ou brigar". Exemplo: *Eles pugnam pela emancipação da colônia*.

Para que o Autor atinja esse desiderato, deve procurar reunir copiosa produção jurisprudencial.

Comentário: o substantivo desiderato significa "o que se deseja" ou "ao que aspira". É "aspiração, objetivo ou meta".

Nesse passo, frise-se que o adjetivo copioso quer dizer "farto, abundante". Pode ser utilizado em frases como: *copiosa tempestade, cabelos copiosos, discurso copioso e enfadonho*.

Ressalte-se que a vírgula utilizada no enunciado em exame está apropriada, na medida em que separa oração subordinada adverbial final anteposta.

Em abono dessa posição doutrinária, podemos citar o clarividente exemplo trazido aos autos, sem se esquecer de que é comum a incidência de abusos que ocorrem sob o agasalho de alguns autores.

Comentário: a locução em abono de significa "em apoio de, com respaldo em, baseado na", traduzindo-se em expressão de ratificação, confirmação ou corroboração.

O adjetivo clarividente tem o sentido de "nítido, o que se vê com clareza".

O período traz a lume o verbo esquecer, em sua forma pronominal (esquecer-se), cuja regência exige a preposição "de", apropriadamente empregada.

Por fim, em linguagem figurada, temos o substantivo agasalho, no sentido de "manto, proteção".

Esta posição o torna insulado, resultando em manifesta absurdidade.

Comentário: o adjetivo insulado é de uso demasiadamente elegante, podendo ser utilizado na linguagem forense para exteriorizar o pensamento segregado ou "ilhado" de alguém, a que se pretende fazer menção. Esse adjetivo mostra a desvinculação do pensamento de um com relação a outros, em certo momento de confronto. Dir-se-á que *"fulano age de tal forma, no entanto seu agir apresenta-se insulado"*.

Por fim, mencione-se que "absurdo" é "o que se opõe à razão e ao bom senso; o que é destituído de sentido, de racionalidade". Como sinônimo do termo, podemos encontrar "absurdez" ou absurdidade.

Português Jurídico

Isso vem roborar, com mais uma prova, a tese – dissecada pelo causídico com paciência beneditina – de que o crime foi doloso.

Comentário: o verbo **roborar**, como sinônimo de "corroborar", tem a acepção de "confirmar ou ratificar". É importante enaltecer que não são verbos transitivos indiretos, isto é, regidos pela preposição "com". Portanto, evite construções como: *"O depoimento veio corroborar com a verdade dos fatos"*, trocando por *"O depoimento veio corroborar a verdade dos fatos"*.

Ademais, o verbo **dissecar** significa "examinar, considerar com minúcia ou esmiuçar". Exemplo: *dissecar as emoções do coração humano.*

Por fim, o adjetivo **beneditino** refere-se, figuradamente, "àquele que se devota incansavelmente a trabalho meticuloso". Daí se falar em *paciência beneditina.*

Manifestação visceralmente contrária à doutrina.

Comentário: o advérbio **visceralmente** significa "profundamente", podendo ser utilizado na linguagem forense. Há sinônimos vários, como: *literalmente, ineludivelmente, categoricamente* ou *diametralmente*. Todos têm o condão de imprimir força de expressão à mensagem querida. Observe as frases abaixo:

Isto é literalmente contra a doutrina (rigorosamente).

Problema de ordem precipuamente jurídica (principalmente).

A lei estabeleceu ineludivelmente que o comportamento era proibido (eludir: evitar; ineludível: inevitável; ineludivelmente: inevitavelmente).

Constar categoricamente das cláusulas do contrato (indiscutivelmente).

Sugiro-lhe um caminho diametralmente oposto ("diâmetro": relativo à linha que passa pelo centro de uma circunferência e a divide ao meio).

Ressalte-se que a crase está apropriadamente empregada, à luz da regência nominal do termo "**contrária**", que requer a preposição "a". Exemplo:

Ele é contrário ao tema, ao discurso, à propaganda, à festa, à personagem etc.

Ele se arvorou em dono da razão, decidindo consentâneo à jurisprudência e evitando ferir os elementos cardeais do conceito do instituto.

Comentário: o verbo pronominal **arvorar-se** tem o sentido de assumir por autoridade própria qualquer ofício ou encargo. Nesse sentido, o verbo "arvorar-se", com transitividade indireta, deve ser escrito na forma pronominal, com a preposição "em". Exemplos:

Ele se arvorou em chefe da corriola (ou seja: *quadrilha*).

Ela se arvora em juízo dos meus atos.

"Às vezes, se mostram atrevidos, arvoram-se em censores".

Ele se arvorou no direito de alterar a lei.

Em outro giro: **consentâneo** designa "algo que cabe bem a determinado caso ou situação; é algo apropriado, adequado, conveniente". Frise-se que se pode usar "consentâneo a" ou "consentâneo com". Exemplos: *resposta consentânea com a provocação; um desvario consentâneo à sua juventude.*

Nesse rumo, diga-se que o adjetivo **cardeal** significa "principal, fulcral, crucial, elementar".

Isso é írrito e nulo, vindo reforçar e acoroçoar a ideia já existente.

Comentário: o adjetivo **írrito** tem o sentido de "nulo, sem efeito", traduzindo-se naquilo que, por ter sido feito contra o que estabelece o Direito, não produz efeito jurídico algum e é passível de anulação". No entanto, a expressão **írrito e nulo** encerra um pleonasmo, em face da prolixidade dos termos. Assim, prefira "írrito" ou "nulo", evitando usar as expressões em conjunto.

Nesse passo, o verbo **acoroçoar** significa "estimular, encorajar". Tem a acepção de "fazer sentir ou sentir coragem, ânimo, vontade; animar(-se)". Exemplos:

O esforço inicial acoroçoou-nos a continuar a luta.

A vida acoroçoou os menores ao crime.

O contrato de compra e venda se ultima com a tradição da coisa, havendo inúmeros julgados do STF que desacolhem a pretensão.

Comentário: o verbo **ultimar** é transitivo direto, podendo ser pronominal (ultimar-se). Tem a acepção de "pôr termo a" ou "chegar ao fim; completar(-se), concluir(-se), finalizar(-se), terminar(-se)". Exemplos:

Os funcionários já ultimam os preparativos para a festa.

Ultimaram-se os projetos para o evento.

Ultimamos a venda do terreno.

Nesse ínterim, diga-se que o verbo **desacolher** tem o sentido de "rejeitar o acolhimento de (alguma coisa); repelir, rejeitar". Exemplos: *desacolheu a proposta, desacolho a sugestão.* A forma "inacolher" é inexistente.

Erro e dolo infirmam o ato jurídico, podendo se constituir burla aos demais licitantes.

Comentário: infirmar é verbo transitivo direto, no sentido de "enfraquecer, tirar a força, a autoridade ou a eficácia". Exemplo: *infirmar os argumentos de outrem.* Em sentido jurídico, tem a acepção de "retirar a força de (um ato jurídico) ou declará-lo nulo ou inválido". Exemplo: *infirmar um contrato.*

O substantivo **burla**, derivado do verbo burlar, significa "artifício usado para enganar; logro, embuste, ação dolosa; fraude". Exemplo: *O sonegador cometeu uma burla na declaração de bens.*

Há uma pletora de partidos, desvirtuando-se da vontade inequívoca do legislador, que se estriba em um pluralismo político contido.

Comentário: o substantivo **pletora** tem o sentido de superabundância de efeitos nocivos. Podemos, ademais, usar o adjetivo *pletórico* – "aquilo que se encontra em estado exuberante, estuante". Exemplo: *Isto pode gerar uma gratidão pletórica.*

Em outro giro, desponta o verbo **estribar-se**, que tem o sentido de "apoiar-se ou apoiar (alguma coisa) sobre; assentar(-se)". Exemplos:

A casa estriba sobre robustos pilares.

Ele estribou estátuas sobre colunas.

Devemos estribar-nos em nossas experiências.

Em sentido figurado, o verbo pode ter a acepção de "usar (algo) como fundamento; basear(-se), fundamentar(-se)". Exemplos:

A proposta estribava na teoria econômica.

Estribava-se em Reale para afirmá-lo.

Há outros direitos que se estribam nesse princípio.

Texto estribado no Direito Civil.

O poder do juiz de perquirição da verdade deve ser norteado por decisões tomadas sob o crivo do contraditório.

Comentário: o ato de "perquirir" significa "efetuar investigação escrupulosa; inquirir de maneira minuciosa; esquadrinhar, indagar". Assim, a **perquirição** é a busca detalhada.

Com relação ao substantivo **crivo**, faz-se oportuno perquirir sua origem. É substantivo que representa uma espécie de coador (filtro) utilizado para se separar a parte mais fina de diversas substâncias. Essa é a razão por que se usa a expressão *objeto crivado de buracos.* Em uma análise histórica, podemos encontrar o substantivo como designativo das grelhas das fornalhas dos engenhos de açúcar. Na verdade, "crivo" seria cada uma das barras dessa grelha. Posto isso, nota-se que o termo apresenta-se vocacionado a traduzir "amparo", "proteção",

Português Jurídico

51

a par do substantivo "égide". Assim, pode-se falar: *sob o crivo do contraditório; sob a égide da ampla defesa etc.*

Isso foi feito ao arrepio legal e sem amparo no Direito Civil, cujos artigos consignam algumas regras paradoxais.

Comentário: o substantivo **arrepio**, no vertente caso, tem a acepção de "desvio do caminho normal" e compõe a conhecida expressão *ao arrepio da lei*, bastante utilizada nos meios forenses. Exemplo: *Não deve o juiz julgar e decidir ao arrepio da lei*. É, portanto, locução preposicional que significa "em sentido oposto, contra".

Nesse passo, registre-se que se mencionou "Direito Civil". Pergunta-se: qual a diferença entre **civil e cível**? Vejamos:

civil: refere-se a cidadãos e se relaciona com eles; regula-se pelo Direito Civil, excluindo o Direito do Trabalho, Direito Comercial e Direito Penal;

cível: é adjetivo de amplitude maior, abrangendo o Direito Civil, Comercial e do Trabalho; utilizado como oposição à forma "criminal". Exemplos: *causa cível, vara cível, ações cíveis*.

Ressalte-se que o termo "cível" pode assumir a feição de substantivo, na acepção de Tribunal ou jurisdição em que se julgam causas cíveis. Exemplo: *os magistrados do cível*.

Por fim, o adjetivo **paradoxal**, derivado de "paradoxo", traduz-se na "aparente falta de nexo ou de lógica. É o que veicula contradição".

Deve justificar documental e testemunhalmente o procedimento.

Comentário: quando dois ou mais **advérbios terminados em -mente** modificam a mesma palavra, pode-se, para tornar mais leve o enunciado, atrelar o sufixo apenas ao último deles:

"O outro respondeu, vaga e maquinalmente …".

Decidir-se inteira e irrevogavelmente a favor.

A apelante vem, respeitosa e tempestivamente, perante Vossa Excelência, apresentar o recurso de Apelação.

"Está lá na sua cidadezinha, criando agora os netos, como criara os filhos, pacífica, honrada e banalmente".

No entanto, se a intenção é realçar as circunstâncias expressas pelos advérbios, costuma-se usar o sufixo "-mente" para todos. Exemplo:

"O mar chora, como sempre, longamente, monotonamente".

Princípios que municiam o advogado de elementos para a sustentação de que, usando de argumentos insubsistentes, sua alegação não prosperará.

Comentário: o verbo **municiar** tem o sentido de "prover do que é necessário; abastecer, guarnecer".

O adjetivo **insubsistente**, por outro lado, significa "não subsistente; que não pode subsistir, que não tem fundamento ou valor, que não tem razão de ser".

Por fim, evidencia-se o verbo **prosperar**, no sentido de "dar bom resultado (para); melhorar, desenvolver(-se)".

Deste dispositivo legal, deflui que o princípio se dessume do ordenamento jurídico como um todo.

Comentário: o verbo **defluir**, como transitivo indireto, significa "derivar, vir de (alguém ou algo); emanar". Exemplo: *No concurso, as fórmulas defluíam de sua mente*.

Nesse passo, destaca-se o verbo **dessumir** (pronominal *dessumir-se*), com a preposição "de", no sentido de "inferir ou deduzir". Exemplo: *Trata-se de norma que se dessume do princípio da legalidade*.

O contrato indigitado, do qual se faz mister expungir-se a parte reveladora de nulidade, é draconiano, não tendo suporte legal.

Comentário: o adjetivo **indigitado** tem o sentido "daquilo que se indigitou, isto é, o que foi apontado com o dedo; indicado, assinalado". Exemplo: *os erros indigitados pelo corretor*.

Nesse passo, **expungir** é verbo bitransitivo, no sentido de "apagar, delir, eliminar, tornar limpo, isento, livre". Exemplos:

Expungiu do texto as menções ao autor.

Os policiais expungiram os torcedores indesejáveis do estádio.

Note, ainda, a correção quanto à próclise na frase, em razão da presença do pronome relativo "**o qual**". Observe:

"... do qual se faz mister expungir-se ...", e não *"... do qual faz-se mister expungir-se ..."*.

Por derradeiro, os nomes "Dracon" e **draconiano** são relativos a *Drácon*, legislador de Atenas, no século VII a.C., famoso pela dureza cruel das leis a ele atribuídas. Usa-se para qualificar ato que é excessivamente rigoroso ou drástico. Exemplos: *contrato draconiano; medidas draconianas*. Observe a frase: *Punir o réu com uma sanção não pouco "draconiana"*.

Entre as hipóteses aventadas, enfatize que a regra insculpida nos artigos comentados, a que o costume deu guarida, está em total corroboração com a assente jurisprudência do Tribunal.

Comentário: o adjetivo **aventado** tem o sentido de "tornar do conhecimento de outrem; enunciado, relatado, aduzido, ventilado". Exemplo: *aventou suas propostas*.

Nesse passo, o verbo **insculpir**, em sentido figurado, significa "fixar(-se) na memória de (alguém); gravar(-se), inscrever(-se)". Exemplo: *As campanhas eleitorais visam insculpir-se heróis na mente do povo*. Assim, uma regra insculpida tem a acepção de "fixada, gravada".

Ressalte-se, ademais, que o substantivo **guarida**, figuradamente, representa "algo que oferece amparo ou acolhimento".

O substantivo **corroboração**, derivado do verbo "corroborar", tem o sentido de "confirmação, concordância, ratificação". Exemplo: *Obteve a corroboração de seu projeto*.

Por derradeiro, note-se que **assente** significa, em sentido figurado, "fundamentado, baseado". Exemplo: *O trabalho está assente em anos de pesquisa*.

Temos exemplos eloquentes de que a teoria ora debatida, longe de desafiar as meninges do intérprete, desfruta de endosso generalizado, haja vista sua cartesiana logicidade.

Comentário: o substantivo **eloquência** tem, figuradamente, o sentido de "expressividade". Exemplo: *a eloquência de seus hábitos e gestos*. Nesse passo, o uso do adjetivo **eloquente** deve sinalizar o sentido de "expressivo, notável, significativo". Daí se falar em *exemplos eloquentes*.

O advérbio **ora** tem o significado de "agora, nesta ocasião, neste momento". Exemplo: *O senador, ora na tribuna, verberou seu ponto de vista*. É importante assinalar que o termo **ora** pode ser utilizado como conjunção alternativa, no início de duas frases sequentes, como: *ora estudava, ora dormia*. Outrossim, pode ser utilizado como partícula expletiva em frases como: *ora vamos!, ora essa!, ora bolas!*. Por fim, enuncie-se que a expressão "por ora" tem o sentido de "por enquanto, por agora". Exemplo: *Por ora, os projetos foram suspensos*.

Quanto ao adjetivo **cartesiano**, seu uso na oração tem sentido pejorativo – diz-se do espírito "sistemático" em excesso. "Sistematizar" é "reduzir (fatos, conceitos, opiniões etc.) a um corpo de doutrina, de modo metódico, ordenado, coerente".

O substantivo feminino **logicidade** tem a acepção de "atributo do que é determinado pelo conhecimento lógico e/ou do que apresenta lógica". Exemplo: *a logicidade de suas ponderações*.

O eminente magistrado, dono de invulgar erudição jurídica, resolveu a questão sob o mais cristalino signo da justiça.

Comentário: o adjetivo **invulgar** representa "o que não é vulgar ou comum; aquilo que foge ao padrão encontradiço; portanto, algo invulgar é especial, raro, incomum".

Português Jurídico

53

Nesse ínterim, ressalte-se que **signo** tem a acepção de "sinal indicativo; indício, marca, símbolo". Exemplo: *Era possível ver nos olhos da vítima o signo do desespero.*

Figuradamente, entretanto, "signo" significa "elemento de projeção ou importância; expoente, luminar". Daí se falar em *signo da justiça*.

*Isso foi feito **adrede** para mostrar que esta é uma conduta que se afina com a lei, não representando procedimento despido do característico da liceidade.*

Comentário: o termo **adrede** (pronuncie "drê") tem a acepção de "propositado ou de propósito". Seu uso é demasiado raro, no entanto é expressão encontradiça em alguns manuais de Direito.

Em sentido figurado, o verbo **afinar** – verbo transitivo indireto e pronominal ("afinar-se com") – tem a acepção de "pôr-se em harmonia com; ajustar-se, conciliar-se". Exemplo: *O comportamento da filha afinava-se com o dos pais.*

O substantivo **liceidade** se traduz na "qualidade e requisito do que é lícito". É sinônimo de "licitude".

Furto-me a criticar esta teoria, por achar que o ato vem inquinado de vícios.

Comentário: o verbo **furtar**, como bitransitivo e pronominal, pode ter o sentido de "deixar de fazer ou cumprir; fugir à responsabilidade; escapar-se". Exemplo: *Não me furto de minhas obrigações.*

O adjetivo **inquinado** representa "aquilo que tem nódoas, que é manchado, maculado ou sujo". Derivado do verbo "inquinar", cujo significado é o de "tornar(-se) sujo; manchar(--se), poluir(-se)". Ademais, pode ter a acepção de "pôr tacha em" ou qualificar. Exemplo: *Inquinar de fraudulento o negócio* (ou seja: tachá-lo de fraudulento).

*Há a presunção **irrefragável**, oriunda do **arcabouço** jurídico vigente, de que todos conhecem a lei.*

Comentário: o adjetivo **irrefragável** representa "o que não se pode recusar, que não se pode contestar; é, pois, irrefutável, incontestável, indiscutível, irretorquível". Exemplo: *O candidato sofreu uma derrota irrefragável nas urnas.*

O substantivo **arcabouço** tem a acepção de "esqueleto, delineamento inicial, esboço". Exemplos: *arcabouço de um projeto; arcabouço de um romance.*

*Dessa regra decorre **corolário** importante: o ato, não obstante colidente com a lei, é **passível** de defesa.*

Comentário: segundo a lógica, **corolário** é a *"proposição que deriva, em um encadeamento dedutivo, de uma asserção precedente, produzindo um acréscimo de conhecimento por meio da explicitação de aspectos que, no enunciado anterior, se mantinham latentes ou obscuros"* (Houaiss). Com efeito, é a verdade que decorre de outra, que é sua consequência necessária ou continuação natural. Exemplo: *O corolário dessa medida foi a perda de espaço na política.* É termo sinônimo de "ilação" – substantivo feminino que designa a ação de "inferir, de concluir; inferência".

Em outro giro, ressalte-se que **passível** é o "objeto suscetível de experimentar boas ou más sensações ou alvo de certas ações". Exemplos: *passível de crítica; passível de dor; o Juiz não é passível de remoção, em razão de sua inamovibilidade.* Portanto, o termo indica alguém ou aquilo que é "apto, capaz, suscetível, suscetivo".

*As regras **sufragadas** pela jurisprudência proporcionaram uma **retumbante** defesa do advogado, que se valeu da analogia como um poderoso **adminículo**.*

Comentário: o verbo **sufragar** tem o sentido de "apoiar ou aprovar com sufrágio ou votar (em) e eleger". Exemplos: *sufragar vereadores; sufragar uma escolha.*

Em outro giro, diga-se que o adjetivo **retumbante** designa "aquilo que retumba; que provoca grande som, grande ressonância". A retumbância é a "grandiloquência" – modo afetado de se expressar, que abusa de palavras pomposas, rebuscadas. Portanto, retumbante é "altissonante, altíssono, bombástico, grandíloco (ou grandíloquo)".

O substantivo **adminículo** tem a acepção de "ajuda, de amparo, auxílio, subsídio". Juridicamente, é termo designativo de "qualquer elemento que, mesmo secundário, contribua para estabelecer a prova efetiva de algo".

A indicação da mezinha adequada visa manutenir a boa saúde.

Comentário: a frase é composta de termos arcaicos – são os **arcaísmos**, isto é, palavras da Língua que caíram em desuso. Há referência às expressões "mezinha" e "manutenir".

Vamos analisá-las:

mezinha: o substantivo feminino "mezinha" ou "meizinha" (com -z) tem a acepção de remédio, medicamento ou mesmo "remédio caseiro";

manutenir: este verbo representa um arcaísmo que se mantém no vocabulário jurídico, condimentando o estilo com certa pitada de austera majestade. Em sentido jurídico, portanto, significa "conservar alguém, por meio de mandado de manutenção, na posse de algo". Ressalte-se que pode ter a acepção de "fazer permanecer ou manter em determinado estado, situação; preservar, conservar". Exemplos:

Manutenir o desejo a todo custo (como transitivo direto).

Para manutenir-se, utilizava expedientes reprováveis (como verbo pronominal).

Vamos conhecer outros arcaísmos:

vossa mercê (em vez de "você"): forma de tratamento dada a pessoas que não tinham senhoria, as quais não se tratava por "tu"; há registros de "vosmecê", "vossemecê";

boticário (em vez de "farmacêutico"): proprietário ou administrador de botica (loja, taberna, farmácia);

usança (em vez de "usos", "costumes"): é a tradição, prática, costume há muito tempo observados. Exemplos: *práticas que refogem às nossas usanças; uma oração segundo a usança dos maias; usanças do dia a dia forense;*

avença (em vez de "acordo"): é o acordo, convenção entre os litigantes; aveniência;

peitar (em vez de "subornar"): como verbo transitivo direto, "peitar" pode ter a acepção de "dar uma coisa (bem, valia, dinheiro etc.) para que se faça outra, ilícita; subornar com peita(s); corromper com dádivas" etc. Exemplo: *Peitei vários políticos, na expectativa de retorno.*

O magno princípio está disciplinado em preciso artigo no texto constitucional, não devendo prevalecer a tese mirabolante ventilada pelo advogado rabulista.

Comentário: o adjetivo **magno** tem o sentido de "algo que, em razão da importância, se sobrepõe a tudo que lhe é congênere, isto é, designa aquilo que tem grande relevância". Exemplo: *magnas questões; Carta Magna* (como menção à Constituição Federal).

Quanto ao termo **mirabolante**, pode ser definido como "algo extravagante e fantástico; maluco, delirante". Exemplos: *Ele possui ideias mirabolantes; O plano do invasor era mirabolante.*

O verbo **ventilar** (transitivo direto) significa, figuradamente, "trazer à mente, cogitar, presumir, imaginar". Exemplos: *Ele deixou de ventilar tal hipótese.*

Por derradeiro, diga-se que "rábula" ou **rabulista** é expressão pejorativa que designa "o advogado de limitada cultura, chicaneiro, isto é, aquele que é dado a chicanas forenses ou sutilezas capciosas em questões judiciais". Os verbos oriundos do adjetivo são: rabular ou rabulejar. Observe a frase: *Há advogados que vivem rabulejando pelos Tribunais de Júri.*

Ele anuiu em permanecer solerte e, no sopesar dos argumentos, ficou claro que a norma foi adjudicada à competência de outrem.

Comentário: o verbo **anuir** tem o sentido de "consentir (com gestos ou palavras), estar de acordo, aprovar ou assentir", podendo ser transitivo indireto (preposições "a", "em" e "com") ou intransitivo. Exemplos: *Ela anuiu ao meu requerimento; Sua face amiga era demonstração de que anuíra; Todos anuíram com a cabeça.*

Português Jurídico

O adjetivo **solerte** designa "aquele que procede com desembaraço, iniciativa e sabedoria; esperto, diligente, sagaz".

Quanto ao verbo **sopesar**, do qual deriva a expressão verbal "no sopesar dos argumentos", diga-se que tem o sentido de "equilibrar o peso de, pôr contrapeso em; contrabalançar, contrapesar". Exemplo: *sopesar os produtos da balança*. Pode-se, ainda, ganhar definição de "procurar entender (algo) para levá-lo em conta; considerar, interpretar, avaliar". Exemplo: *A equipe sopesará a proposta ofertada*.

Em outro giro, o substantivo feminino **adjudicação**, em sentido jurídico, designa "o ato judicial que dá a alguém a posse e a propriedade de determinados bens; é a atribuição da coisa adjudicada ao adjudicatário". O verbo que a tal substantivo se prende – adjudicar –, entre vários sentidos possíveis aceitos pelos lexicógrafos, equivale a "entregar legalmente (algo) a". Exemplo: *O candidato adjudicou a sucessão presidencial ao novo político*.

Há uma crescente e deletéria prática de se buscar ressarcimento por danos morais, sem fundadas razões, criando-se pelejas judiciais inoportunas.

Comentário: o adjetivo **deletério** designa "aquilo que possui um efeito destrutivo; danoso, nocivo". Em sentido figurado, pode significar "aquilo que conduz à imoralidade, à corrupção; o que é degradante".

Diga-se, ainda, que o substantivo **peleja** se traduz na "ação ou efeito de pelejar" (peleja /ê/ – verbo pelejar). Tem o sentido de "defesa apaixonada de pontos de vista contrários; discussão, briga, disputa".

O ato visante a receber a importância pleiteada sofreu os empecilhos impostos pelo obsoletismo notável da máquina administrativa do Governo.

Comentário: visante é adjetivo derivado do verbo "visar" e tem o sentido "daquilo a que se visa; que tem por finalidade". Exemplo: *eram regras visantes ao aprendizado*. O verbo "visar" possui várias acepções. Vamos a elas:

Verbo transitivo direto: na acepção de "dirigir a vista para (um ponto determinado); mirar". Exemplos: *Visava a fruta do último galho; Visou o ocupante do lugar da mesa*.

Verbo transitivo direto: no sentido de "dirigir-se (projétil, tiro)". Exemplo: *Embora visasse o ladrão, o tiro atingiu o cidadão*.

Verbo transitivo direto e transitivo indireto: em sentido figurado, o verbo significa "ter (algo) como desígnio, ter por fim ou objetivo; mirar (a), propor-se". Exemplos: *As medidas visam assegurar o cumprimento da lei; Toda atitude que vise ao mandamento legal deverá ser apoiada; Não há ação que vise à consecução do ato*.

Ressalte-se, ademais, que o verbo **pleitear** (transitivo direto) tem a acepção de "manifestar-se a favor de; defender, requerer". Exemplo: *Os jovens pleiteavam seus direitos*.

Nesse passo, diga-se que o substantivo masculino **obsoletismo** é designativo da "qualidade do que é 'obsoleto'" – adjetivo com significado de arcaico, antigo, que já não se usa, fora de moda, ultrapassado, antiquado. Há interessantes sinônimos, que merecem registro, para o substantivo "obsoleto". Note:

Afonsino: de tempos remotos, afonsinho, antigo.

Ferrugento: que é velho, antigo ou está fora de uso.

Serôdio: que ocorre fora do tempo; extemporâneo, tardio, serotino, serôtino.

Temporão: que vem ou ocorre antes ou fora do tempo apropriado; forma o feminino "temporã".

Seria temerário dizer que o artigo não tem o condão de penalizar o infrator, em face da imprevisibilidade na arena dos negócios jurídicos.

Comentário: o adjetivo **temerário** tem a acepção de "precipitado, imprudente, arriscado, perigoso, audacioso". Exemplo: *projeto temerário, ação temerária*.

Nesse ínterim, ressalte-se que **condão** é substantivo masculino designativo de "atributo, aptidão, qualidade especial, capacidade, faculdade ou poder". Exemplos: *Sua habilidade tem o condão de provocar risos; Sua presença tinha o condão de provocar surpresa.*

O substantivo **arena** tem, figuradamente, o sentido na frase de "local de debate, de desafio, de luta". Usa-se, ademais, a par de "arena dos negócios jurídicos", a expressão "seara dos negócios", na acepção de "campo de atividade ou interesse relacionado com as transações negociais".

Ouvidas as partes, o juiz decidirá de plano, não acolhendo a arguição de que o fato se subsume à lei.

Comentário: a expressão idiomática **de plano** significa "de imediato, sem formalidades outras". A propósito, é imperioso mencionar que a preposição "de" apresenta vários significados interessantes. Alguns podem ser mencionados:

relacionando palavras por subordinação e expressando o assunto de que se trata. Exemplo: *Ela falou de você e não de nós;*

introduzindo objeto direto preposicionado. Exemplos: *Ele comeu do pão; Ela bebeu do vinho; Ele provou do espaguete;*

compondo a formação de determinadas formas perifrásticas com verbos como ter, haver, parar, deixar etc. e o infinitivo do verbo principal. Exemplos: *Hei de vencer; Ele parou de sorrir.*

Com relação ao verbo **arguir**, sabe-se que é termo jurídico de alta rotatividade, no sentido de "argumentar ou alegar como prova ou razão; utilizar um conjunto de ideias, fatos etc. como base para argumentação". Exemplo: *Arguindo as circunstâncias atenuantes, levou o magistrado à conclusão de que era detentor do direito de servidão.*

O verbo deriva do substantivo "arguição", cujo sentido se traduz em "alegação fundamentada; impugnação de argumentos contrários; citação de razões ou motivos para provar ou defender algo; argumentação". Ademais, o verbo "arguir" tem a acepção de "examinar, questionando ou interrogando". Exemplo: *Eles arguiram sobre o episódio.*

Em outro giro, desponta o verbo **subsumir** (pronuncie "subssumir"), no sentido de "incluir ou adaptar (alguma coisa) em algo maior, mais amplo, do qual aquela coisa seria parte ou componente".

A prova, posto que incontestável, por ser a verdade inconcussa, foi contestada com argumentos incontestes.

Comentário: o adjetivo **inconcussa** tem a acepção de "incontestável, irrefragável", sendo termo corrente no Direito com o sentido de "o que está firmado, provado; o irrefutável".

É comum na linguagem do foro encontrarmos as expressões "incontestável" e "inconteste", quase sempre usadas como sinônimas, o que, verdadeiramente, não o são. Podem ser adjetivos derivados do mesmo verbo – contestar –, porém há dessemelhanças sutis. Vamos à diferença:

Incontestável: refere-se "àquilo que não tem possibilidade de ser contestado, ao indubitável, ao irretorquível, ao indiscutível, ao irrefutável, ao inconcusso etc.".

Inconteste: em qualquer dicionário, a palavra "conteste" designará aquilo que depõe ou afirma o mesmo que o outro. Portanto, se há *testemunhas contestes*, há uniformidade nos depoimentos, que são afins, concordes, contestes. Quando se tem "inconteste", com o prefixo *-in*, tem-se algo "não conteste, isto é, não uniforme, não harmônico, não concorde". Portanto, "inconteste" é "contradizente, contraditório, discorde, discrepante, destoante, divergente, desarmônico".

Não se esqueça, todavia, de que a palavra "incontestes" deve ser grafada sempre no plural, pois, obrigatoriamente, refere-se a mais de um substantivo. Exemplos: *provas incontestes, depoimentos incontestes, testemunhas incontestes.*

Português Jurídico

Por fim, ressalte-se que "incontestado" é adjetivo designativo "daquilo que não foi contestado, posto que (ainda que) contestável".

Vamos aos exemplos de recapitulação:

A prova, posto que incontestável, foi contestada com argumentos incontestes.

Sempre contestou as testemunhas incontestes com incontestáveis mecanismos.

As diligências incontestadas são contestáveis, não se podendo valer o réu de provas incontestes.

Fazer a petição cônscio de que se deve esgrimir argumentos poderosos contra a defesa.

Comentário: o adjetivo **cônscio** significa "o que sabe, que tem noção clara". Exemplos: *cônscio de seus deveres; cônscio de seus trabalhos.*

Por outro lado, o verbo **esgrimir** (transitivo indireto) tem o sentido de "travar combate contra; lutar". Exemplo: *O homem vivia a esgrimir contra os defeitos dos colegas.*

Deve-se devotar zelo ao assunto em tela, uma vez que sua prova é estreme de dúvidas, conquanto se saiba que os fatos militam contra tal hipótese.

Comentário: o adjetivo **estreme** (com -s) tem a acepção de "isento, puro, genuíno, caracterizado pela não contaminação". Fala-se em "ar estreme", em "vinho estreme". Nesse ínterim, surge a expressão **estreme de**, cujo sentido é de "salvo de, isento de ou despido de". Exemplo: *Sua prova é estreme de dúvidas, i.e., indiscrepante.*

A conjunção concessiva **conquanto** tem o condão de introduzir uma oração subordinada que contém a afirmação de um fato contrário ao da afirmação disposta na oração principal, mas que não é suficiente para anular este último. Significa "embora, se bem que, não obstante". Exemplos: *Não disputou a vaga, conquanto pudesse fazê-lo; Saí, conquanto estivesse me sentindo mal.*

O verbo **militar**, em sentido figurado, significa "influir, agir, lutar ativamente em favor de uma ideia ou causa". Exemplos:

É preciso militar a favor da liberdade de imprensa.

As provas militam contra as acusações do Ministério Público.

"Esta circunstância milita em favor do réu".

Militam razões poderosas a seu favor, no entanto pretendo pensar antes de lhe dar a resposta.

"Contra nós militam forças poderosas".

Sobre inverdadeira, a alegação é maliciosa.

Comentário: a preposição **sobre** pode conter várias acepções. Um sentido erudito, bastante encontradiço na linguagem forense, dá-se no uso da preposição como sinônimo de "além de". É utilização elegante e recomendável. Vamos a alguns exemplos:

Sobre intolerante, era dotada de singular ignorância.

Sobre tapas, cusparadas.

"A pergunta é, sobre ociosa, estólida".

A ação há de ser julgada procedente, mercê do iterativo pronunciamento do STF, uma vez que tal comportamento não se apresenta consentâneo com o sistema jurídico vigente.

Comentário: há várias locuções formadas com o substantivo feminino **mercê**. Vamos conhecer algumas:

Mercê de: no sentido de "graças a, em virtude de", a expressão pode ser usada, como exemplo:

A ação há de ser julgada favoravelmente à Autora, mercê do inequívoco pronunciamento do STF....

Observe outros exemplos:

Ressalte-se que, mercê de significado semelhante àquele trazido há pouco, a prova ganhou robustez.

Passou mercê de ajuda alheia.

À mercê de

no sentido de "ao capricho de; ao sabor de": *O planador ficou à mercê do vento.*

na acepção de "total dependência de alguém ou algo": *Ele ficou à mercê do cunhado.*

Frise-se que o adjetivo **iterativo** tem o sentido daquilo que expressa a repetição e a habitualidade. No ambiente forense, são comuns as frases: *"práticas iterativamente adotadas pelo contribuinte"; "posicionamento iterativo do Tribunal".*

Por fim, é imperioso trazer à baila o sentido do adjetivo **consentâneo**, isto é, "que cabe bem a determinado caso ou situação; apropriado, adequado, conveniente, congruente, concorde". Admite o termo as preposições "a" ou "com". Exemplos: *uma resposta consentânea com o ataque verbal; um desvario consentâneo à sua idade.*

A norma não pode engendrar óbices à concretude do princípio fundamental a cuja implementação se destina.

Comentário: o verbo **engendrar** tem o sentido de "formar, criar". Ao lado do substantivo **óbice** (= empecilho, obstáculo), tem a expressão composta *engendrar óbices* o sentido de "criar dificuldades".

O vocábulo **implementação**, no sentido de "realização ou execução", é vocábulo muito adotado pelos amantes do linguajar tecnicista e estrangeiro, adotado por alguns economistas. A ele se ligam o verbo "implementar" e o substantivo "implemento" – outros fastidiosos lugares-comuns que vêm incrementar o "economês". Não obstante tratar-se de expressão marcada pela fragilidade etimológica, o VOLP já previa o vocábulo na edição de 1999, confirmando-o na edição mais recente do compêndio. Dessa forma, é possível substituir "implementação" por "realização", na busca do vocábulo mais adequado, no entanto não se pode esquecer que conta a forma em análise com a chancela do VOLP.

O exercício da função pública, por si só, não coonesta uma prática arbitrária.

Comentário: a expressão **por si só**, quando referente a substantivo no singular (função), mantém-se no singular; entretanto, se estiver ligada a nome no plural, deve ser grafada como "por si sós".

Exemplo: *Os dados, por si sós, não são bastantes para o convencimento.*

Nesse ínterim, diga-se que o verbo **coonestar** tem o sentido de "legitimar, dar aparência de". É verbo transitivo direto, na acepção de "fazer que pareça honesto, honroso; disfarçar". Exemplos:

Valeu-se de uma postura ingênua para coonestar seus gestos ignóbeis.

A filantropia, por si mesma, não coonesta uma prática religiosa.

A parte se valeu de argumento aríete para proceder ao convencimento do Magistrado, que aquiesceu ao nosso pedido.

Comentário: a expressão **argumento aríete** tem a acepção, figuradamente, de "argumento forte, contundente, decisivo, que abre caminho".

Nesse passo, o verbo **aquiescer** significa "concordar, anuir, ceder, consentir". É transitivo indireto (com preposição "a") e intransitivo. Exemplos:

Ele aquiesceu ao pedido da parte.

Depois de tudo, só lhe restou aquiescer.

Ouvindo as suas explicações, aquiesci.

O Juiz aquiesceu ao pedido do Autor.

Atenta à circunstância de o réu ser primário, podemos requerer benefícios ao apenado perante o Juiz.

Comentário: o adjetivo **atenta**, no presente caso, tem a acepção jurídica de "atendida, observada, tomada em consideração". É forma participial irregular, plenamente aceita em nossa gramática, à semelhança de "anexo e anexado", "pago e pagado", "eleito e elegido", entre outros.

Português Jurídico

> *Ilaquear a boa-fé de outrem é se pautar por procedimentos com os quais não nos coadunamos em nosso dia a dia.*

Comentário: o verbo ilaquear tem o sentido de "excluir o excesso; induzir a erro para tirar proveito próprio ou alheio".

Nesse rumo, o verbo coadunar tem regência complexa. Pode ser:

a) *transitivo direto*, na acepção de "juntar, incorporar, pôr-se em harmonia". Exemplos: *procurou coadunar os projetos; coadunar os pontos de vista divergentes;*

b) *bitransitivo*, no sentido de "combinar-se". Exemplo: *coadunar austeridade com bondade;*

c) *pronominal* (preposição "com"). Grafa-se, pois, "ele se coaduna com", "nós nos coadunamos com", "eu me coaduno com". Exemplo: *Seu comportamento não se coadunava com os princípios que recebera.*

5.1. DICAS RÁPIDAS

5.1.1. *GROSSO MODO* (E NÃO *"A GROSSO MODO"*)

Situação: *O Direito Tributário, "grosso modo", é matéria bem mais simples que a Língua Portuguesa.*

Comentário: a expressão latina grosso modo, que significa "de modo impreciso, aproximadamente, grosseiramente", deve ser grafada entre aspas ou em itálico, por representar expressão alienígena.

A pronúncia é latina, isto é, "grosso (ó) modo (ó)", além de se repudiar a forma "a grosso modo", com a partícula "a". Portanto, aprecie as frases:

"Esta área linguística [do tupi-guarani] corresponde, 'grosso modo', aos territórios atuais do Brasil, do Paraguai e do Uruguai".

Os investidores colocaram à disposição da empresa, "grosso modo", dois milhões de reais.

A avaliação preliminar revelou, "grosso modo", lucro superior a 100 mil dólares.

5.1.2. AFICIONADO DE / AO

Situação: *Na infância, ele era um colecionador aficionado de revistas em quadrinhos.*

Comentário: o adjetivo aficionado (e não "afikcionado") designa aquele que é afeiçoado, entusiasta ou simpatizante de algo. Exemplo: *os aficionados de motocicletas.*

Às vezes, fico pensando no porquê da preferência popular pela pronúncia esdrúxula "afikcionado". Estaria a provável lógica na comparação com a válida forma "ficção": na acepção de "construção ou criação imaginária, grande falácia, mentira". Exemplo: sua vida era uma ficção.

Até o presente momento, não encontrei lógica nessa infeliz preferência coloquial... Enquanto procuramos, é mister ficarmos com "aficionado"... e só.

5.1.3. BOA-FÉ E MÁ-FÉ

Situação: *Não se trata de boas-fés ou más-fés, mas de boa índole.*

Comentário: a boa-fé representa a "retidão ou pureza de intenções; é a convicção de agir ou portar-se com justiça, lisura e lealdade com relação a alguém ou a algo, com respeito ou fidelidade às exigências da honestidade".

A boa-fé, na acepção jurídica, representa, consoante o Houaiss, "o estado de consciência de quem crê, por erro ou equívoco, que age com correção e em conformidade com o direito, podendo ser levado a ter seus interesses prejudicados [configura uma circunstância que

SINOPSES JURÍDICAS

a lei leva em conta para proteger o faltoso das consequências da irregularidade cometida]". Note que boa-fé forma o plural boas-fés.

Em outro giro, má-fé representa "a disposição de espírito que inspira e alimenta ação maldosa, conscientemente praticada. É a deslealdade, fraude ou perfídia".

A má-fé, na acepção jurídica, representa, consoante o Houaiss, "o termo usado para caracterizar o que é feito contra a lei, sem justa causa, sem fundamento legal e com plena consciência disso". O plural é más-fés.

5.1.4. AUTOMAÇÃO E AUTOMATIZAÇÃO

O processo de substituição do trabalho humano pelo trabalho da máquina recebe o nome de "automação", palavra derivada do inglês *automation*. No entanto, a forma mais consentânea com o nosso idioma é "automatização", devendo-se preferir esta àquela, conforme direção adotada pelo Aurélio. Talvez por desleixo ou desconhecimento do usuário, surgem formações vocabulares que não obedecem ao adequado processo de formação de palavras. Entretanto, apesar de possuírem origens distintas, os termos são aceitos pelo VOLP e pelos dicionários Houaiss e Aurélio como sinônimos.

A propósito, o Editorial do Jornal do Brasil, em 8 de julho de 1995, delineou a expressão com propriedade:

"A estrutura portuária moderna, com o uso máximo da automatização para movimentação de cargas em contêineres, tem peso considerável".

5.2. AS "PÉROLAS" DO PORTUGUÊS

Caresse
Correção: a 3ª pessoa do singular (ele) do presente do indicativo do verbo carecer é carece (com -c).

Plalsível
Correção: embora seja nítida a "tentação" de colocar o -l no vocábulo, no intuito de nele imprimir uma falsa "elegância", não o faça com relação ao adjetivo plausível, com -u.

Maxista
Correção: a doutrina dos filósofos alemães Karl Marx e Friedrich Engels é o marxismo, com -r. Ressalte-se que a pronúncia é com /cs/.

> ### Vocabulário ortográfico da língua portuguesa

Parêntese
Segundo o VOLP, o substantivo pode assumir as seguintes variações: substantivo masculino (o parêntese), substantivo masculino plural (os parênteses) ou substantivo masculino de dois números (o parêntesis ou os parêntesis).

> ### Quadro sinótico – Construção do texto jurídico
>
> ### Problemas do texto jurídico a serem evitados

Defeitos das petições	• Uso da expressão "através de" sem adequação. • Uso indiscriminado do pronome "onde" ("ondismo").
Clichês	Uso de chavões, lugares-comuns.

Português Jurídico

Arcaísmos	Representa o "preciosismo" – conjunto de expressões raras e obscuras, despidas de clareza, que acabam por traduzir rebuscamento indesejável e pedantismo no emissor.
Hipérbole	É o exagero no modo de enunciação de uma ideia.
Insinuações hierárquicas	É a disparidade de tratamento entre os operadores do direito.

Recomendações

Uso de letras maiúsculas	Uso linear das formas para cargos e funções.
Elipse	Omissão de termos nas orações.
Polidez	Domínio da boa técnica e manutenção do nível solene e respeitoso do discurso jurídico.

Capítulo 6
LATIM

6.1. EXPRESSÕES LATINAS USADAS NA LINGUAGEM DO FORO

O emprego de expressões latinas na linguagem forense não é mero diletantismo. O advogado deve conhecer as expressões mais correntes, porquanto, se não as usar, deve compreendê-las quando lê doutrina, razões e julgados, uma vez que muitos autores as empregam, bem como o fazem os Tribunais.

Para Rodríguez (2000:70-71), "podem-se firmar duas funções para as expressões e brocardos latinos. A primeira delas é a linguagem apurada, uma vez que o Direito atual mantém ou recupera, pela denominação original, os institutos que, na maioria das vezes, surgiram no Direito Romano. Assim, as expressões latinas revelam técnica da linguagem, pela referência específica a tais institutos. Por outro lado, servem as aludidas expressões – ainda no que atine à linguagem – para revelar erudição do enunciador, porque constituem termos de rara aplicação e conhecimento".

Urge lembrar que, caso se utilize o latim sem parcimônia, seu uso poderá se traduzir em preciosismo condenável. A objetividade e a clareza na transmissão da mensagem são fundamentais para que se alcance o objetivo da comunicação. Usar bem o latim é valer-se de sua terminologia com precisão, sem lançar mão de uma linguagem hermética e, assim, maléfica à concatenação textual, despida de sustentabilidade no discurso realizado. É mister usar adequadamente as expressões latinas, até porque o Direito e o latim são elementos indissociáveis em todos os ordenamentos calcados originariamente no Direito Romano. Todavia, é necessário usar o latim com a moderação dos cautos e com a convicção dos sábios. Vamos verificar alguns exemplos.

6.1.1. *MUTATIS MUTANDIS*

A expressão *mutatis mutandis* quer dizer "mudando o que deve ser mudado". Em outras palavras: "com a devida alteração dos pormenores", "com as devidas modificações" ou "com os devidos descontos". Usa-se quando se adapta uma citação ao contexto ou às circunstâncias. É uma expressão extremamente útil nos textos argumentativos, quando queremos ressaltar as semelhanças entre dois elementos sem deixar que as diferenças tornem a analogia obscura, ou seja, utilizadas pelo interlocutor para invalidar o raciocínio.

Vamos apreciar os exemplos:

A *"Descoberta da América" também está mal explicada, uma vez que os "vikings" precederam os espanhóis (na América do Norte) por volta do ano 1000. Logo, pode-se afirmar, "mutatis mutandis", que a América foi redescoberta pelos europeus em 1492.*

O desenvolvimento da linguagem de uma criança seguiria, "mutatis mutandis", as mesmas etapas por que passou o idioma na sua evolução histórica.

Tem o pai vários deveres para com o filho; "mutatis mutandis", tem o filho iguais deveres para com o pai.

Na escrita, a expressão "mutatis mutandis" vem sempre separada por vírgula, na medida em que se trata de locução adverbial intercalada, carecendo do sinal diacrítico em comento. Não se esqueça, por fim, de que é expressão latina, devendo ser grafada em itálico ou com aspas.

6.1.2. *SIC*

É advérbio, em latim. Sendo latinismo com significado de "assim", "desse jeito", costuma aparecer entre parêntesis ou colchetes (forma preferível), depois de uma palavra com a grafia incorreta ou inadequada para o contexto. Muitas vezes o renome, o respeito ou o saber de quem está sendo citado nos obriga a usá-lo, para avisar o leitor de que, conquanto estejamos conscientes da estranheza do que está escrito, optamos pela manutenção da literalidade textual.

É usado internacionalmente para indicar ao leitor que aquilo que ele acabou de ler, por mais errado ou estranho que pareça, é assim mesmo que se deve grafar. É o que ocorre quando se intercala um "sic" em texto de autoria própria, querendo frisar que é daquela forma que deve ler.

Nascimento (1992: 53) preconiza que, "quando queremos citar alguém ou alguma coisa que nos parecem errados, usamos da conjunção latina 'SIC' (assim) sempre entre parêntesis para significar que se achava escrito como na citação feita". Assim: "Processe-se (*sic*) os agravos".

O "sic" é muito usado por profissionais da área jurídica, como magistrados e escrivães, que, ao lidarem diretamente com o público, precisam registrar nos autos do processo declarações e depoimentos com fidelidade. Assim, surge o "sic" para mostrar que o registro foi fiel, mas que o autor está atento para a incongruência do que foi dito pelo réu ou pela testemunha.

Note-se que, quando se trata de óbvio equívoco de digitação, que não se pode imaginar como "erro" do autor, não devemos utilizar o "sic". Se encontrar expressões do tipo "no Hosdital das Clínicas" (em vez de "hospital") ou "Cabral avistou nossa costa no ano de 2500", (em vez de 1500), proceda à correção sem estardalhaço.

Todavia, se desejar citar um autor em cujo texto aparece "excessão" com "ss", não é motivo para desmaio, por enquanto, devendo optar o leitor por ignorar o erro do texto original, transcrevendo-o de forma correta ("exceção", pelo amor de Deus!) ou reproduzi-lo exatamente, acrescentando-lhe o "sic".

Ademais, o "sic" tem sido usado como uma forma de transmitir opinião sobre um autor ou seu modo de pensar. Por exemplo, se alguém diz "Esse foi o erro de Pontes de Miranda", posso citá-lo como "Esse foi o erro [*sic*] de Pontes de Miranda". Assim, demonstro minha indignação com o autor citado que se referiu a "erro" de Pontes de Miranda. Talvez fosse mais adequado evitar a expressão afeta a doutrinador de notório saber jurídico, para não denotar uma aparente arrogância do austero corretor. Poder-se-ia até mesmo combinar o "sic" com o ponto de exclamação ("Esse foi o erro [*sic!*] de Pontes de Miranda"); com a exclamação entre parêntesis ("Esse foi o erro [!] de Pontes de Miranda"); ou, finalmente, com a interrogação ("Esse foi o erro [?] de Pontes de Miranda"). Todavia, a parcimônia é o segredo do uso da expressão, que não pode ser utilizada a torto e a direito. Ao transcrever um trecho que contenha grafia antiga ou evidentes lapsos de datilografia ou digitação, é melhor consertá-los. Quando um mesmo caso se repete em várias passagens de um texto, usa-se [*sic passim*] – "está assim por toda parte".

Entretanto, se o autor cometeu muitos erros de ortografia, sintaxe, regência etc., evite--o. Perguntamos: qual a razão de citar um autor que não cuida do idioma com esmero? Não seria o caso de evitá-lo? Desse modo, a fórmula funciona como um poderoso instrumento retórico, criando uma salutar cumplicidade entre o leitor e o autor corretor, em benefício do autor destinatário do "sic".

Ressalte-se que o "sic" está presente em muitas frases célebres da tradição ocidental, entre elas o famoso "*Sic transit gloria mundi*" ("Assim passa a glória deste mundo") – palavras que são ditas (três vezes) na cerimônia de posse de um novo papa.

Deve ser escrito em negrito ou itálico e, preferencialmente, entre colchetes, e não entre parêntesis, pois os colchetes representam a pontuação recomendada para qualquer intromissão no texto que se lê. Portanto, grafe assim: [**sic**] ou [*sic*].

Já se produziu verbo dele derivado – "sicar" –, conquanto não encontre guarida nos dicionários e no VOLP. Ouve-se muito no mundo acadêmico: "*Eu o siquei duas vezes*"; "*Ninguém tem coragem de sicar um autor deste nível*".

Português Jurídico

Há quem afirme que desse advérbio latino teriam saído o "sim" do português e o "si" do espanhol, o que nos parece, em princípio, aceitável. Já se mencionou, por outro lado, tratar-se o símbolo [sic] de sigla da expressão "segundo informações colhidas", com o que não concordamos, por acreditá-la fruto da imaginação humana, sem, todavia, deixar de elogiar a "visão criativa" do inventor.

6.1.3. *A PRIORI* E *A POSTERIORI*

Essas expressões latinas têm sido empregadas de modo equivocado, em inúmeras situações nos ambientes forenses. Na verdade, há uma banalização das duas expressões como se fossem sinônimas de "antes" e "depois".

A priori (pronuncie "a prióri") significa "anterior à experiência, anterior à verificação experimental, apresentado como hipótese, preconcebido, sem fundamento, de antemão". Nesse contexto, a expressão "a priori" representa o método que conclui pelas causas e princípios.

Faz parte de uma expressão de maior extensão, *"a priori ratione quam experientia"*, que significa "por um raciocínio anterior à experiência". Serve para indicar, por exemplo, um princípio que eu faço valer antes de mais nada e do qual não abro mão. Exemplo:

Não posso conceber, "a priori", que alguém seja impedido de manifestar seu entendimento nesta reunião.

Também pode designar um raciocínio que se baseia em pressupostos, não levando em consideração o que a experiência posterior possa trazer:

É perigoso condenar "a priori" essa prática adotada pelo contribuinte (entenda-se: sem ainda ter visto seus desdobramentos e suas consequências).

Julgar uma pessoa "a priori" é fazer uma opinião de alguém antes de realmente conhecê-lo:

Não me agrada fazer julgamentos "a priori", todavia o homem tem um comportamento intragável.

O raciocínio "a priori" opõe-se ao raciocínio a "posteriori". Na Filosofia e na Lógica, as duas expressões são usadas com significados bem definidos e especializados.

Segundo Kant, são a "priori" os elementos do conhecimento (intuições, conceitos, juízos) independentes da experiência. Assim, por exemplo, a proposição "todos os corpos são extensos" é uma afirmação necessária e universalmente verdadeira (os juízos "a priori" são universais e necessários), existam corpos ou não; é uma verdade que não depende da experiência. O conhecimento é "a posteriori" quando só é possível por meio da experiência.

Como se disse, "a priori" tem como antônima outra expressão latina: **a posteriori**, que significa "conhecimento, afirmação, verdade provenientes da experiência, ou que dela dependem". Quer dizer "de trás para diante", representando um método que conclui pelos efeitos e consequências.

Julgar "a posteriori" é julgar pela experiência. Argumentar "a posteriori" é argumentar passando do efeito à causa. A Universidade Estadual Paulista (UNESP), em seu vestibular realizado pela Fundação VUNESP, em dezembro de 2004, elaborou, como de costume, elogiável Prova de Língua Portuguesa, digna de admiração e louvor. Trouxe uma passagem de um texto escrito por Eça de Queirós (1845-1900) que exigiu a interpretação dos termos "a priori" e "a posteriori". Aprecie o trecho abaixo transcrito:

> **"Idealismo e Realismo**
> (...) Outrora uma novela romântica, em lugar de estudar o homem, inventava-o. Hoje o romance estuda-o na sua realidade social. Outrora no drama, no romance, concebia-se o jogo das paixões *a priori*; hoje, analisa-se *a posteriori*, por processos tão exactos como os da própria fisiologia. Desde que se descobriu que a lei que rege os corpos brutos é a mesma que rege os seres vivos, que a constituição intrínseca duma pedra

obedeceu às mesmas leis que a constituição do espírito duma donzela, que há no mundo uma fenomenalidade única, que a lei que rege os movimentos dos mundos não difere da lei que rege as paixões humanas, o romance, em lugar de imaginar, tinha simplesmente de observar. *O verdadeiro autor do naturalismo não é, pois, 'Zola' – é 'Claude Bernard'. A arte tornou-se o estudo dos fenômenos vivos e não a idealização das imaginações inatas...*" (Eça de Queirós, Cartas Inéditas de Fradique Mendes. In: *Obras de Eça de Queirós*). (Destaques nossos)

Eça de Queirós, ao anunciar que "outrora no drama, no romance, concebia-se o jogo das paixões *a priori*; hoje, analisa-se *a posteriori*, por processos tão exatos como os da própria fisiologia", assume uma visão determinista, ao cotejar a literatura romântica, praticada no passado ("outrora"), e a arte realista, praticada no momento da elocução ("hoje"). Segundo o autor, a primeira prioriza a inspiração e a intuição, sem se pautar nas convicções da realidade exterior – é a arte apriorística e subjetiva. A segunda, por seu turno, vislumbra a arte como produto da observação e análise do mundo sensível, a partir de uma postura de criticidade racional e científica – é a arte calcada na experimentação científica. Reitere-se que, para Eça de Queirós, as expressões "a priori" e "a posteriori" significam, respectivamente: antes ou independentemente da observação dos fatos; e depois ou em decorrência da observação dos fatos.

É importante enaltecer que um dos pilares do Naturalismo foi a adoção de princípios mecanicistas e deterministas, que influenciaram a cultura na segunda metade do século XIX. A corroborar, citem-se as palavras do fisiologista Claude Bernard – *O determinismo é absoluto tanto para os fenômenos dos corpos vivos como para os dos corpos brutos* –, a par do trecho do soneto *Eu* (1935), de Augusto dos Anjos – "*(...) Duras leis as que os homens e a hórrida hidra / a uma só lei biológica vinculam (...)*". Para Augusto dos Anjos, aliás, a diversidade da realidade se unifica por leis universais e absolutas, o que explicaria, por exemplo, a inexorabilidade das transformações, do amanhã e da morte.

6.1.4. *IN CASU*

A expressão **in casu** tem a acepção de "no caso", podendo ser livremente utilizada nos petitórios. Exemplo:

Não pode prosperar, "in casu", o argumento expendido pelo Réu.

Ademais, pode ser substituída por expressões sinônimas, como: "no caso em tela", "no caso em comento", "no presente caso", "no vertente caso" ou, ainda, insistindo no latim, "no caso 'sub examine'"– expressão sobremodo elegante, que confere agradável som prosódico ao texto, devendo ser pronunciada como "sub eczâmine". Traduz-se por "no caso em exame".

Nos meios forenses, é comum a dúvida entre a grafia "sub examen" e "sub examine" quando se pretende dizer que a matéria está sendo examinada ou sob exame. Frise-se que, à luz do latim, é possível dirimir a dúvida por meio da análise de expressão latina similar: a locução adverbial "in limine" (ou seja, "desde logo, no início"), originada pelo substantivo "limen", que significa "limiar, entrada". O caso nominativo é "limen"; "liminis" é o genitivo e "limine", o ablativo (caso latino que representa as palavras na função de adjunto adverbial, em que aparece uma preposição, como *in*, *sub*, *de*).

Então, como "examen" e "limen" pertencem à mesma declinação (neutros da 3ª), temos, à semelhança de "limen", "liminis" e "limine" os termos "examen", "examinis" e "examine". Consequentemente, redija-se "sub examine".

6.1.5. *VENIA CONCESSA*

Na linguagem forense, quando se pretende exteriorizar o pensamento com polidez em sinal de respeito à opinião daquele com quem se fala, pode se valer o peticionário de expres-

Português Jurídico

sões estereotipadas, que, como um "abre-alas", permitem a passagem da ideia contraposta com elegância e respeito. Portanto, é fórmula de cortesia com que se começa uma argumentação para discordar do interlocutor. Tais expressões são demasiado encontradiças no ambiente forense. Vamos conhecê-las:

data venia;

data maxima venia (pronuncie "mákssima");

concessa venia;

permissa venia;

venia concessa.

Exemplos:

"Data venia" seu posicionamento, discordamos em gênero, número e grau.

O Autor, Excelência, "permissa venia", não logrou trazer aos autos depoimentos convincentes.

A respeitável sentença de fls., "concessa venia", merece ser reformada por esse meritíssimo Juízo "ad quem", a fim de que se alcance o desiderato da justiça.

Na verdade, "venia concessa", revela-se descabida a prova.

Observações: note que as expressões latinas não são grafadas com acento. Portanto, o termo latino "venia" não recebe o acento diacrítico. No entanto, caso o estudioso queira se valer da Língua Portuguesa, poderá empregar "vênia" (palavra com acento circunflexo), na acepção de "licença", que representa uma paroxítona terminada em ditongo crescente. Exemplo:

A parte pede vênia para demonstrar que, durante o convívio conjugal, a Ré se comportava como moça solteira, cultivando hábitos levianos e promíscuos, mais parecendo uma rapariga de lupanar.

6.1.6. *IN VERBIS*

A expressão latina, que pode ser encontrada na forma resumida **verbis**, tem a acepção de "literalmente, fielmente, de acordo com a literalidade ou 'nas palavras'". Muito usual na linguagem forense, que requer autenticidade da informação transmitida, essa forma pode ser expressa por termos sinônimos, como "ipsis litteris", "ipsis verbis", "ad litteram" ou "verbo ad verbum".

Vejamos alguns exemplos:

O artigo dispõe, "in verbis", que a exceção existe para incentivos fiscais destinados a promover o equilíbrio socioeconômico entre as diferentes regiões do País.

O art. 5º, "caput", da Constituição Federal, disciplina, "ad litteram": "Todos são iguais perante a lei".

6.1.7. *EX POSITIS*

Esta expressão representa um elemento de ligação de articulados em petição, dando a ideia de fecho de pensamento. Sabe-se que é de todo louvável que o peticionário se valha de elementos de ligação nos arrazoados, a fim de conferir a concatenação aos articulados do texto. No momento em que se pretende arrematar o raciocínio empreendido, encerrando-o, desponta oportuna a expressão em análise, como se pode notar nos exemplos a seguir:

"Ex positis", merece o Autor a concessão da tutela antecipada, uma vez cristalina a presença dos pressupostos autorizadores do provimento emergencial.

Não resta dúvida, "ex positis", que se valeu a parte de expediente antiético, a fim de lograr trazer aos autos provas sobejas.

Observe que a pronúncia correta da expressão latina é "eks-pósitis", e não "eKsposí-tis". Tal expressão pode ser substituída por "do exposto", "ante o exposto", "perante o exposto", "em face do exposto", entre outras.

6.1.8. *EX VI*

Com o sentido de "por força de", a expressão imprime destacada elegância ao texto jurídico. Deve ser usada ao lado de artigos, incisos ou disposições legais. Os exemplos são oportunos. Confira-os:

"Ex vi" do art. 150, I, da CF, o princípio da legalidade tributária é aquele segundo o qual o tributo deve ser instituído ou majorado por meio de lei.

A lei, "ex vi" do art. 5º, XXXVI, da CF, não atingirá o ato jurídico perfeito, o direito adquirido e a coisa julgada.

A violência é presumida "ex vi legis".

"Ex vi" do Decreto n. ..., há que se notar ... .

A não discriminação em razão de idade, sexo ou cor subsiste, "ex vi" da Constituição, no inciso VI do art. 3º.

"Ex vi" de imposição constitucional extraída do art. 145 da CF, são tributos no Brasil: impostos, taxas e contribuições de melhoria.

Por fim, ressalte-se que há duas importantes expressões decorrentes do termo latino ora estudado: "ex vi legis" (ou seja, por força da lei) e "ex auctoritate legis" (ou seja, por autoridade da lei). Observe alguns exemplos:

A violência é presumida "ex vi legis".

Não deve haver, "ex auctoritate legis", empecilhos ao livre acesso da autoridade fiscal no estabelecimento comercial.

Observação: a pronúncia deve ser feita com cautela. A sílaba tônica não se encontra em "*vi*", mas em "*ex*", devendo-se falar "<u>éks</u>-vi", e não "eks-<u>ví</u>".

6.1.9. *IN ALBIS*

O vocábulo latino tem a acepção de "em branco", isto é, refere-se a transcurso de prazo sem a tomada de providências pertinentes, do que resulta a conhecida expressão. Exemplos:

"O prazo transcorreu 'in albis'".

A perda do prazo foi inevitável: houve o transcurso "in albis".

O prazo transcorreu "in albis", ficando nítida a revelia do interessado.

Houve o esgotamento "in albis" do prazo.

6.1.10. *IN PARI CAUSA*

A expressão tem a acepção de "igualmente, no mesmo caso". Exemplos:

O Tribunal decidiu "in pari causa" de modo favorável à tese ora ventilada nos autos.

O STJ "in pari causa" decidiu diversamente.

Os julgados proferidos pelo egrégio STF, "in pari causa", têm sido no sentido de que há crime preterdoloso na situação em comento.

6.1.11. *IN FINE*

Com a acepção de "no fim", tal expressão é comum na citação de artigos, quando se quer enfatizar a parte final do comando normativo. Acreditamos que a grafia da expressão não apresenta problemas maiores, no entanto, a pronúncia tem dado vazão a "assassinatos prosódicos" no ambiente forense. Queremos enfatizar que se deve pronunciar *"in fine"* como se falam /fino/, /fineza/. Jamais, portanto, pode-se emitir o terrível /fáine/, como se inglês fosse. Portanto, muita cautela!

Português Jurídico

6.1.12. *V.G.* E *E.G.*

É interessante observar que o acadêmico de Direito permanece cerca de meia dúzia de anos em bancos da faculdade, a fim de que assimile as letras jurídicas, no entanto, a informação rasa, menor, mais simples lhe falta às escâncaras. Não obstante encontrar o leitor as expressões abreviadas "v.g." e "e.g." nos vários livros jurídicos pelos quais passou os olhos, desconhece-as, acreditando, talvez, que representem sinais gráficos desimportantes, quem sabe, talvez, um "erro de digitação"!

Percebe-se, pois, que o acadêmico de Direito, como regra, não recebe dos docentes das faculdades a tradução simples de tais vocábulos, embora aqueles acabem por exigir sapiência jurídica de quem nem sequer captou o sentido semântico do que pretende assimilar.

Portanto, feita a observação, passemos a traduzir as fatídicas expressões.

Ambas são formas latinas, que ora se apresentam abreviadas, ora escritas por extenso. Logo, "v.g." representa "verbi gratia", na acepção de "por exemplo". Destaque-se que "e.g." indica "exempli gratia" (pronuncie "eczêmpli"), com o mesmo sentido de "por exemplo". Portanto são expressões latinas sinônimas. Vamos às frases:

A Constituição Federal, "verbi gratia", apresenta-se com erros de ortografia.

Os tributos, "e.g.", impostos, taxas e contribuições de melhoria, têm previsão no art. 145 da CF.

Ressalte-se, por derradeiro, que existem outras expressões que vêm a calhar. São elas: "ad exemplum", "exempli causa" e "verbi causa", todas com sentido de enumeração, isto é, no sentido de "por exemplo".

6.1.13. *I.E.*

A forma *i.e.* se encaixa na observação crítica retrocitada. Costuma ser igualmente desconhecida por acadêmicos de Direito, embora se revele expressão corrente em textos escritos. No sentido de "isto é", a forma latina abreviada de "id est" (pronuncie "idést") – i.e. – deve ser usada com tranquilidade, haja vista marcar elegância no texto. Vamos ao exemplo:

O laudo vem corroborar, "i.e.", confirmar o ocorrido.

6.1.14. *APUD*

O termo latino *apud* possui a acepção de "junto de, em, citado por, conforme ou segundo". Indica a fonte de uma citação indireta, quase sempre fazendo menção ao nome do autor a que se refere a obra. É a indicação de um documento ao qual não se teve acesso, mas do qual se tomou conhecimento apenas por citação em outro trabalho. Apenas deve ser usada na total impossibilidade de acesso ao documento original. A palavra "apud" deve vir sempre em itálico. Também pode ser substituída pela expressão "citado por". Exemplos:

(Anderson, 1981 *apud* Arévalo, 1997, p. 73).

Estudos de Zapeda (*apud* Melo, 1995, p. 5) mostram ... .

A Teoria Especial da Relatividade foi publicada no início do século (Einstein, 1905, *apud* Brody, 1999).

A palavra "avô", *apud* Antônio Houaiss, segundo José Pedro Machado *in Dicionário Etimológico da Língua Portuguesa*, foi empregada pela primeira vez em português no ano de 1024.

"Segundo Neuman (*apud* Heller, 1999, p. 127): 'A *dominação não tem poder, como tal, não inclui a dominação de outros seres humanos*'".

"De acordo com Neuman, '*a dominação não tem poder, como tal, não inclui a dominação de outros seres humanos*'" (*apud* Heller, 1999, p. 127).

"*A dominação não tem poder, como tal, não inclui a dominação de outros seres humanos*" (Neuman *apud* Heller, 1999, p. 127).

Portanto, memorize: quando se transcrevem palavras textuais ou conceitos de um autor, dito por um segundo autor, utiliza-se a expressão *apud* (citado por). Por exemplo, eu leio, no livro de Teixeira, algo que Oliveira havia dito, em 1999. Então, quem está dizendo é Oliveira *apud* Teixeira (1999). Exemplo:

Segundo Oliveira *apud* (ou citado por) Teixeira (1999), "toda criança deve ser muito bem cuidada principalmente nos primeiros anos de vida...".

É importante lembrar que a referência que vai ao final do trabalho é de Teixeira, e não Oliveira.

Destaque-se, ademais, que, segundo as normas oriundas da Associação Brasileira de Normas Técnicas, NBR 10520, Rio de Janeiro, 2002, a indicação bibliográfica deve obedecer à seguinte sequência:

Indicar o autor da citação, seguido da data da obra original, a expressão latina "apud", o nome do autor consultado, a data da obra consultada e a página onde consta a citação.

Exemplos:

"O homem é precisamente o que ainda não é. O homem não se define pelo que é, mas pelo que deseja ser" (Ortega Y Gasset, 1963, *apud* Salvador, 1977, p. 160).

Segundo Silva (1983, *apud* Abreu, 1999, p. 3) *diz ser ... .*

Vamos conhecer outras **expressões latinas** úteis em citação:

I) *Idem ou id.*
Sentido: *mesmo autor.*
Exemplo:
Lamprecht, 1962, p. 20
Id., 1964, p. 35

II) *Ibidem, ibid. ou ib. (pronuncie "ibídem")*
Sentido: *na mesma obra, aí mesmo, no mesmo lugar.*
Emprega-se nas citações, para indicar que estas são da obra mencionada anteriormente.
Exemplo:
Josué de Castro, Geografia da Fome, p. 249
Josué de Castro, ib., p. 272
Observação: *caso se pretenda repetir o autor e a obra, utilize: "id., ib., p. 57".*
Exemplo:
Rebelo da Silva, Contos e Lendas, p. 78
Id., ib., p. 57

III) *Opus citatum, opere citato ou op. cit.*
Sentido: *obra citada.*
Exemplo:
Gonçalves, 2000, p. 50
Lamprecht, 1962, p. 20
Gonçalves, op. cit., p. 216

IV) *Passim ou Pass.*
Sentido: *por aqui e ali, em diversas passagens, indicando referência a vários trechos da obra.*
Exemplo:
A prescrição vem tratada no Capítulo 7 (pp. 20-22 e passim).
Observação: *é possível combinar a forma "passim" com "sic" (sic passim), "supra" (supra passim), "infra" (infra passim) e "apud" (apud passim).*

Português Jurídico

> **V)** *Loco citato ou loc. cit.*
> **Sentido:** *no trecho citado, usada para remissão a um trecho citado anteriormente.*
> **Exemplo:**
> *Silva; Souza; Santos, 1995, p. 99-115*
> *Silva; Souza; Santos, 1995, loc. cit.*

Por derradeiro, mencione-se que a expressão **apud acta** é bastante conhecida nos ambientes forenses. Tem a acepção de "nos autos". Revelado o nome, será o advogado indicado objeto de intimação para os demais atos do processo, independentemente de juntada do instrumento do mandato.

6.1.15. *PARI PASSU*

É locução latina que designa "lado a lado, a passo igual, em igual tempo". Pronuncia-se "pári pássu". Exemplos:

O sucesso e o esforço caminham "pari passu".

"É por tais razões que as vicissitudes da palavra 'Direito' acompanham 'pari passu' a história ..." (Miguel Reale)

"À medida que forem adquirindo o vocabulário do Direito, ... sentirão crescer 'pari passu' os seus conhecimentos jurídicos".

Não se deve dizer "a pari passu" – é erronia desmedida.

6.1.16. *INAUDITA ALTERA PARTE*

A expressão é utilizada em petitório no sentido de "sem ouvir a outra parte". Percebe-a, com frequência, nos pedidos de Mandado de Segurança, nos quais o impetrante requer a liminar sem a ouvida da parte contrária, isto é, ***inaudita altera parte*** (pronuncie "inaudíta áltera párte" – o sublinhado mostra a sílaba tônica). Pode ser substituída pela expressão sinônima – "altera inaudita" (pronuncie "áltera inaudíta"). Por outro lado, quando se quer ouvir a parte adversa, é de notar que existe uma expressão apropriada para o contexto querido. Vamos conhecê-la: "audiatur et altera pars". No entanto, não a confunda com a forma estereotipada, acima ventilada, ***inaudita altera parte***.

Preliminarmente, observe-se que a primeira palavra se escreve "inaudita", com a letra "u" antes do "d", porque é palavra derivada do verbo "audire" (ou seja, ouvir). No caso, "inaudire" seria "não ouvir" e "inaudita" seria "não ouvida", sempre com "u". Há pessoas que escrevem "inaldita" (com -l), que é uma grafia errada, pelos motivos apontados.

A palavra **altera** significa literalmente "outra", devendo ser pronunciada como "áltera", proparoxítona.

Pars e **parte** são, na verdade, a mesma palavra, representando, tão somente, "casos" gramaticais diferentes, ou seja, **pars** está no *caso nominativo* (sujeito), enquanto **parte** está no *caso ablativo* (complemento verbal). Vejamos em que situações se usam uma ou outra. Observe o seguinte exemplo:

"A outra parte não ouvida será interrogada na próxima semana".

A expressão "a outra parte" funciona como sujeito da oração. Neste caso, o correto é escrever assim:

> *Altera inaudita pars será interrogada na próxima semana.*
> **Traduzindo:** *"pars" (caso nominativo – sujeito) = "a outra parte"*
> *"altera inaudita" = "sem ouvir a outra parte"*
> **Assim:**
> **"Altera inaudita" + "pars"** = *"a outra parte não ouvida"*

Considere ainda esta outra expressão: **Audiatur (et) altera pars** (ou seja: ouça-se também a outra parte).

A expressão "altera pars" funciona como agente da passiva, que equivale à função de sujeito. "Audiatur" (ou "Inaudiatur") é a voz passiva do verbo "audio" (ouvir), exigindo o sujeito no caso nominativo "altera pars". Traduzindo, pois, teremos "seja ouvida a outra parte". Agora observe este outro exemplo:

"O autor requer que, sem ouvir a outra parte, seja-lhe concedida a medida liminar pleiteada".

A expressão "a outra parte", neste caso, não é sujeito da oração principal, mas está inserida numa oração reduzida subordinada à primeira, que corresponde em latim a um **ablativo absoluto**. Neste caso, a grafia correta será:

"O autor requer que, 'inaudita altera parte', seja-lhe concedida a medida liminar pleiteada".

O ilustre professor Paulo Fernandes, em artigo intitulado "*Nihil novi sub sole*", traz à baila lúcidos dizeres ao afirmar:

> Veja-se, também, por outro lado, para se fazer uso, da palavra ou expressão latina nas petições, nos arrazoados ou mesmo nos pareceres, impõe-se um conhecimento do idioma de Cícero. Efetivamente todo jurista prima pelo uso das expressões latinas. Mas para manuseá-las, necessária a proficuidade, sob pena de haver surpresas. Senão vejamos:
>
> A expressão "inaudita altera pars" está errada! Nem por isso deixa de ser encontrada em petições, acórdãos, sentenças e pareceres. O certo é "inaudita altera parte", que quer dizer "sem ouvir a parte contrária". A expressão antagônica é "Inaudiatur et altera pars", cuja tradução é: "e também seja ouvida a outra parte".

Conforme se observa, na grande maioria das vezes que esta expressão aparece nos textos jurídicos, será condizente com a segunda hipótese, sendo bastante raro o primeiro caso. Portanto, ao inserir esta expressão latina no texto, o leitor deve estar bem ciente da função sintática da locução "a outra parte", a fim de utilizar a grafia correta. Ambas as formas são corretas gramaticalmente, mas precisam ser utilizadas no contexto apropriado. Trocar uma pela outra constitui erro imperdoável de gramática.

6.1.17. *IPSO FACTO*

Trata-se de expressão latina que significa "por isso mesmo, em virtude desse mesmo fato". Portanto, aprecie as frases:

Ele não pagou; "ipso facto" não concorreu ao sorteio.

O aumento da carga tributária acarreta, "ipso facto", o crescimento do desemprego.

6.1.18. *(DE) PER SE*

A expressão latina **de per se** ou **per se** significa "por si, por si só, por si mesmo, por si próprio, espontaneamente, intrinsecamente, pela sua própria natureza". Exemplos:

Isto não constitui, de "per se", coação.

Ato válido "per se", com relação aos demais que foram trazidos ao debate.

Muito comum em obras de caráter jurídico, a expressão latina "de per se" é composta de "per", que faz parte do léxico português. É uma preposição (antiquada) sinônima de "por". Ao referi-la, o *Grande Dicionário da Língua Portuguesa*, após anotar que se trata de preposição

Português Jurídico

antiga, acrescenta que "continua ainda hoje em uso nas locuções 'de per si' e 'de per meio'".

A expressão "de per si" é, pois, uma locução adverbial de nossa Língua Portuguesa, tendo a acepção de "cada um por vez", "isoladamente". Exemplo:

"No último instante, cada um, de per si, conseguiria libertar-se".

Resumindo:

"**De per se**" = "**Per se**" (expressão em latim): escreva com aspas ou com itálico; significa "por si mesmo".

De per si (expressão em português): escreva sem aspas ou sem itálico; significa "cada um por vez, isoladamente".

Diga-se, por fim, que *per* também existe em latim. É uma preposição que pode ser encontrada na forma equivalente ao nosso "de per si", isto é, *per se* (latim). Esta expressão latina aparece com frequência na linguagem filosófica de Cícero.

6.1.19. *SINE DIE*

É locução latina (pronuncie "síne díe") que significa "sem dia, por tempo indeterminado, sem data marcada". O singular e plural são formados, sem alteração. Exemplos:

Devemos adiar "sine die" o evento.

Os congressos foram postergados "sine die".

O simpósio foi prorrogado "sine die".

O início das reformas foi protelado "sine die".

A data do curso foi estabelecida "sine die".

6.1.20. *SINE QUA NON*

Esta expressão latina indica uma cláusula ou condição sem a qual não se fará tal coisa. Forma o plural **sine quibus non**. Bastante corriqueira na linguagem forense, a expressão tem a acepção de "exclusivo, singular, genuíno", tendente a demonstrar sua unicidade perante certa situação de confronto. Exemplos:

O preenchimento desse requisito é "conditio sine qua non" para a obtenção do texto.

Trata-se de condição "sine qua non", sob pena de haver indeferimento do pedido.

"... Vieira, porém, acentua a nota do trabalho como condição 'sine qua non'..." (Alfredo Bosi).

"Tudo dependerá do cumprimento das condições 'sine quibus non'".

6.1.21. *PUNCTUM PRURIENS – PUNCTUM SALIENS*

Com o sentido de "ponto desejado ou ponto principal", esta expressão pode ser utilizada com tranquilidade em textos forenses. Representa o aspecto crucial ou fulcral do tema discutido. É o ponto precípuo da situação posta. Exemplo:

Este é o "punctum pruriens" da controvérsia.

6.1.22. *HABEAS CORPUS*

A tradução da expressão latina **habeas corpus** é "que tenha o teu corpo". A expressão completa é "habeas corpus ad subjiciendum", isto é, "que tenhas o teu corpo para submetê-lo (à Corte de Justiça)". Representa a medida judicial garantidora do direito constitucional de locomoção de quem está preso ilegalmente ou está ameaçado de o ser.

Não há consenso quanto ao uso do hífen nesta expressão latina. Prefere-se evitá-lo a utilizá-lo. Vamos conferir alguns detalhes quanto à hifenização do termo:

O "Word" (editor de textos utilizado para a confecção de cartas, memorandos, documentos etc.) acentua automaticamente a palavra "hábeas". "Mas latim não tem acento!", surpreendem-se as pessoas. Pois é. No Brasil se vulgarizou o uso de "hábeas" como palavra proparoxítona no lugar de "habeas corpus", que é a expressão latina original e que, portanto, não levaria nem hífen nem acento. Para que se caracterize o latim em qualquer texto, as palavras devem ser escritas em itálico, entre aspas ou sublinhadas. A imprensa, no entanto, como evita o uso desse tipo de destaque, tem unido os dois vocábulos com hífen [habeas-corpus] ou utilizado "hábeas", simplesmente aportuguesando a palavra, como hábitat e outras. Os operadores do Direito devem usar o termo em latim, com o devido grifo.

Em sentido contrário, posicionou-se o ilustre professor e imortal Arnaldo Niskier, consoante os dizeres abaixo transcritos:

> A expressão habeas-corpus é latina, devendo ser escrita sempre com hífen. É um estrangeirismo; no caso, denominado latinismo e significa o direito de ir e vir das pessoas. É uma expressão jurídica; portanto, muito usada e conhecida por todos os advogados e pessoas que militam na Justiça.
>
> Todavia, diga-se que, se é expressão latina, não pode ser escrita com hífen, que não existe em latim. Se quisermos usar o hífen, no afã de aportuguesar o presente termo latino, deveríamos escrever "hábeas córpus".

Faz-se mister entender o ponto de vista do ilustre Arnaldo Niskier, ex-presidente da Academia Brasileira de Letras: não poderia ter o ínclito professor diverso entendimento, haja vista a forma latina "habeas-corpus" (com hífen) estar registrada, a par de "hábeas". O curioso, nessa esteira, é notar que as últimas edições do VOLP suprimiram a forma latina do compêndio, apenas registrando "hábeas", como um substantivo masculino de dois números (o hábeas; os hábeas).

Portanto, tirante o episódio citado e o seu grau inofensivo de erronia, entendemos que, em abono do maior rigor, não se deve escrever o termo de outra forma que não seja a do puro latim – **entre aspas ou itálico, sem hífen e sem acento**: "**habeas corpus**" ou *habeas corpus*.

Assim, os estudantes e adeptos do latim, bem como os juristas, devem grafar *habeas corpus* (dando-lhe o devido destaque gráfico), na mais pura forma latina, evitando a forma aportuguesada. É o que nos parece mais recomendável.

6.1.23. *AB INITIO*

A expressão significa "desde o início, a partir do início, de início". Exemplo:
O processo foi anulado "ab initio".

6.1.24. *AB IRATO*

A expressão significa "em consequência de ira, de raiva". Exemplo:
Ato executado "ab irato" é passível de anulação.

6.1.25. *ABSENTE REO*

Significando "na ausência do réu, estando o réu ausente", há o exemplo:
Procedeu-se ao julgamento "absente reo".

6.1.26. *AD CAUTELAM*

No sentido de "para efeito de cautela, de prevenção", a expressão pode ser exemplificada nas frases a seguir:
Medidas "ad cautelam" (acauteladoras).
Nomeação "ad cautelam" (por precaução).

Português Jurídico

6.1.27. *AD INSTAR*

A expressão significa "à semelhança de, à medida de, à maneira de". Exemplo:
"*Vê-se 'ad instar' dos exemplos apontados...*" (Washington de Barros Monteiro).

6.1.28. *AD LIBITUM*

Com o sentido de "segundo a deliberação, vontade, arbítrio", há o exemplo:
"*... o prenome pode ser escolhido 'ad libitum' dos interessados*" (Washington de Barros Monteiro).

6.1.29. *AD NUTUM*

No sentido de "segundo o arbítrio, livremente", a expressão pode ser exemplificada:
"*Assim sendo, mandato... não comporta revogação 'ad nutum'*" (Washington de Barros Monteiro).

6.1.30. *EX PROFESSO*

A expressão latina significa "por profissão, por ofício". Exemplo:
"*(...) mas não cuidaram 'ex professo' desse problema...*" (Miguel Reale).

6.1.31. *IN LOCO – IN SITU*

Os termos latinos significam "no lugar, no próprio local". Exemplos:
Investigação "in loco".
A operação "in situ" provocará melhores resultados.

6.2. DICAS RÁPIDAS

6.2.1. JÚRI

Situação: *Os Júris ocorrerão à tarde.*
Comentário: júri é palavra paroxítona, com acento. A regra é esta: toda paroxítona terminada em "i(s)" é acentuada, como táxi, safári, beribéri, cáli, cáqui (cor), lápis, miosótis, íris, tênis, cútis, biquíni (a palavra é acentuada, desde que a palavra "Bikini", nome de uma ilha do Oceano Pacífico, incorporou-se à nossa Língua e às nossas praias...) etc.
Observação: os prefixos paroxítonos, mesmo terminados em "i" ou "r", não são acentuados. Exemplos: semi, anti, hiper, super etc.

6.2.2. CESÁREA E CESARIANA

Como substantivos designativos da "incisão" (feita no ventre e útero maternos para a retirada do feto) ou do "procedimento cirúrgico" propriamente dito, derivam ambas de "César" ou Júlio César (Caius Julius Caesar) – estadista, general e escritor romano –, que teria nascido por meio de tal expediente cirúrgico, no ano 101 a.C.

6.2.3. IMBRÓGLIO

O substantivo masculino, derivado do italiano "imbroglio" (sem acento), tem a acepção de "confusão, trapalhada". O curioso é que o vocábulo, em nosso idioma, manteve forma esdrúxula: imbróglio (pronuncie "imbrólio"). Portanto, em português, grafa-se imbróglio, conforme o Aurélio, o Houaiss e o próprio VOLP. Entendemos, porém, que falta praticidade ao termo, que poderia ser mais bem grafado como "imbrólio" (sem -g). Todavia, até mesmo a literatura chancela a curiosa forma. Observe:

"O Dr. Cláudio conduzia os trabalhos com verdadeira perícia de automedonte, e esclarecia os imbróglios".

6.2.4. DESADORAR

O verbo transitivo direto desadorar é bastante curioso. Como se pode imaginar, sua acepção é de "detestar, não gostar de". Pode ser usado na forma pronominal, no sentido de detestar-se. Vamos aos exemplos:

Ele desadora pessoas hipócritas.

Desadorava a vida leviana da irmã.

"Os dois se desadoram desde os tempos do Caraça".

6.3. AS "PÉROLAS" DO PORTUGUÊS

Ser humano apto há receber.

Correção: a expressão adequada é "apto a receber", sem crase, uma vez que não se usa crase antes de verbo.

Não se deve sobrepassar em cima das pessoas.

Correção: acreditamos, em face da dúbia ideia que se quis transmitir, que o emissor da mensagem pretendeu dizer: "não se deve passar por cima das pessoas". "Sobrepassar em cima" é demais! Haja vontade de se impor sobre os outros...

Este problema o aflinge.

Correção: o verbo em comento é "afligir", com acepção de "angustiar, atormentar". Conjuga-se como "dirigir", portanto, as flexões verbais devem ser aflige (com -g), aflijo (com -j), afligia (com -g) etc.

Quadro sinótico – Expressões em latim

Expressões latinas	São usadas frequentemente na linguagem jurídica e, portanto, devem ser de conhecimento do operador do direito.

Capítulo 7
PRONÚNCIA

7.1. DICAS DE PRONÚNCIA

I) RUIM

Pronúncia: /ru-<u>im</u>/, e não "<u>rúim</u>".

Situação: *A laranjada estava ruim, mas a comida estava pior.*

Comentário: vocábulo oxítono, dissílabo e com a tonicidade na última sílaba (-im). Não se deve pronunciá-lo em uma sílaba ("rúim"), porque se poderia afirmar, em tom jocoso, que "'rúim' não é 'ruim' (/ru-im/), mas péssimo". Até mesmo com o substantivo "ruindade", a pronúncia deve ser respeitada: pronuncie /ru-in-da-de/, e não "rúin-dade".

Ressalte-se que, em português, os nomes terminados em -im são oxítonos: *amendoim, tuim, Caim, Serafim, capim, pasquim, curumim, rubim, jardim, Paim, jasmim, Joaquim*, entre outros. A exceção é "ínterim", uma palavra proparoxítona.

II) MAUS-CARACTERES: o plural de mau-caráter.

Pronúncia: /ca-rac-<u>te</u>-res/, e não "caráteres".

Situação: *Na cela do cárcere, havia vários maus-caracteres; todos, no entanto, afirmavam ser inocentes.*

Comentário: o substantivo composto *mau-caráter* forma plural complexo (*maus-caracteres*). A acentuação gráfica ocorre em virtude de a palavra *caráter* ser paroxítona terminada em -r, assim como: *revólver (revólveres), hambúrguer (hambúrgueres), gângster (gângsteres), mártir (mártires), esfíncter (esfíncteres), Lúcifer (Lucíferes), Júpiter (Jupíteres), néctar (néctares), nenúfar (nenúfares), píer (píeres), pôster (pôsteres), trêiler (trêileres), zíper (zíperes), gêiser (gêiseres – pronuncie /jêizeres/, e não "gáizeres")* etc.

O plural *maus-caracteres* justifica-se pelo fato de a palavra, no singular, ser de dupla prosódia (*caráter* ou *caractere*). Assim, temos que a forma *caracteres* serve indistintamente para formar o plural de *caractere* e de *caráter*.

III) RECORDE

Pronúncia: /re<u>cór</u>-/, e não "<u>ré</u>-cor".

Situação: *Nas últimas Olimpíadas, os atletas bateram vários recordes.*

Comentário: a sílaba tônica se dá em "-cor" (como em *concorde*), e não em "ré", como se imagina (como em *réplica*). Aliás, de imaginação em demasia dispõem inúmeros jornalistas que insistem no famigerado "récorde", vocábulo de pronúncia inexistente em nosso vernáculo.

A propósito, o vocábulo em análise deve ser usado como *substantivo* ou *adjetivo*.

Como *substantivo*, teremos:

Há um livro de recordes: o "Guinness".

O nadador bateu todos os recordes nas provas de natação.

"Copacabana bateu o recorde de poluição sonora".

Como *adjetivo*, podemos citar:

Chegaremos a patamares recordes no fim do ano.

"Fez o percurso em tempo recorde" (Aurélio).

IV) FORTUITO

Pronúncia: /for-<u>tui</u>-/, e não "for-tu-<u>í</u>".

Situação: *O caso fortuito é inexorável. Sua inexorabilidade decorre de sua imprevisibilidade.*

Comentário: o vocábulo é trissílabo. Logo, não se pode transformá-lo em polissílabo, pronunciando-se "for-tu-í-to". Além de demonstrar má pronunciação, denotará pouca familiaridade com a adequada norma linguística. É importante enaltecer que não se trata de acento prosódico oscilante ou incerto – só há uma pronúncia para *fortuito*: /for-tui-to/. Da mesma forma, citem-se palavras, como:

Gratuito (pronúncia: /gra-<u>tui</u>-/, e não "gra-tu-í").

Curto-circuito (pronúncia: /cir-<u>cui</u>-/, e não "cir-cu-í").

Druida (pronúncia: /<u>drui</u>-/, e não "dru-í").

V) RUBRICA

Pronúncia: /ru-<u>brí</u>-/, e não "<u>rú</u>-bri-".

Situação: *Ponha sua rubrica no texto e se dirija àquela porta.*

Comentário: palavra paroxítona, com tonicidade na sílaba -bri. É comum se ouvir falar em "rúbrica", mas tal forma (proparoxítona) é inexistente.

VI) ÍNTERIM

Pronúncia: /<u>ín</u>-te-/, e não "in-te-<u>rím</u>".

Situação: *Nesse ínterim, chegamos à conclusão de que havia a necessidade de reparos.*

Comentário: o substantivo masculino *ínterim* designa o espaço de tempo intermédio entre algo que se enuncia. Muito comum na expressão "nesse ínterim", que transita em abundância nos ambientes forenses, significa "nesse meio-tempo", "nesse contexto", "no atual estado das coisas". Sendo palavra proparoxítona, deve ser pronunciada como /<u>ín</u>-te--rim/, e não "in-te-<u>rím</u>".

VII) OUTREM

Pronúncia: /<u>ôu</u>-trem/, e não "ou-<u>trém</u>".

Situação: *Não se deve subtrair coisa de outrem, sob pena de se tipificar conduta ilícita.*

Comentário: *outrem* é palavra paroxítona, devendo-se pronunciar /ôu-trem/, e não "ou--trém". Trata-se de palavra demasiado encontradiça nos textos legais, quando não se tem determinada a pessoa a quem se refere. Usa-se, pois, *outrem* no intuito de abranger terceiras pessoas não identificadas.

VIII) O GRAMA

Pronúncia: /duzent<u>os</u> gramas/, e não "duzent<u>as</u> gramas".

Situação: *O passageiro foi preso em flagrante com 992g (novecentos e noventa e dois gramas) de cocaína.*

Comentário: o substantivo *grama*, como unidade de medida, é masculino. Portanto, deve vir acompanhado de artigos masculinos, definidos ou indefinidos, no singular ou no plural (o, os, um, uns).

É indesculpável que se cometam equívocos dessa natureza em ambientes forenses ou mesmo em veículos de comunicação de massa, como tevê ou jornais. Pedir "duzentas" gramas de presunto na padaria é arriscar-se demais... Por que não pedir "duzentOs gramas", de "peito aberto", mostrando o quão sonora é a expressão e, finalmente, como é bom conhecer as regras da prosódia?

Ademais, vale relembrar que o verbo *pisar* tem regência interessante: é verbo transitivo direto, não exigindo a preposição "em". Portanto, é errôneo falar "pisar em", ou "pisar na", devendo-se trocar tais formas por "pisar o" ou "pisar a". Observe as frases corretamente grafadas:

Ele pisou o excremento deixado pelo cão (e não "... pisou no ...").

Não pise a grama! (e não "... pise na ...").

O jogador pisou a bola (e não "pisou na bola").

Português Jurídico

IX) ESTUPRO

Pronúncia: /es-tu-/, e não "es-tru-".

Situação: *O estupro é crime bárbaro, que denota a tendência humana para o malefício.*

Comentário: embora tal palavra transite em excesso nos jornais difusores de informes policiais, sendo errônea e reiteradamente pronunciada pelos leitores comuns, faz-se necessário notar que o vocábulo *estupro* (do latim *stuprum*) deve ser na fala rigorosamente articulado pelos operadores do Direito. Não se pode tolerar silabada em tal palavra, principalmente se for cometida por advogado, juiz, promotor ou outro operador do Direito. A articulação deve ser correta e nítida, sob pena de se emitir fonema desaconselhável.

Em termos comparativos, um operador do Direito que fala "estrupo" (com *-tru*) é o mesmo que um médico de estômago (gastroenterologista) que não consegue falar o nome de sua especialidade; o mesmo que um músico que soçobra perante uma partitura; enfim, o mesmo que um jogador de futebol que põe as mãos na bola...

Aliás, a OAB/RJ, em sua prova realizada em setembro de 2005, trouxe a palavra "estrupo" digitada duas vezes na questão 26 do certame. Teria havido um "crime"? A propósito, parafraseando Arnaldo Niskier, "dizer ou escrever 'estrupo' é crime contra o vernáculo".

Entretanto, seguindo na contramão dos filólogos, gramáticos e dicionaristas, o VOLP registra, igualmente, estrupo. Curioso? Não, no mínimo, incrível! Tudo indica que a equipe de Lexicografia da ABL deverá rever este ponto nas próximas edições do VOLP.

X) MENDIGO

Pronúncia: /men-di/, e não "men-din-".

Situação: *Na rua, havia vários mendigos. A mendicância grassava na cidade.*

Comentário: a palavra *mendigo* é trissílaba, não devendo ser pronunciada com a sílaba *-din*, sob pena de prejudicar a adequada pronunciação do substantivo. Utilize, pois, "mendigo". O mesmo fenômeno ocorre com os vocábulos derivados, como *mendicância* (e não "men-din-cân-cia").

XI) HORA EXTRA

Pronúncia: /êx-tra/, e não "éx-tra".

Situação: *O empregado deverá ganhar duas horas extras.*

Comentário: o adjetivo *extra* deriva de *extraordinário*, mantendo a pronúncia com o timbre /ê/, fechado. Logo, não se deve falar "éxtra", sob pena de macular o timbre da vogal tônica em apreço.

Não é inoportuno dizer que a concordância nominal se faz de acordo com o nome a que se refere o vocábulo *extra*. Exemplos: *uma hora extra; duas horas extras.*

XII) SEJA E ESTEJA

Pronúncia: [/seja/ ou /esteja/], e não "seje" ou "esteje".

Situação: *Seja obediente! Não me faça perder a paciência!*

Comentário: as formas verbais *seja* e *esteja* fazem parte do tempo *presente do modo subjuntivo* dos verbos *ser* e *estar*. Deve-se ter cuidado para não cometer um erro de ortoépia ao pronunciar "esteje", em vez de *esteja*. Muito menos a forma sincopada "seje" (ou "teje") . Não se podem tolerar os tais "esteje", "seje" ou "teje" – "pragas" que se espalham sem controle. Não se deixe contaminar, pois pode pagar alto preço pelo "tropeço". Não é difícil enfrentar a conjugação do verbo *ser*, nesse tempo. Vejamos: *que eu seja, que tu sejas, ele seja, nós sejamos, vós sejais, eles sejam.* O mesmo para o verbo *estar*, como se nota: *que eu esteja, que tu estejas, ele esteja, nós estejamos, vós estejais, eles estejam.*

É oportuno mencionar que o advérbio *talvez*, quando vem antes do verbo, exige o *modo subjuntivo*. Exemplos: *Talvez seja oportuno frisar...; Talvez nasça parecido com o pai; Talvez esteja em casa...*

Não consigo esquecer uma história real, que me contaram, acerca de uma criança que, ao ser repreendida pela mãe, com um sonoro *"Seja obediente! Não me faça perder a paciência!"*, respondeu, cabisbaixa: *"Sejo!"*. Conta-se que a mãe ficou histérica, em face da duplicidade de problemas: o que lhe estava por causar a perda da paciência e, agora, o "erro" da criança, a ser enfrentado.

Entretanto, sempre é bom lembrar que a criança segue uma "lógica" diferente, raciocinando por associações; assim, na verdade, ela está sendo inteligente, na medida em que a resposta ao verbo "veja" é "vejo", o que a leva a crer que "sejo" é forma correta. Essa é a razão pela qual os especialistas afirmam que, do ponto de vista linguístico, a criança "pensa diferente", não cometendo "erros condenáveis", já que suas analogias – pertinentes, de certa forma – fazem parte do processo de aprendizagem. Mas como não somos crianças...

XIII) SUBTERFÚGIO

Pronúncia: /sub-ter-<u>fú</u>-gio/, e não "sub-ter-<u>fúl</u>-gio".

Situação: *O deputado, quando se via em situação complicada, armava-se de vários subterfúgios para escapar às indagações.*

Comentário: *subterfúgio* tem a acepção de "evasiva ou pretexto para escapar de uma dada situação difícil". Para memorizar a grafia do vocábulo, pense em *refúgio*. Curiosamente, no campo da pronunciação, e até mesmo da escrita, é comum a equivocada inserção de -l ("subterfúl-gio"). Tal forma não existe, assim como não existe "re-fúl-gio". Atente-se para a sua regra de acentuação: paroxítona terminada em ditongo, à semelhança de *pedágio, tênue, cárie, superfície*, entre outros.

XIV) ADVOGADO

Pronúncia: /<u>ad</u>-vo-/, e não "a<u>de</u>vo-".

Situação: *O domínio da Língua Portuguesa, quer seja falada quer seja escrita, é vital para o sucesso do advogado em nosso país.*

Comentário: a palavra *advogado*, formada por quatro sílabas (ad-vo-ga-do) deve ser pronunciada com o "d" mudo, não se emitindo um insonoro "adevo-" (ou "adivo-"), em vez de um correto /ad-vo-/. Aliás, é comum tal deslize fonético em outras palavras, como /ab-so-lu-to/ (e não "abissoluto"). Vamos aprofundar a matéria:

Pronúncia correta		Pronúncia incorreta
Ad-vo-ga-do	e não ... ž	ž *"AdEvogado"*
Ab-so-lu-to	e não... ž	ž *"AbIssoluto"*
Psi-co-lo-gi-a	e não ... ž	ž *"PISsicologia"*
Eu op-to	e não ... ž	ž *"Eu opIto"*
Eu im-pug-no	e não ... ž	ž *"Eu impuGUIno"*
Eu re-pug-no	e não ... ž	ž *"Eu repuGUIno"*
Eu de-sig-no	e não ... ž	ž *"Eu desiGUIno"*
Eu rap-to	e não ... ž	ž *"Eu rapIto"*
Eu pug-no	e não ... ž	ž *"Eu puGUIno"*
Eu obs-to	e não ... ž	ž *"Eu obIsto"*
Ele im-preg-na	e não ... ž	ž *"Ele impreGUIna"*

Português Jurídico

Eu con-sig-no	e não ... ž	ž "*Eu consiGUIno*"
Ele se in-dig-na	e não ... ž	ž "*Ele se indiGUIna*"
Ele se per-sig-na	e não ... ž	ž "*Ele se persiGUIna*"
Ele se re-sig-na	e não ... ž	ž "*Ele se resiGUIna*"
Es-tag-nar	e não ... ž	ž "*EstaGUInar*"

XV) FECHE A PORTA

Pronúncia: /fê-/, e não "fé-".

Situação: *Feche a porta, sem pisar a poça d'água.*

Comentário: a ortoépia (ou ortoepia, para o VOLP) ocupa-se da boa pronunciação dos vocábulos no ato da fala. Representa a fonética do dia a dia, aquela de cunho prático e dinâmico. Dedica-se a nortear a perfeita emissão das vogais e consoantes, além de tornar clara a pronúncia de algumas palavras, cujo timbre das vogais tônicas apresenta-se oscilante.

A propósito, vale a pena relembrar o "e" tônico, de pronúncia fechada /ê/, dos verbos *despejar* e *espelhar*:

Despejar: *Eu despejo*/pê/ – *Ele despeja*/pê/ – *Que eu despeje*/pê/ – *Que eles despejem*/pê/

Espelhar: *Eu espelho*/pê/ – *Ele espelha*/pê/ – *Que eu espelhe*/pê/ – *Que eles espelhem*/pê/

É importante frisar que a cacoépia (ou cacoepia, para o VOLP) se ocupa da pronúncia equivocada. Não se pode menosprezar que no Brasil, um país de latas extensões, existem regionalismos ortoépicos, que não são considerados cacoepias (Exemplo: "còração", "fèlicidádi", entre outras).

XVI) ELE ROUBA – ELE SAÚDA

Pronúncia: /rou-ba/, e não "ró-ba"; /sa-ú-da/, e não "sau-da".

Situação: "*O político desonesto 'rouba' o povo a quem saúda, com alegria, na festa*" – dizia o leitor.

Comentário: existem alguns verbos que apresentam pronúncia delicada, merecendo destaque em nosso estudo. Ou se desprezam, na fala, os ditongos (sai o correto /rou-ba/, entra o insonoro "róba"); ou se desconhecem os hiatos (aparece um "sau-da", no lugar adequado de /sa-ú-da/). Assim, vamos conhecer alguns casos importantes, relacionados aos verbos *aleijar, inteirar, roubar, estourar, cavoucar e saudar*:

a) Aleijar, inteirar (verbos cujo radical termina em *-ei*): pronuncie "ei", como em /rei/, proferindo-o fechado. Portanto:

Aleijar: *Eu aleijo*/êi/ – *Ele aleija*/êi/ – *Que eu aleije*/êi/ – *Que eles aleijem*/êi/

Inteirar: *Eu inteiro*/êi/ – *Ele inteira*/êi/ – *Que eu inteire*/êi/ – *Que eles inteirem*/êi/

Observação: o verbo *cear* – e não "ceiar"– tem a sílaba "ce-" modificada para "cei-", quando se torna tônica. Exemplo:

Cear: *Eu ceio*/êi/ – *Ele ceia*/êi/ – *Que eu ceie*/êi/ – *Que eles ceiem*/êi/

Entretanto, note: *ceemos*/êe/, *ceamos*/êa/, *ceávamos*/êa/.

b) Roubar, estourar, cavoucar, afrouxar (verbos cujo radical termina em *-ou*): pronuncie "ou", como em "ouro", proferindo-o fechado. Portanto:

Roubar: *Eu roubo*/ôu/ – *Ele rouba*/ôu/ – *Que eu roube*/ôu/ – *Que eles roubem*/ôu/

Estourar: *Eu estouro*/ôu/ – *Ele estoura*/ôu/ – *Que eu estoure*/ôu/ – *Que eles estourem*/ôu/

Cavoucar: *Eu cavouco*/ôu/ – *Ele cavouca*/ôu/ – *Que eu cavouque*/ôu/ – *Que eles cavouquem*/ôu/

Afrouxar: *Eu afrouxo*/ôu/ – *Ele afrouxa*/ôu/ – *Que eu afrouxe*/ôu/ – *Que eles afrouxem*/ôu/

SINOPSES JURÍDICAS

c) Saudar – observe que há formação de hiatos em algumas pessoas (eu, tu, ele e eles), e ditongos em outras (nós e vós):

Hiatos: *Eu saúdo (sa-ú-do); Tu saúdas (sa-ú-das); Ele saúda (sa-ú-da).*

Ditongos: *Nós saudamos (sau-da-mos); Vós saudais (sau-dais); Eles saúdam (sa-ú-dam).*

XVII) A SOBRANCELHA – A LAGARTIXA

Pronúncia: /so-bran-/, e não "som-bran-"; /la-gar/, e não "lar-ga".

Situação: *Ele fez um corte na altura da sobrancelha.*

Comentário: é comum a inserção de letras ou sílabas em palavras, veiculando-se equívocos palmares. Como se sabe, as sobrancelhas são pelos (sem acento diferencial, pelo Acordo) dispostos na parte superior aos cílios. São também conhecidas como *supercílios* ou *sobrolhos*. O termo não apresenta correlação etimológica com *sombra*, não se devendo falar "sombrancelha". Deriva, sim, do latim *supercilium*, com este, sim, mantendo relação. Aliás, à semelhança deste "-m" que aparece na má pronunciação do termo *sobrancelha*, cite-se o caso do vocábulo *lagartixa* (pronúncia: /la-gar-/, e não "lar-ga-") – pequeno insetívoro que causa problemas para ser escrito... e para ser pego.

XVIII) ATERRISSAGEM

Pronúncia: /aterrissagem/, com som de dois -ss, preferencialmente.

Situação: *Os helicópteros aterrissaram às 14h30min.*

Comentário: o verbo *aterrissar* (ou *aterrar*) significa descer à terra. A questão é confrontá-lo com a forma *aterrizar* (com -*z*) e decidir: qual forma é correta. Com efeito, para o VOLP e o Houaiss, as duas formas (*aterrissar* e *aterrizar*) são possíveis. O Dicionário Aurélio, por outro lado, admite tão somente *aterrissar*. Portanto, podemos utilizar ambas as formas, mas preferimos *aterrissar* à forma *aterrizar*. Fique à vontade e opte, como quiser.

XIX) FRUSTRAR – PROCRASTINAR

Pronúncia: /frus-trar/, e não "fustrar" ou "frustar"; /pro-cras-/, e não "pro-cas-".

Situação: *Você não deve se frustrar com pequenos insucessos no dia a dia. Afinal, "a vida é combate, que os fracos abate; que os fortes, os bravos, só pode exaltar"* (Gonçalves Dias, na poesia *Canção do Tamoio – Natalícia*).

Comentário: os vocábulos *frustrar*, *frustrado* e *frustração* devem ser pronunciados com clareza. As sílabas /frus-/ e /tra-/ devem ser nitidamente articuladas, a fim de que não se emitam sons contrários às regras da ortoépia.

O mesmo fato ocorre com o verbo *procrastinar*. Sua pronúncia é delicada, uma vez que deve o emissor pronunciar /pro-cras/, e não "pro-cas", sem o -r. O verbo significa "adiar, diferir; ou o retardamento ou protelação injustificável em praticar um ato". Do verbo podem derivar vocábulos, como *procrastinador*, *procrastinante* e *procrastinatório*. Exemplo: *O advogado procedia à realização de atos processuais, com o fito de procrastinar o andamento processual.*

XX) INIMIGO FIGADAL

Pronúncia: /fi-ga-/, e não "fi-da-".

Situação: *Os povos vencidos nutriam um ódio figadal pelo inimigo.*

Comentário: o vocábulo *figadal* significa "íntimo, profundo, intenso". Deriva de "fígado", órgão que os antigos consideravam a "residência" do ódio. Dessa forma, pode-se falar em "inimigo figadal", "oponente figadal", "aversão figadal". É erronia grosseira trocar a forma em comento por "fidagal", com a sílaba -da, uma vez que tal forma é inexistente em nosso léxico.

A propósito, um termo de grafia próxima é *fidalgal*, relativo a *fidalgo*, ou seja, aquele que tem privilégio de nobreza. Pode-se falar em *atitude fidalgal*, referindo-se à maneira nobre como se agiu.

Português Jurídico

XXI) DISENTERIA

Pronúncia: /di-sen-/, e não "de-sin-".

Situação: *O neném tem disenteria há dez dias.*

Comentário: a palavra é formada pela soma de [*dis* + *énteron* + *ia*], sabendo-se que *énteron* significa intestino. O problema está menos no desarranjo intestinal em si, e mais no fato de que desde criança ouvimos falar outro nome, ou seja, a tal "de-sin-te-ri-a". E aí está o desafio a todos nós: convencer-nos de que o improvável é o correto e de que o equivocado termo que se cristalizou faz parte da invencionice humana... e de um verdadeiro *desarranjo vocabular*.

XXII) BENEFICENTE

Pronúncia: /be-ne-fi-cen-te/, e não "be-ne-fi-ci-en-te".

Situação: *A entidade filantrópica XYZ se dedica à beneficência, e suas festas beneficentes são muito animadas.*

Comentário: não confunda: a pronúncia correta das expressões é /beneficência/ ou /beneficente/, e não "benefiCIência" ou "benefiCIente". Tais cacoepias são verdadeiros barbarismos, que põem em xeque até mesmo o louvável trabalho de filantropia a ser realizado. Como se quer ajudar outrem em uma festa "beneficiente"? Assim não se ajuda tanto... Ajudar-se-á, todavia, em festa "beneficente", por meio da qual se realizará a atividade de benemerência.

XXIII) ASTERISCO

Pronúncia: /-ris-co/, e não "-rís-ti-co".

Situação: *Não se esqueça de observar os asteriscos no texto, que o remeterão a notas de rodapé bastante importantes.*

Comentário: o vocábulo *asterisco* deriva do grego *asteriskos*, significando "estrelinha". É sinal gráfico em forma de uma pequena estrela (*), usado para remissões. Não existe a forma "asterístico" – produto da mirabolante imaginação humana.

XXIV) MENOS – SOMENOS

Pronúncia: /me-nos/, e não "me-nas".

Situação: *Na solenidade, havia menos pessoas do que eu imaginava.*

Comentário: a palavra *menos* é invariável, exigindo muita atenção daquele que a utiliza, a fim de evitar a constrangedora pronúncia "menas". Todo cuidado é pouco, pois toda palavra, como se sabe, é "um pássaro que foge da gaiola, não retornando jamais". Logo, é necessário cautela. Portanto, deve prevalecer a invariabilidade. Exemplos:

Ele prestou o concurso menos vezes do que você (e não: "... menas vezes ...").

A árvore deu menos frutas do que o ano passado (e não: "... menas frutas ...").

Estas moças são menos delicadas do que aquelas que me apresentou (e não: "... menas delicadas ...").

Tinha mais bondade e menos vaidade (e não: "... menas vaidade ...").

Quanto menos pessoas houver, melhor será (e não: "... menas pessoas ...").

No plano da concordância, o verbo que antecede a expressão "menos de" deverá concordar com o substantivo a que se refere a própria expressão. Exemplos:

Utilizou-se menos de um saco de cal (utilizou concordou com um saco).

Utilizaram-se menos de quatro sacos de cal (utilizaram concordou com quatro sacos).

Por fim, derivando-se de *menos*, desponta o adjetivo invariável em gênero e número *somenos*, na acepção de "inferior, de pouca importância". Exemplos: *comentário de somenos importância; nota de somenos relevância.*

XXV) EXSURGIR

Pronúncia: /essurgir/, e não "eks-surgir".

Situação: *Exsurgem evidências cristalinas do crime.*

Comentário: o verbo *exsurgir* significa "despontar, evidenciar, erguer-se". A pronúncia deve ser com o som de "ss", como em "osso", evitando-se o antissonoro "eks".

XXVI) A MEU VER – A PONTO DE

Pronúncia: /a meu ver/, e não "ao meu ver"; /a ponto de/, e não "ao ponto de".

Situação: *A nosso ver, a situação está claudicando, a ponto de ser necessária a tomada urgente de providências.*

Comentário: as locuções devem ser usadas como se expôs: *a meu ver* e *a ponto de*, e não "ao meu ver" ou "ao ponto de". O Aurélio é claro: a expressão que deve ser usada é "a meu ver". Na mesma esteira, devem seguir: *a meu pensar, a meu sentir, a meu modo de ver, a meu bel-prazer, a seu modo*. Observe alguns exemplos:

A meu ver, estamos na iminência de um conflito.

Ele ficou tão irritado, a ponto de agredir o adversário.

A nosso sentir, sua opinião está despida de sustentabilidade.

Ele agiu, a seu modo, com arbítrio.

O barraco estava a ponto de desabar.

Ela está a ponto de pedir para mudar de setor.

Observação: poder-se-ia empregar a expressão *ao ponto de* em situação específica, como: *Eles voltaram ao ponto de partida.*

A bisteca não está ao ponto de ser servida a todos.

XXVII) DESCARGO DE CONSCIÊNCIA

Pronúncia: /des-car-go/, e não "de-sen-car-go".

Situação: *Ele conferiu a mercadoria, apenas para descargo de consciência.*

Consideração: a expressão *descargo de consciência* pode soar mal a nossos ouvidos, mas não menos do que a pouco recomendável "desencargo de consciência". A questão é saber, independentemente de soar bem ou mal, qual delas deve prevalecer, em face do significado dos termos *descargo* e *desencargo*. O primeiro quer dizer "alívio"; o segundo, por outro lado, significa "retirar o encargo, o peso, a responsabilidade". Logo, quando se quer aliviar a consciência, prefira *descargo de consciência*, deixando aqueloutra expressão para situações como: *O pai, a partir de agora, tem o desencargo de cuidar da filha porque ela se casou.*

Vale ressaltar que os dicionários Aurélio e Houaiss registram *descargo* e *desencargo* como sinônimos. Logo, à luz dos dicionários, há plena liberdade na utilização de *descargo* ou *desencargo* de consciência.

Caso pretenda inovar, seguindo os passos de Machado de Assis, utilize *ventilar a consciência*. Aproveite... nosso léxico é generoso e pródigo.

XXVIII) AUTÓPSIA E AUTOPSIA – NECRÓPSIA E NECROPSIA

Pronúncia: /au-tóp-sia/ ou /au-top-si-a/; /ne-cróp-sia/ ou /ne-crop-si-a/ (VOLP).

Situação: *O médico procedeu à necropsia do cadáver.*

Comentário: segundo a medicina legal, a *autópsia* é o termo designativo do exame médico-legal do cadáver, a fim de que se descubra a causa da morte. O exame anatômico é mencionado no art. 162, *caput*, do CPP. A acentuação da palavra se dá em razão de ser ela uma paroxítona terminada em ditongo, à semelhança de *óbvio, tênue, cárie*. Dela derivam o verbo *autopsiar* e o adjetivo *autópsico* ou *autopsiado*.

Todavia, quer se utilize *autópsia* (com acento gráfico), quer se utilize autopsia (sem acento gráfico), não chegaremos à melhor configuração conceitual do exame cadavérico, se

Português Jurídico

partirmos da estrutura etimológica do radical dos vocábulos: *óps* (radical grego que designa "vista"; *autos* (radical grego que designa "próprio, mesmo"). Esta é a razão pela qual somos da opinião de que a expressão mais fidedigna ao exame anatômico é *necropsia*. A *necropsia* (ne--crop-si-a), sem acento, formada por *óps* (radical grego que designa "vista") e por *necrós* (radical grego que designa "cadáver"), seria mais bem apropriada ao caso. Dela derivam o verbo *necropsiar* e o adjetivo *necrópsico*.

Por fim, o Vocábulário Ortográfico da Língua Portuguesa (VOLP) – veículo oficial da Academia Brasileira de Letras, responsável pela enumeração, grafia e pronúncia das palavras existentes em nosso léxico –, em sua edição mais recente, registra as formas "autópsia", "autopsia", "necrópsia" e "necropsia". Portanto, atualmente todas as quatro formas são admitidas.

XXIX) A PERDA – A PERCA

Pronúncia: /a per-<u>da</u>/, e não "a per-<u>ca</u>".

Situação: *Espero que você não perca o prazo, senão vai haver a perda de minha paciência.*

Comentário: é comum entre os usuários da Língua Portuguesa a troca entre os termos "perda" e "perca". Fala-se, equivocadamente, "perca do prazo", "percas e danos", entre outras expressões bastante comprometedoras, no entanto é fácil notar que uma delas representa verbo, enquanto a outra refere-se a substantivo. O nome *perda* é o substantivo, enquanto *perca* equivale à forma verbal. Passemos a detalhar:

O verbo *perder*, quando conjugado no tempo presente do modo subjuntivo, provoca o surgimento da forma *perca* (*eu*), na primeira e terceira pessoas do singular – eu e ele –, como se pode notar na conjugação a seguir: *(que) eu perca, (que) tu percas, (que) ele perca, (que) nós percamos, (que) vós percais, (que) eles percam*. Portanto, *perca* é verbo, não podendo estar acompanhado de artigo, como se notou nos equívocos supramencionados: "a perca do prazo" ou "as percas e danos".

A expressão *perda*, por outro lado, representa o substantivo com sentido de "falta, ausência, omissão". Se fulano perdeu algo, houve a *perda* de algo; se beltrano perdeu um episódio da novela, houve a *perda* do referido programa; se, por fim, sicrano perdeu o prazo, houve a *perda* do prazo. Assim, deve o atento falante perceber que, "se houver a 'perda' do compromisso, talvez 'perca' ele as novidades anunciadas"; ou que, "caso o funcionário 'perca' o prazo, pode haver a 'perda' da paciência do chefe".

XXX) SUBSÍDIO (SOM DE "SS")

Pronúncia: /sub-<u>ssí</u>-dio/, e não "sub-<u>zí</u>-dio".

Situação: *A argumentação expendida servirá como subsídio para o convencimento do cliente.*

Comentário: urge prestar demasiada atenção à pronúncia do vocábulo ora analisado. Entendemos que tal palavra é responsável pela principal equivocidade de pronúncia em nosso vernáculo, uma vez que se ouve, em programas de tevê, de rádio, em salas de aula ou em palestras, a forma *subsídio*, com o -s na forma prosódica de -z, como em "casa", "Isabel", "mesa", "isonomia" etc. Não devemos falar /sub-Zí-dio/, pela mesma razão de não podermos pronunciar /sub-zó-lo/ (*subsolo*).

Note que a formação do fonema /z/ ocorreria se tal consoante se encontrasse entre vogais (Exemplos: *casa*/z/, *vaso*/z/, *Pasárgada*/z/), o que não se dá com o vocábulo. Na verdade, o fonema consentâneo com a norma culta é /ss/, como em *subsolo, subserviente, subserviência, ansiar, ansioso, ansiedade, subsistir* (/ssi/ ou /zi/; VOLP), *subsistência* (/ssi/ ou /zi/; VOLP), *subsistente* (/ssi/ ou /zi/; VOLP) e *subsumir*.

Registre-se que a separação silábica do vocábulo em epígrafe deve ser: sub-sí-dio.

Portanto, sejamos coerentes com a prosódia de rigor, abonando-a. Pronunciemos /sub--SSí-dio/, sem medo de errar, mesmo que se enuncie a forma condenável à nossa volta, aos quatro ventos, a todo tempo... Haja ouvidos!

SINOPSES JURÍDICAS

XXXI) RORAIMA
Pronúncia: /Ro-rãi-ma/ ou /Ro-rái-ma/.

Situação: *Há uma estrada importante que liga Manaus a Boa Vista, em Roraima.*

Comentário: o som da formação do ditongo -ai, quando seguido de -m ou -n, deve ser nasalado. É peculiar do português do Brasil que se nasalize tal ditongo. Portanto, podemos pronunciar a palavra *Roraima* com o ditongo nasalado /ãi/, em vez de pronunciá-la, oralmente, como em *gaita* /ái/. No mesmo diapasão, podemos falar: *andaime(/ãi/), aplainar(/ãi/), paina(/ãi/), bocaina(/ãi/), polaina(/ãi/), sotaina(/ãi/), faina (/ãi/), Rifaina(/ãi/), taino(/ãi/), comezaina(/ãi/)* etc.

Todavia, entendemos que não é pronúncia incorreta proferir *Roraima(ái), Jaime(ái), andaime(ái)*, sem nasalar o ditongo. Portanto, opte como quiser, sabendo que se trata de questão de preferência.

XXXII) SUBIDA HONRA
Pronúncia: /su-bi-da/, e não "sú-bi-da".

Situação: *Tive a subida honra de apresentar o Presidente.*

Comentário: o adjetivo *subido*, na forma paroxítona, com sílaba tônica em -bi, quer dizer "elevado, alto, excelente", sendo vocábulo que transita em abundância nos escritos clássicos. Há quem considere seu uso inadequado, mostrando-se como um chavão de mau gosto. De nossa parte, entendemos que a visão crítica é um tanto extremada, nada impedindo que se utilize a forma indicada.

Enfatize-se que não podemos confundir o adjetivo em análise com outro, de som diverso – *súbito* –, palavra proparoxítona que significa "inesperado, inopinado, repentino, de supetão". Podemos visualizar o confronto dos adjetivos analisados na frase abaixo transcrita: *O súbito encontro ocorreu quando conversava com tão subida autoridade.*

XXXIII) COMPANHIA
Pronúncia: /com-pa-nhi-a/, e não "com-pa-ni-a".

Situação: *Estávamos em companhia das melhores pessoas do grupo.*

Comentário: a pronúncia deve ser /compãNHia/, e não como se fala com certa frequência – "compania". Afinal, não há "companeiros", mas *compaNHeiros*. Portanto, devemos pronunciar o som de -nh, em todas as hipóteses: *companhia aérea, companhia limitada, companhia boa, andar em más companhias.*

XXXIV) IRASCÍVEL
Pronúncia: /i-ras-cí-vel/, e não "irra-".

Situação: *O jogador de futebol tinha um comportamento irascível.*

Comentário: o adjetivo *irascível*, na forma paroxítona, com sílaba tônica em -cí, quer dizer "irritadiço, irritável". O importante é ressaltar que não existe em nosso léxico a forma "iRRascível", com dois "rr". É produto da invencionice humana.

Palavra	Timbre aberto	Timbre fechado
Acerbo	Acerbo (/é/)	
Acervo	Acervo (/é/) (VOLP)	Acervo (/ê/) (VOLP)
Alcova		Alcova (/ô/)
Alforje		Alforje (/ô/)
Alentejo	Alentejo (/é/)	

Português Jurídico

Ambidestro	Ambidestro (/é/) (VOLP)	Ambidestro (/ê/) (VOLP)
Apodo		Apodo (/ô/)
Aresto	Aresto (/é/)	
Às avessas		Às avessas (/ê/) (VOLP)
Avesso		Avesso (/ê/)
Blefe	Blefe (/é/) (VOLP)	Blefe (/ê/) (VOLP)
Caolho		Caolho (/ô/)
Cateto		Cateto (/ê/)
Cervo	Cervo (/é/) (VOLP)	Cervo (/ê/) (VOLP)
Consuetudinário	Consuetudinário	
Desporto		Desporto (/ô/)
Desportos	Desportos (/ó/)	
Destro	Destro (/é/) (VOLP)	Destro (ê) (VOLP)
Embandeirar		Eu embandeiro (/ê/)
Empoeirar		Eu empoeiro (/ê/)
Endoidar		Eu endoido (/ô/)
Ensebar		Eu ensebo (/ê/)
Entesourar		Eu entesouro (/ô/)
Equevo	Equevo /é/	
Esbravejar		Eu esbravejo (/ê/)
Esfíncter	Esfíncter (paroxítona – VOLP)	
Esfincter	Esfincter (oxítona)	
Esmero		Esmero (/ê/)
Espelhar		Eu espelho (/ê/)
Esquartejar		Eu esquartejo (/ê/)
Eu abiscoito (abiscoitar)		Eu abiscoito (/ô/)
Eu abrasileiro (abrasileirar)		Eu abrasileiro (/ê/)
Eu acoimo (acoimar)		Eu acoimo (/ô/)
Eu açoito (açoitar)		Eu açoito (/ô/)
Eu adejo (adejar)		Eu adejo (/ê/)
Eu afrouxo (afrouxar)		Eu afrouxo (/ô/)

Eu aleijo		Eu aleijo (/ê/)
Eu almejo		Eu almejo (/ê/)
Eu alvejo		Eu alvejo (/ê/)
Eu amancebo (amancebar)		Eu amancebo (/ê/)
Eu amoito (amoitar)		Eu amoito (/ô/)
Eu apedrejo		Eu apedrejo (/ê/)
Eu arejo		Eu arejo (/ê/)
Eu bafejo (bafejar)		Eu bafejo (/ê/)
Eu bandeiro (bandeirar)		Eu bandeiro (/ê/)
Eu bochecho (bochechar)		Eu bochecho (/ê/)
Eu branquejo		Eu branquejo (/ê/)
Eu cacarejo		Eu cacarejo (/ê/)
Eu calejo		Eu calejo (/ê/)
Eu ceifo		Eu ceifo (/ê/)
Eu chamejo		Eu chamejo (/ê/)
Eu cortejo		Eu cortejo (/ê/)
Eu cotejo		Eu cotejo (/ê/)
Eu dardejo (dardejar)		Eu dardejo (/ê/)
Eu encabeço	Eu encabeço (/é/)	
Eu me esmero	Eu me esmero (/é/)	
Exegeta	Exegeta (/é/)	
Farejar		Eu farejo (/ê/)
Fechar		Eu fecho (/ê/)
Festejar		Eu festejo (/ê/)
Flamejar		Eu flamejo (/ê/)
Flechar	Eu flecho (/é/)	
Flerte		Flerte (/ê/)
Forcejar		Eu forcejo (/ê/)
Fraquejar		Eu fraquejo (/ê/)
Gaguejar		Eu gaguejo (/ê/)
Gargarejar		Eu gargarejo (/ê/)

Português Jurídico

Ginete		Ginete (/ê/)
Gotejar		Eu gotejo (/ê/)
Hetero-		Hetero- (/ê/)
Heterossexual		Heterossexual (/ê/)
Hissope	Hissope (/ó/)	
Incesto	Incesto (/é/)	
Inteirar		Eu inteiro (/ê/)
Joanete		Joanete (/ê/)
Lacrimejar		Eu lacrimejo (/ê/)
Latejar		Ele lateja (/ê/)
Mechar	Eu mecho (/é/)	
Mexer		Eu mexo (/ê/)
Motejar		Eu motejo (/ê/)
Nucleico	Nucleico (/é/)	
Odre		Odre (/ô/)
Ocre	Ocre (/ó/)	
O requebro		O requebro (/ê/)
Ornejar		Eu ornejo (/ê/)
Paredro	Paredro (/é/)	
Pelejar		Eu pelejo (/ê/)
Peloponeso	Peloponeso (/é/)	
Peneirar		Eu peneiro (/ê/)
Pestanejar		Eu pestanejo (/ê/)
Piloro	Piloro (/ó/)	
Porejar		Ele poreja (/ê/)
Praguejar		Eu praguejo (/ê/)
Preconceito	Preconceito (/é/)	
Pretejar		Eu pretejo (/ê/)
Probo	Probo (/ó/)	
Proteico	Proteico (/é/)	
Rastejar		Eu rastejo (/ê/)

Refrega	Refrega (/é/)	
Relampejar		Ele relampeja (/ê/)
Requebrar	Ele requebra (/é/)	
Reses (plural de rês)		Reses (/ê/)
Reveses (plural de revés)	Reveses (/é/)	
Rio Tejo	Rio Tejo (/é/)	
Sacolejar		Eu sacolejo (/ê/)
Socorro		Socorro (/ô/)
Socorros	Socorros (/ó/)	
Solfejar		Eu solfejo (/ê/)
Terço (oração)		Terço (/ê/)
Terso (= puro)	Terso (/é/) (linguagem tersa)	
Topete	Topete (/é/) (verbo topetar)	
Topete (substantivo)	Topete (/é/) (VOLP)	Topete (/ê/) (VOLP)
Traquejar		Eu traquejo (/ê/)
Trovejar		Eu trovejo (/ê/)
Velejar		Eu velejo (/ê/)

Algumas explicações necessárias:

Palavra	Timbre aberto	Timbre fechado
Abeto		Abeto (/ê/)

Trata-se de substantivo masculino (o abeto), com o timbre fechado /ê/, que representa a designação comum às árvores do gênero "Abies" (Cegalla, 1999: 9).

Adrede		Adrede (/ê/)

É locução adverbial de raro uso, significando "de propósito, acintosamente". Veja o exemplo extraído da literatura nacional:
"Os coronéis eram os mandões. Acoitavam homicidas e os defendiam nos júris, sob o simulacro de conselhos de sentença adrede preparados".
Ressalte-se que não existe a forma "adredemente"... produto da invencionice humana.
Vale a pena observar a pontual observação de Cegalla (1999: 13), ao se referir à palavra em comento, quando assevera que "as poucas vezes que a ouvimos foi com a vogal tônica aberta (adrede), contrariamente ao que ensinam os dicionários, que lhe registram a pronúncia 'adrêde'".

Besta	Besta (/é/)	Besta (/ê/)

Português Jurídico

Segundo o eminente gramático Domingos Paschoal Cegalla, a pronúncia será aberta, como em /festa/, caso se trate de "arma, armamento". Exemplo: A besta(/é/) era preferível ao mosquetão.
Caso haja referência ao "animal de carga", a vogal será fechada, como em /cesta/. Exemplo: A besta(/ê/) bebeu água à vontade.
Essa é uma variação que deve ser seguida, conforme entendimento da ABL (no VOLP): o timbre fechado para o animal; o timbre aberto para o armamento.

Controle	Controle (/ô/)

A pronúncia cotidiana é /controle/, com a vogal fechada /ô/. No entanto, há gramáticos de prol que, em abono da coerência eufônica, preconizam o timbre aberto da vogal. Comparam o vocábulo com palavras como gole, prole e fole, que têm o timbre aberto. No entanto, "permissa venia", não recomendamos o "ousado" som prosódico, uma vez sedimentada a pronúncia com o timbre fechado, exceto no caso de forma verbal (que ele controle (/ó/) – 3ª pessoa do presente do subjuntivo).

Dolo	Dolo (/ó/)

O substantivo dolo, derivado do grego "dólos" e do latim "dolus", significa a "má-fé, a astúcia, o ardil". Pronuncia-se com o timbre aberto, como em /solo/, e não como em /bolo/. Essa palavra "passa a perna" em muitos operadores do Direito e em Presidentes – Fernando Henrique Cardoso foi um dos que levou "rasteira" da palavra ao pronunciá-la como "bolo". Antonio Carlos Magalhães, por outro lado, já se mostrou mais atento ao falar dolo, com /ó/ aberto, como "manda o figurino".

Molho de tomate / de chaves	Molho de chaves (/ó/)	Molho de tomate (/ô/)

Para os dicionários e estudiosos da prosódia, a pronúncia do vocábulo deve variar, conforme o significado do termo. Observe:
I) Na acepção de "feixe ou reunião de objetos", profere-se molho (/ó/), com a vogal tônica aberta. Portanto: molho de lenha, molho de chaves, molho de cenouras, molho de rabanetes.
II) No sentido de "condimento, caldo culinário ou tempero", o timbre é fechado (/ô/). Portanto, diga molho (/ô/), com a vogal tônica fechada. Assim: molho de tomate, molhos finos, molhos picantes.
Ressalte-se a ocorrência de uma interessante expressão idiomática: aos molhos (/ó/), com a vogal tônica aberta, no sentido de "em grande quantidade". Portanto: O político distribuiu abraços e apertos de mão aos molhos.

Diga-se que a edição do VOLP 1999 ratificava a pronúncia distinta acima ventilada, ao prever, taxativamente, o timbre fechado para o sentido de "caldo" e silenciar a respeito da pronúncia afeta ao sentido de "feixe". O VOLP mais recente manteve a regra. Portanto, entendemos que a distinção permaneceu, devendo ser seguida pelo estudioso.

Obsoleto	Obsoleto (/é/) (VOLP)	Obsoleto (/ê/) (VOLP)

O adjetivo em análise não contava com a pronúncia definida na edição do VOLP 1999. Apenas os dicionários sinalizavam-na, indicando a preferência pelo timbre fechado (/ê/), a par da pronúncia com o timbre aberto (/é/), típica de Portugal, e não usual no Brasil.
A novidade está no fato de que o VOLP mais recente consagrou a pronúncia como oscilante, isto é, passou a admitir os timbres aberto (/é/) e fechado (/ê/).
Ressalte-se, por fim, que o substantivo cognato derivado de obsoleto é obsolescência – fato ou estado do que se tornou obsoleto. Exemplo: obsolescência da máquina.

Vitamina E	Vitamina E (/é/)

A vogal e, em Vitamina E, deve ser pronunciada com o timbre aberto (/é/). Em português, não existe, para a referida vogal, a pronúncia com o timbre fechado. Portanto, pronuncie com o timbre aberto: vitamina E, turma E, TRE, IBGE, TSE. Claro está que tal pronúncia não abrange a conjunção e nas orações que dela precisam: O homem e o cavalo são importantes no campo.

7.2. DICAS RÁPIDAS

7.2.1. ANTE O EXPOSTO

Situação: *Ante o exposto, requer o Autor a Vossa Excelência que se digne de conceder o provimento emergencial pleiteado.*

Comentário: a preposição é palavra gramatical invariável que subordina o elemento que introduz (consequente), marcando a sua função. Por via de regra, subordina o consequente à palavra determinada da frase (antecedente).

Pode ser "simples" (a, ante, após, até, com, contra, de, desde, em, entre, para, per, perante, por, sem, sob, sobre) ou "composta" (locuções prepositivas, cuja formação se faz, geralmente, por meio de um advérbio seguido de uma preposição, ou precedido e seguido de preposições: por sobre, ao lado de, por baixo de etc.).

Ressalte-se que as preposições em geral não se usam no complemento de objeto direto (comi uma fruta), embora haja na Língua objetos diretos preposicionados (amar a Deus).

Na expressão supracitada ante o exposto, a par de "perante o exposto" ou "perante a Juíza", há a presença das preposições "ante" e "perante", que rechaçam, por si sós, outra preposição. Esta é a razão pela qual seria incorreto grafar "ante ao" (ao = a+o), "perante ao" ou "perante à" (à = a+a), uma vez que nessas formas ter-se-ia a presença de duas preposições, o que não é tolerável. Ademais, em razão de sua função, qualquer preposição rege sintagmas adverbiais: a limpo, ante o público, com dúvidas, contra os pareceres, de vista, entre amigos, por vontade própria, rente ao chão, sob tensão, sobre o campo.

7.2.2. FLEUMA

O substantivo feminino (a fleuma) tem a acepção, segundo a medicina antiga, de um dos quatro humores do organismo (sangue, fleuma, bile amarela e bile negra).

Em sentido figurado, a fleuma representa serenidade, frieza de ânimo ou impassibilidade. Exemplos:

"O candidato a concursos públicos, em provas orais, precisa de fleuma e gana" (o Autor).

Ele se portou como uma fleuma britânica.

Ressalte-se que a edição mais recente do VOLP chancelou os adjetivos sinônimos fleumático (derivado de fleuma), fleugmático (derivado de fleugma) e flegmático (derivado de flegma /ê/).

7.2.3. *TOALETE*: MASCULINO OU FEMININO?

Para o eminente Domingos Paschoal Cegalla (1999: 395-396), o substantivo "toalete" pode ser masculino ou feminino.

Será feminino:

a) na acepção de "lavar-se ou adornar-se". Exemplo:

Ele toma café após a toalete matinal;

b) na acepção de "traje para mulheres". Exemplo:

As toaletes das jovens americanas têm tamanhos avantajados.

Por outro lado, será masculino, na acepção de "aposento sanitário". Exemplos:

O restaurante continha dois toaletes.

Onde fica o toalete, senhor?

7.2.4. O IMÃ (OXÍTONA) E O ÍMÃ (PAROXÍTONA)

Os substantivos masculinos imã e ímã podem gerar dúvidas ao anunciante de tais vocábulos. Como oxítona, imã, com a sílaba tônica em mã, indica o dirigente religioso muçulmano. Difere, pois, do ferro magnetizado, isto é, do ímã, uma paroxítona com a sílaba tônica em "í-".

7.3. AS "PÉROLAS" DO PORTUGUÊS

Assidentes

Correção: grafa-se "acidentes", com -c. A criativa forma "assidentes" pode causar até "acidentes" por aí...

Arrazadas

Correção: de certo modo, é desculpável o equívoco, uma vez que muitos desconhecem que o verbo "arrasar" grafa-se com -s. Entretanto, utilize, sempre com -s, arraso, arrasar, arrasador etc.

Quadro sinótico – Importância da pronúncia das palavras

Pronúncia	É essencial que o operador do direito pronuncie corretamente os sons das palavras.

Capítulo 8
PROBLEMAS GERAIS DA LÍNGUA CULTA

A Língua Portuguesa é repleta de situações "limítrofes", no plano da ortografia, da acentuação e da semântica. Não raras vezes, o estudioso se vê diante de tais encruzilhadas, que o levam a refletir sobre a necessidade de conhecer a norma culta da Língua. Tais situações são inúmeras, porém as mais relevantes são tratadas neste capítulo: o problema das expressões semelhantes e seus significados diferentes (*mau* e *mal*; *a par* e *ao par*; *ao encontro de* e *de encontro a*; *na medida em que* e *à medida que*; *afim* e *a fim de*; *demais* e *de mais*; *todo* e *todo o*; *senão* e *se não*; *em princípio* e *a princípio*; a grafia e acentuação do pronome *que* e dos *porquês*; entre outras); os problemas dos parônimos; os pleonasmos viciosos; e a necessidade de ampliação do vocabulário.

8.1. AS EXPRESSÕES SEMELHANTES E SEUS SIGNIFICADOS DIFERENTES

8.1.1. *QUE* E *QUÊ*

Que é pronome, conjunção, advérbio ou partícula expletiva. Por se tratar de monossílabo átono, não é acentuado:

(O) *Que você pretende?*

Você me pergunta (o) que farei. (O) *Que posso fazer?*

Que beleza! Que bela atitude!

Convém que o assunto seja discutido seriamente.

Quase que me esqueço de avisá-lo.

Quê representa um monossílabo tônico. Ele ocorre quando se encontra em final de frase, como pronome, imediatamente antes de um ponto (final, de interrogação ou exclamação), ou de reticências, ou quando *quê* é um substantivo (com o sentido de "alguma coisa, certa coisa"), ou uma interjeição (indicando surpresa, espanto):

Afinal, você veio aqui fazer o quê?

Você precisa de quê? (= pronome)

Há um quê inexplicável em sua atitude (como substantivo).

Quê! Conseguiu chegar a tempo?! (como interjeição, sempre com o ponto de exclamação).

A letra quê tem charme.

Não sei os quês dos porquês.

Nenhum dos quês foi respondido.

Eles estão assustados com quê?

8.1.2. *POR QUE, POR QUÊ, PORQUE* E *PORQUÊ* – OS QUATRO PORQUÊS

A forma **por que** é a sequência de uma [preposição (por) + um pronome interrogativo (que)]. É uma expressão equivalente a "por qual razão, por qual motivo". Observe os exemplos:

Por que você age assim?

Preciso saber por que você grita assim.

Não sei por que você pensa isso.

Não deixe de ler a matéria intitulada: "Por que os corruptos não vão para a cadeia". É impressionante!

Caso surja no final de uma frase, imediatamente antes de um ponto (final, de interrogação, de exclamação), ou de reticências, a sequência deve ser grafada **por quê**, pois o monossílabo "que" passa a ser tônico:

Ainda não terminou? Por quê?

Você tem coragem de perguntar por quê?!

Há casos em que **por que** representa a sequência [preposição + pronome relativo], equivalendo a "pelo qual" (ou alguma de suas flexões: pela qual, pelos quais, pelas quais). Em outros contextos, com maior sofisticação, **por que** equivale a "para que":

Estas são as reivindicações por que estamos lutando (= pelas quais).

O túnel por que deveríamos passar desabou ontem (= pelo qual).

Lutamos por que um dia esta cidade seja melhor (= para que).

Eu anseio por que o dia da decisão logo chegue (= para que).

Ansiávamos por que a guerra terminasse logo (= para que).

Já a forma **porque** é uma conjunção, equivalendo a "pois, já que, uma vez que", como:

A discussão agravou-se porque muita gente se omitiu.

Sei que há algo duvidoso porque ninguém apareceu agora.

Continuas implicando comigo? É porque discordo de ti.

Porque também pode indicar finalidade, equivalendo a "a fim de". Trata-se de um uso pouco frequente na Língua atual:

Não julgues porque não te julguem.

A forma **porquê** representa um substantivo. Significa "causa, razão, motivo" e, normalmente, surge acompanhada de palavra determinante (um artigo, por exemplo). Como é um substantivo, pode ser pluralizado sem qualquer problema:

Não é fácil encontrar o porquê de toda essa confusão.

Creio que os verdadeiros porquês não vieram à luz.

Queria saber o quê dos porquês.

Certos porquês deixavam-no intrigado.

Observe as frases a seguir e aprecie a **aplicação correta** dos **porquês**:

Por que "os porquês" levam acento?

Quero saber o porquê dos porquês.

A forma "porquê" leva acento por quê?

8.1.3. *MAS* E *MAIS*

Mas é uma conjunção adversativa, equivalendo a "porém, contudo, entretanto":

Não conseguiu, mas tentou.

Mais é pronome ou advérbio de intensidade, opondo-se normalmente a "menos":

Ele foi quem mais tentou; ainda assim, não conseguiu.

É um dos países mais miseráveis do planeta.

8.1.4. *MAL* E *MAU*

Mal pode ser advérbio ou substantivo. Como advérbio, significa "irregularmente, erradamente, de forma inconveniente ou desagradável". Opõe-se a "bem":

Era previsível que ele se comportaria mal.

Era evidente que ele estava mal-intencionado, porque suas opiniões haviam repercutido mal na reunião anterior.

Português Jurídico

"*Quem mal estuda mal acaba*" (o Autor).

Como substantivo, **mal** pode significar "doença, moléstia"; em alguns casos, significa "aquilo que é prejudicial ou nocivo":

A febre amarela é um mal que atormenta as populações pobres.

O mal é que não se toma alguma atitude definitiva.

O substantivo **mal** também pode designar um "conceito moral, ligado à ideia de maldade"; nesse sentido, a palavra também se opõe a "bem". Cite-se o verso da canção de Roberto Carlos e Erasmo Carlos, em música regravada pelos Titãs:

"*Se o bem e o mal existem / Você pode escolher / É preciso saber viver*".

Mau é adjetivo. Significa "ruim, de má índole, de má qualidade". Opõe-se a "bom" e apresenta a forma feminina "má":

Não é mau assessor.

Trata-se de um mau diretor.

Tem um coração mau e uma má índole.

8.1.5. *A PAR* E *AO PAR*

A par tem o sentido de "bem-informado, ciente":

Mantenha-me a par de tudo o que acontecer.

É importante manter-se a par das decisões parlamentares.

Importante: registre-se a ocorrência da locução preposicional "a par de", com acepção de "ao lado de, junto a". Exemplos:

As chuvas, a par dos ventos, prejudicam as plantações.

A par de notória sabedoria, ele possuía inigualável carisma.

Ao par é uma expressão usada para indicar "relação de equivalência ou igualdade entre valores financeiros (geralmente, em operações cambiais)":

As moedas fortes mantêm o câmbio praticamente ao par. (Logo, o valor de venda equivale ao valor nominal do papel de crédito.)

8.1.6. *AO ENCONTRO DE* E *DE ENCONTRO A*

Ao encontro de indica "ser favorável a, aproximar-se de":

Ainda bem que sua posição veio ao encontro da minha.

Quando a viu, foi ao seu encontro e beijou-a.

De encontro a indica "oposição, choque, colisão". Veja:

Suas opiniões sempre vieram de encontro às minhas: pertencemos a mundos diferentes.

O caminhão foi de encontro ao muro, derrubando-o.

Observe o erro na frase seguinte:

"O posicionamento exposto pela defesa vai de encontro ao mais recente posicionamento do STF".

Quem fez a afirmação depôs-se contra si próprio. Ir de encontro a alguma coisa significa ir contra ela.

A propósito, Rodríguez (2000: 387) leciona que

> se um comentarista esportivo, ao narrar uma corrida de fórmula um, diz que o carro de Ayrton Senna foi de encontro ao carro de Alain Prost, está afirmando que os carros chocaram-se. Todavia, se disser que Senna foi ao encontro de Prost, então sim estará dizendo que o brasileiro aproxima-se do francês, no intuito de ultrapassá-lo.

8.1.7. *A E HÁ*

O verbo **haver** é usado em expressões que indicam tempo já transcorrido:

Tais fatos aconteceram há vinte anos.

Nesse sentido, é equivalente ao verbo **fazer**: *"Tudo aconteceu faz dez anos".*

A preposição **a** surge em expressões em que a substituição pelo verbo *fazer* é impossível. Exemplo:

O lançamento do satélite ocorrerá daqui a duas semanas.

8.1.8. *ACERCA DE, HÁ CERCA DE E A CERCA DE*

Acerca de significa "sobre, a respeito de":

Haverá uma palestra acerca das consequências das queimadas.

Há cerca de indica um "período aproximado de tempo já transcorrido":

Os primeiros colonizadores surgiram há cerca de quinhentos anos.

A cerca de equivale à expressão "à (a) distância de":

O cadáver estava a cerca de poucos metros do veículo colidido.

Observação: a expressão "a cerca de" pode ser encontradiça em frases como:

A cerca de arame farpado impedia o acesso do ladrão.

Nesse caso, **cerca** é substantivo, e não termo integrante de locução prepositiva.

8.1.9. *DEMAIS E DE MAIS*

Demais pode ser advérbio de intensidade, com o sentido de "muito"; aparece intensificando verbos, adjetivos ou outros advérbios:

Aborreceram-nos muito: isso nos deixou indignados demais.

Estou até bem demais!

Pode ser também pronome indefinido, equivalendo a "outros", "restantes":

Não coma toda a sobremesa! Deixe um pouco para os demais.

De mais opõe-se a "de menos". Refere-se sempre a um substantivo ou pronome:

Não vejo nada de mais em sua atitude!

O concurso foi suspenso porque surgiram candidatos de mais.

"O país tem município de mais e governo de menos" (Veja).

8.1.10. *TODO E TODO O*

É necessário distinguir os termos **todo** e **todo o** ou **toda** e **toda a**.

Quando se quer dar o sentido de "qualquer um", utilize **todo**; se, por outro lado, pretender-se dar o sentido de "pleno, completo, em sua inteireza", utilize **todo o**.

A título de exemplo, quando se pretende enaltecer a beleza feminina, é possível fazê-lo de dois modos:

Toda mulher é bela (no sentido de "qualquer mulher" é bela); ou

Toda a mulher é bela (na acepção de que a mulher é bela em sua inteireza, "dos pés à cabeça").

Observe, ainda, outros exemplos:

Traga toda ferramenta que possuir (qualquer ferramenta que possuir).

Percorri toda a Patagônia... nunca vi tamanha beleza... (a Patagônia inteira).

Todo homem pode ajudar o hipossuficiente (qualquer homem pode ajudar o hipossuficiente).

Há problemas técnicos de toda ordem na aeronave (qualquer tipo, ordem).

Português Jurídico

Em toda parte havia vítimas (qualquer parte).

Importante:

I) Urge ressaltar que o termo **todo**, seguido de numeral, tem disciplinamento específico. Vejamos:

a) Se o numeral, que sucede a **todo**, acompanhar substantivo, haverá a presença do artigo. Exemplos:

Todos os onze jogadores do time estavam abalados com o resultado da partida.

Todos os cinco atletas eram sul-mato-grossenses.

b) Se o numeral, que sucede a **todo**, não acompanhar substantivo, não haverá a presença do artigo. Exemplos:

Todos onze estavam abalados com o gol do adversário.

Todos quatro eram sul-mato-grossenses.

"Era belo de verem-se todos cinco em redor da criança".

"Todos cinco participaram do concurso".

II) Frise-se que a expressão **todo o mundo** deve ser utilizada preferencialmente à forma **todo mundo**, no sentido de "todas as pessoas", não obstante serem ambas as formas corretas. Exemplos:

Todo o mundo sabe que o trânsito é problema sério na cidade de São Paulo.

"Todo (o) mundo tem problemas; a diferença entre as pessoas está na capacidade de superação" (o Autor).

Observação: é claro que se houver menção à Terra, a todos do planeta, a expressão "todo o mundo" deverá prevalecer:

As Olimpíadas serão transmitidas ao vivo para todo o mundo.

8.1.11. *SENÃO* E *SE NÃO*

O termo **senão** pode conter várias acepções. Vamos a elas:

a) Termo que indica "a não ser":

Não fazia coisa alguma senão reclamar.

Não lhe restava alternativa senão estudar.

Ninguém, senão os alunos mais aplicados, compareceu à palestra.

b) Termo equivalente a "mas, mas sim, mas também":

O problema não compete ao Senado, senão à Câmara dos Deputados.

São obras não apenas instrutivas, senão divertidas.

c) Termo equivalente a "caso contrário, do contrário":

Tome os remédios, senão a enfermidade deve piorar.

É bom que ele coopere, senão não haverá como o ajudar.

Argumentem sempre, senão levarão "gato por lebre".

Observação: ressalte-se que, nessa hipótese, tolerar-se-ia a forma "se não", separada (antecedendo a vírgula), na medida em que se entendesse tratar-se de omissão de verbo. Exemplos:

Tome os remédios, se não (tomar), a enfermidade deve piorar.

Argumentem sempre, se não (argumentarem), levarão "gato por lebre".

d) Termo equivalente a "de repente, subitamente":

Eis senão quando surgem dois olhos verdes e hipnotizantes da multidão.

e) Termo equivalente a "defeito, erro, mácula":

"Ele gosta de enxergar os senões alheios, todavia se esquece de ver os que lhe pertencem" (o Autor).

A prova do candidato estava sem senões quaisquer.

Observações:

I. Há situações em que se usa **senão** ligado a pronomes pessoais do caso oblíquo. Ressalte-se que a preposição é indispensável. Exemplo:

Senão a mim (e não "senão mim"); senão a ti (e não "senão ti"); senão a ele (e não "senão ele").

II. É encontradiço o vocábulo **senão** com o sentido de "porque" explicativo, na linguagem dos petitórios. Veja-se:

"Há de se reformar a respeitável sentença. Senão vejamos: (...)

Ressalte-se que não há vírgula após o termo **senão**, aqui empregado.

Se não, por sua vez, surge em orações condicionais, representando o "se" a conjunção condicional. Pode ter as seguintes acepções:

a) Termo equivalente a "caso não", como conjunção condicional:

Se não houver aula, iremos ao cinema.

Se não perdoares, não serás perdoado.

Os prontos-socorros fecharão as portas, se não comprarem equipamentos adequados.

b) Termo equivalente a "quando não", como conjunção condicional:

Estudar diariamente para ele parecia insuportável, se não impossível.

Pensei em chamá-lo para a reunião, se não para dissuadi-lo, ao menos para conhecê-lo.

"Não se nega que a múmia tenha sua beleza hierática – se não a múmia, pelo menos o seu sarcófago...".

"Tudo acabou bem, se não ótima e magnificamente".

c) Termo equivalente à conjunção integrante, ligando orações (inicia oração subordinada substantiva objetiva direta):

Questionava se não era a hora oportuna.

Tolerava se não fossem mulheres bonitas.

8.1.12. *NA MEDIDA EM QUE* E *À MEDIDA QUE*

Na medida em que exprime relação de causa e equivale a "porque, já que, uma vez que":

Na medida em que os projetos foram abandonados, a população carente ficou entregue à própria sorte.

À medida que indica "proporção, desenvolvimento simultâneo e gradual". Equivale à forma "à proporção que":

A ansiedade aumentava à medida que o prazo ia chegando ao fim.

É errônea a expressão "à medida em que", devendo o estudioso evitá-la. A propósito, registre-se que, em um jornal do Rio de Janeiro, em 7-3-1997, um economista titubeou, afirmando:

"O BB e o BNDS também emprestaram dinheiro ao projeto à medida em que a situação financeira do Jari não melhorava".

Corrigindo: *O BB e o BNDS também emprestaram dinheiro ao projeto à medida que a situação financeira do Jari não melhorava.*

8.1.13. *MAIS GRANDE* E *MAIS PEQUENO*

Não será estranho notarem-se risadas entre os ouvintes, à sua volta, numa conversa qualquer, se anunciar a forma "mais grande". O tema, todavia, abre-se para discussão. É que as regras, por serem complexas, são assimiladas "em pedaços", dando a falsa impressão do conhecimento total do conceito. Na verdade, as formas **mais grande** e **mais pequeno** existem,

Português Jurídico

podendo ser utilizadas com relativa liberdade quando se comparam qualidades ou atributos. Exemplos:

A casa é <u>mais grande</u> do que agradável.

O salão é <u>mais pequeno</u> do que aconchegante.

O carro é <u>mais pequeno</u> do que confortável.

Nesse contexto, surgem as expressões, igualmente apropriadas, "mais bom" e "mais ruim". Seu uso é adequado quando se confrontam duas qualidades do mesmo ser.

Ele é <u>mais bom</u> do que atento.

Ele era <u>mais bom</u> do que mau.

Ele é <u>mais ruim</u> do que bom.

Meu avô era <u>mais bom</u> do que esperto.

Este teatro é <u>mais bom</u> do que arejado.

Observações:

I. Se aprouver ao leitor, é permitido substituir a forma um tanto desagradável "mais bom" por "antes bom". Exemplo:

Ele era <u>antes bom</u> do que mau.

II. As expressões "menos bom" e "menos boa" são perfeitamente válidas. Exemplos:

Entre os discos ofertados, escolhi os <u>menos bons</u>, que eram mais baratos.

As partes <u>menos boas</u> do filme eram as mais adequadas ao cochilo.

"A obra não seria <u>menos boa</u> por isso".

A caçula era a <u>menos boa</u> de todas as irmãs, haja vista seu temperamento irascível.

8.1.14. *EM PRINCÍPIO* E *A PRINCÍPIO*

São expressões bastante parecidas, mas não podem ser confundidas, uma vez que a preposição "faz a diferença". Vejamos:

Em princípio significa "em tese, teoricamente, de modo geral". Exemplos:

<u>Em princípio</u>, toda decisão precipitada é maléfica.

Estamos, <u>em princípio</u>, dispostos a negociar.

<u>Em princípio</u>, sua proposta é atraente.

Concordava <u>em princípio</u> com o posicionamento esposado pela doutrina.

A princípio quer dizer "no princípio, inicialmente". Exemplos:

<u>A princípio</u>, o atleta era o favorito. Depois deixou de sê-lo.

O excesso de dinheiro é, <u>a princípio</u>, excitante. Todavia, parafraseando o mestre Paulinho da Viola, como o "dinheiro na mão é vendaval", tudo se esvai com rapidez.

<u>A princípio</u>, tudo parecia um mar de rosas; depois, o relacionamento soçobrou em tempestade incontida.

8.2. A QUESTÃO DOS PARÔNIMOS E OS SIGNIFICADOS DAS PALAVRAS

Parônimos são palavras que apresentam grafias ou pronúncias semelhantes, sem que, no entanto, ocorra coincidência total. Costumam provocar dúvidas quanto ao seu emprego correto. É o caso, por exemplo, de pares como flagrante/fragrante, pleito/preito, vultoso/vultuoso.

Vamos conhecer alguns casos interessantes.

Absolver: *inocentar*	**Absorver:** *esgotar, consumir*
Acender: *pôr fogo em*	**Ascender:** *elevar-se*

Acerto: *ajuste*	**Asserto:** *proposição afirmativa (assertiva)*
Amoral: *sem o senso da moral*	**Imoral:** *contrário à moral*
Caçar: *perseguir*	**Cassar:** *anular*
Cavaleiro: *que anda a cavalo*	**Cavalheiro:** *educado*
Censo: *recenseamento*	**Senso:** *juízo, raciocínio*
Cessão: *ato de ceder* **Ceção:** *frescura*	**Sessão:** *tempo que dura uma reunião, apresentação;* **Seção (ou secção):** *departamento, divisão*
Comprimento: *extensão*	**Cumprimento:** *saudação; ato de cumprir*
Concerto: *harmonia; sessão musical*	**Conserto:** *reparo*
Costear: *navegar junto à costa, passar ao lado de*	**Custear:** *arcar com as despesas de*
Deferir: *conceder, atender (deferimento)*	**Diferir:** *ser diferente, adiar (diferimento)*
Delatar: *denunciar*	**Dilatar:** *alargar*
Descrição: *ato de escrever*	**Discrição:** *qualidade de discreto*
Descriminar: *inocentar, descriminalizar*	**Discriminar:** *separar, distinguir, discernir*
Despensa: *lugar onde se guardam alimentos*	**Dispensa:** *ato de dispensar, licença*
Despercebido: *sem ser notado*	**Desapercebido:** *desprevenido*
Dessecar: *secar completamente, enxugar*	**Dissecar:** *analisar minuciosamente*
Destratar: *insultar*	**Distratar:** *desfazer*
Docente: *professor; relativo ao professor*	**Discente:** *estudante; relativo ao estudante*
Elidir: *eliminar*	**Ilidir:** *refutar*
Emergir: *vir à tona, sair*	**Mergir:** *mergulhar*
Emérito: *insigne*	**Imérito:** *não merecido*
Eminente: *importante, destacado*	**Iminente:** *prestes a ocorrer*
Empossar: *dar posse*	**Empoçar:** *formar poça /ô/ ou /ó/ (VOLP)*
Estância: *fazenda de criação; lugar de repouso; estrofe*	**Instância:** *insistência; jurisdição*
Estreme: *genuíno, puro*	**Extremo:** *distante*
Evocar: *lembrar*	**Avocar:** *chamar, atrair*
Flagrante: *evidente*	**Fragrante:** *aromático*
Florescente: *que floresce, próspero*	**Fluorescente:** *que tem fluorescência*
Incerto: *duvidoso*	**Inserto:** *inserido*
Incipiente: *que está no início*	**Insipiente:** *ignorante*
Incontinente: *imoderado, descontrolado*	**Incontinenti (latim):** *imediatamente*

Português Jurídico

Indefeso: *sem defesa, desarmado*	**Indefesso:** *incansável, incessante*
Infligir: *aplicar pena ou castigo*	**Infringir:** *transgredir, violar*
Intemerato: *puro*	**Intimorato:** *corajoso*
Intercessão: *ato de interceder*	**Interseção:** *ato de cortar*
Mandado: *ordem judicial*	**Mandato:** *procuração; legislatura*
Óptico: *deriva de "óptica", considerado relativo ao olho ou à parte da Física*	**Ótico:** *relativo ao ouvido, podendo ser vocábulo variante de "óptico"*
Pleito: *disputa*	**Preito:** *homenagem*
Preceder: *vir antes*	**Proceder:** *agir; originar-se*
Preeminente: *nobre, distinto*	**Proeminente:** *saliente*
Prescrever: *receitar; expirar prazo*	**Proscrever:** *afastar, expulsar*
Ratificar: *confirmar*	**Retificar:** *corrigir*
Reincidir: *tornar a cair, repetir*	**Rescindir:** *tornar sem efeito, dissolver*
Remição: *resgate*	**Remissão:** *perdão, menção a*
Retaliar: *revidar, exercer represália*	**Retalhar:** *cortar em pedaços*
Soar: *produzir som*	**Suar:** *transpirar*
Sobrescrever: *endereçar, escrever sobre*	**Subscrever:** *assinar; escrever embaixo de*
Subvenção: *ajuda, contribuição*	**Subversão:** *revolta, insubordinação*
Tacha: *tipo de prego, mácula*	**Taxa:** *tributo*
Tachar: *censurar, desaprovar, embebedar-se*	**Taxar:** *determinar a "taxa" de (tributo)*
Tráfego: *movimento, trânsito*	**Tráfico:** *comércio*
Usuário: *aquele que usa*	**Usurário:** *avaro; agiota*
Viagem: *jornada*	**Viajem:** *flexão de viajar (verbo)*
Vultoso: *grande, volumoso*	**Vultuoso:** *atacado de vultuosidade (vermelho e inchado)*

I) AFIM (Substantivo)	AFIM (Adjetivo)	A FIM DE (Locução prepositiva)
Exemplos:	*Exemplos:*	*Exemplos:*
Afim em linha reta.	*Disciplina afim.*	*Ele está a fim de instaurar o inquérito policial.*
Ver art. 932, II, do CC.	*Termos afins.*	
	Ver art. 1.957 do CC.	*Ver arts. 45 e 213 do CPC.*

II) ELIDIR (Suspender, eliminar, excluir, suprimir)	ILIDIR (Rebater, contestar)
Exemplos:	*Exemplos:*
Art. 138 do CTN.	*O advogado ilidiu os argumentos.*
Súmula 29 do STJ.	*Ver art. 757 do CPC.*
Uso inadequado:	*Ver art. 204, parágrafo único, do CTN.*
Art. 157 do CTN: "onde se lê ILIDE, leia-se ELIDE".	**Uso inadequado:**
	Art. 244, parágrafo único, do CP: "onde se lê ILIDIR, leia-se ELIDIR".

SINOPSES JURÍDICAS

III) A PAR
Exemplos:
Ele está a par do assunto.
Ver art. 2º, § 2º, da LINDB.

AO PAR
Exemplo:
O dólar está ao par do euro.
("Vem de paridade, refere-se a ações e obrigações, papéis de crédito").

IV) EM VEZ DE (Substituição)
Indica tão somente "substituição", sem assinalar contraste.
Exemplo:
O Juiz condenou-o a cinco anos, em vez de seis.

AO INVÉS DE (Oposição)
Indica "oposição, sentido contrário", em frases antitéticas. É sinônima de "ao revés de".
Exemplos:
O Juiz absolveu o réu, ao invés de condená-lo.
O réu foi absolvido ao revés de ser condenado.
Morreu ao invés de viver.
Falou ao invés de ficar calado.
Comeu ao invés de fazer jejum.
Ao invés de vingar-se, perdoou ao delinquente.
Ver art. 73 do CP.
Ver art. 81, § 3º, do CP.

V) REMISSÃO
(Verbo remitir, no sentido de "perdoar")
Houve a remissão dos pecados.
Em sentido jurídico, pode significar "perdão do tributo ou multa" (art. 156, IV, do CTN) ou "perdão da pena" (graça ou indulto), no campo adstrito ao Direito Penal.

Codificação:
Art. 150, § 6º, da CF.
Art. 403 do CPC.

REMIÇÃO
(Verbos remir ou redimir, no sentido de "resgatar, livrar, liberar a título oneroso, salvar")
Ele deve remir os bens penhorados.
"Cristo veio à Terra para remir os homens" (Aurélio).
No sentido jurídico, fala-se em "remir bens do executado" (ou seja, "exonerar da penhora em-

barganda os bens constritados, mediante depósito do valor da avaliação").
Codificação:
Arts. 1.429 e 1.478 do CC; arts. 651 (787, parágrafo único, 788, 789 e 790 – revogados) do CPC; arts. 267, 272, 274 e 276 da Lei n. 6.015/73; art. 130 da Lei n. 7.210/84; art. 49 do ADCT.

Equívocos:
No entanto, há vários equívocos registrados no Código Civil, que mostram situações de "remição" (resgate) registradas como "remissão" (perdão). Vejamos:
1. Art. 1.429, parágrafo único:
"O herdeiro ou sucessor que fizer a remissão fica sub-rogado ...".
2. Art. 1.436, V:
"Dando-se a adjudicação judicial, a remissão ...".
3. Art. 1.478, parágrafo único:
"Para a remissão, neste caso, consignará o segundo credor ...".
Da mesma forma, a equivocidade ocorre em outras citações, como:
Art. 1.481, "caput", do CC; art. 1.484, primeira parte, do CC; art. 1.483, primeira parte, do CC; art. 1.499, V, do CC e o art. 120, § 2º, segunda parte, do DL 7.661, de 21-6-1945.
Não é sem razão que a equipe lexicográfica da ABL, ao redigir o VOLP, fez questão de apontar o significado dos dois vocábulos de modo expresso em seu texto.

Observações:
I) *Remissão e remição são vocábulos homônimos homófonos, e não sinônimos.*
II) *O vocábulo "remisso" relaciona-se etimologicamente com "remitir" (particípio passado), mas adquiriu significado diverso, uma vez que nas leis aparece como adjetivo designativo de "descuidado, negligente ou relapso". É o que se nota nos arts. 578 do CCom; 695, § 3º (revogado), do CPC e 319, I (alterado), do CPP.*

Português Jurídico

8.3. O PROBLEMA DAS REDUNDÂNCIAS OU PLEONASMOS VICIOSOS

Deve-se evitar o uso de *pleonasmos viciosos* – emprego de palavras redundantes, com o fim de reforçar ou enfatizar a expressão. Na verdade, os pleonasmos são os excessos ou superfluidades no uso das palavras, sendo passíveis de correção. Não se confundem com os *pleonasmos estilísticos*, usados intencionalmente no texto para comunicar a expressão com mais vigor e intensidade. São exemplos de pleonasmos estilísticos ou eruditos:

"Que me importa a mim a glória?".

"Sorriu para Holanda um sorriso ainda marcado de pavor".

É interessante observar que se encontram pleonasmos viciosos até mesmo em textos legais, como se nota nos dizeres insertos no art. 67, III, da Lei n. 8.245/91, o qual se refere a uma "sentença de primeira instância", como se houvesse sentença proferida em instância diversa.

Os exemplos a seguir são ilustrativos e representam o uso condenável de expressões que nada acrescentam à intelecção da ideia a ser transmitida.

a) "O projeto ainda vai levar mais um mês".

Observe o exagero: o "ainda" dispensa o "mais".

b) "Estudou muito, mas não conseguiu, no entanto, tirar boa nota".

Note a redundância: se já houve o uso da conjunção adversativa "mas", não há por que usar outra de igual natureza, isto é, "no entanto". Portanto, corrigindo:

Estudou muito, mas não conseguiu tirar boa nota. Ou então:

Estudou muito, no entanto não conseguiu tirar boa nota.

c) "O gerente vai manter a mesma equipe."

Cuidado! O pleonasmo está evidente: o verbo "manter" traz a ideia de manutenção, dispensando-se o vocábulo "mesma".

d) "Ele ainda continua exigente."

FIQUE ATENTO: o tempo verbal "continua" traz a ideia de permanência.

e) "O preço do produto é barato."

O termo "barato" já encerra a ideia de preço. É impropriedade de linguagem dizer "preço barato" ou "preço caro". Na verdade, os produtos, mercadorias ou serviços é que podem ser baratos ou caros, e não "os preços". Estes serão *baixos, módicos, altos, exorbitantes, escorchantes, extorsivos, abusivos*, entre outros qualificativos.

f) "Qual a sua experiência anterior?"

Toda experiência é anterior. Notável redundância! Evite-a.

g) "Preciso fazer planos para o futuro."

É melhor que se façam planos para o futuro, pois seria de todo contraproducente fazer planos para o passado. Afinal de contas, passado é passado. É o que nos ensina Roberto Carlos, na canção de Mauro Motta e Carlos Colla: *"Se você pretende"* (1989): *"[...] Não promete nada / Eu te aceito assim / Fica do meu lado / Passado é passado / Tá certo pra mim"*.

h) "Há várias goteiras no teto."

Só há goteiras no teto... Não há como se formarem goteiras no chão, pois seria uma poça, e não goteira... O mesmo se diga de *"estrelas do céu"*, *"labaredas de fogo"*, entre outros pleonasmos retumbantes.

i) "Deve haver menos desmatamentos, mais florestas arborizadas."

Pergunto: há floresta não arborizada, sem árvores? Seria o quê? Uma selva de "pedras"?

j) "Seu discurso não passou de uma breve alocução."

A alocução é um substantivo feminino que significa uma "breve exposição, um rápido discurso". Portanto, a expressão "breve alocução" é pleonástica, devendo ser evitada.

k) "Ele exporá a matéria nos mínimos detalhes."

O vocábulo "detalhe", na acepção de "pormenor ou particularidade", é galicismo já incorporado ao nosso idioma. Por representar "minúcia", o termo não deve ser acompanhado do adjetivo "mínimo". Todavia, há gramáticos renomados que não veem na expressão em comento um exemplo de pleonasmo vicioso. É o caso de Cegalla (1999: 119), para quem "não nos parecem merecedoras de censura as expressões 'mínimos detalhes', 'pequenos detalhes', 'mínimos pormenores', ainda que redundantes".

l) "Rejubilei-me de alegria com a boa notícia."

O verbo "rejubilar(-se)" tem o sentido de "alegrar-se muito, sentir grande júbilo". Há superfluidade na expressão "rejubilar-se de alegria", uma vez que o verbo já contém a ideia de contentamento. É, pois, pleonasmo vicioso, que deve ser evitado.

m) "Dividimos o bolo em duas metades iguais."

Ao usarmos o substantivo plural "metades", não há necessidade de dizermos "duas" (porque "metades" são sempre duas) nem "iguais" (porque, sendo metades, são necessariamente iguais). Portanto, corrigindo a frase, teremos: *"Dividimos o bolo em metades"*; ou *"Dividimos o bolo em duas partes iguais"*. Ainda: *" A linha do Equador divide a terra em duas metades"*.

Humberto Gessinger, na canção *Perfeita Simetria* (Engenheiros do Hawaii), valendo-se de licença poética, utilizou a forma "metades iguais". Nada mau para uma música que integrou o álbum cuja vendagem deu ao grupo o título de "melhor banda de rock do Brasil" (1990).

n) "O homem estava com hemorragia de sangue."

Toda hemorragia é de sangue. Aliás, a etimologia da palavra aponta para tal obviedade: *hemo* ("sangue") + *ragia* ("derramamento"). Portanto, literalmente, hemorragia significa derramamento de sangue. Assim, evite o pleonasmo vicioso em comento.

o) "Quando a polícia chegou, já não mais havia necessidade."

A formação **já (...) mais** comporta divergência quanto à provável redundância em seu bojo. Nas indicações temporais, se couber "já", o "mais" pode ser evitado. Diga-se que há gramáticos de prol que não reprovam tal formação, aos quais fazem coro importantes escritores. Observe os exemplos adiante, colhidos da literatura:

"Já não se fazem mais frases como antigamente".

"Já não há mais razão para a revolta".

p) "Restou à equipe a outra alternativa."

Deve-se evitar a referência à "alternativa" como "outra" ou "única". O vocábulo já encerra, etimologicamente, o conceito de "outra" (*alter*, em latim). Com propriedade, Squarisi (2003) preconiza que "a alternativa se escolhe entre duas opções. Por isso evite dizer 'outra' alternativa e 'única alternativa'. (...) A alternativa é sempre outra. Se não há outra, só pode ser única".

q) "Há dois anos atrás, cheguei a São Paulo."

A sequência "[há (...) atrás]" é condenável, uma vez que se apresenta redundante. Se o anunciante já utiliza o verbo "haver", na acepção de "tempo transcorrido", não necessita de reiterar a ideia com o advérbio "atrás". Portanto, à errônea forma "há vinte anos atrás, ele chegou", sugerimos que prefira as formas adiante delineadas a fim de que fuja à redundância: *Há vinte anos, ele chegou*; ou *Vinte anos atrás, ele chegou*.

r) "Deve-se evitar o uso abusivo do álcool."

Não se deve atrelar adjetivo a substantivo que possui o mesmo radical. Em vez de "uso abusivo", utilize "uso excessivo" ou "uso imoderado".

s) "Ele deverá voltar atrás em sua decisão."

O dicionário preconiza que a única forma de empregar o verbo "voltar" no sentido de "recuar, retroceder" é dar-lhe a companhia da preposição "atrás". Tal posicionamento frui a

Português Jurídico

chancela de gramáticos de nomeada, que não a consideram redundante, na acepção de "mudar de ideia, mudar de opinião". Logo, "voltar atrás" não seria um pleonasmo vicioso; no entanto, deve-se evitar a expressão por lhe faltar boa sonoridade.

t) "O grupo revelou possuir um preconceito intolerante."

O vocábulo "preconceito" significa "pré-conceito" ou conceito prévio, derivando do vocábulo "conceito". Se já há preconceito, a intolerância é imanente, despontando o pleonasmo. Exemplos:

"Ter preconceito sobre minorias raciais é indesculpável."

"O grupo intolerante tem preconceito de certas minorias religiosas."

u) "Há necessidade de um acordo amigável para ambos."

Se o acordo nasce de concessões recíprocas, como imaginar um "acordo" inamistoso ou um "acordo" imposto por vontade de uma das partes? Não haverá meios...

A seguir, apresentamos um rol de expressões pleonásticas bastante utilizadas no dia a dia. Quanto ao uso, somos da opinião de que pode haver liberdade de expressão na linguagem informal, ressaltando-se, todavia, que são formas que contrariam o rigor gramatical apresentado até agora no livro, desafiando a chamada norma culta. Vamos a elas:

A seu critério pessoal	Brisa matinal da manhã	Conclusão final
Acabamento final	Canja de galinha	Consenso geral
Acrescentar mais um detalhe	Certeza absoluta	Conviver junto
Adiar pra depois	Colocar as coisas em seus respectivos lugares	Criar novos
Anexar junto	Compartilhar conosco	Dar de graça
Aumentar ainda mais	Completamente vazio	De sua livre escolha
Demente mental	Introduzir você dentro da peça	Repetir de novo
Descer pra baixo	Já não há mais presidentes como antigamente	Subir pra cima
Elo de ligação	Melhorar mais	Sugiro conjecturalmente
Encarar de frente	Milênios de anos	"Superavit" positivo
Erário público	Minha opinião pessoal	Surpresa inesperada
Expulsar para fora	Monopólio exclusivo	Templo sagrado
Fato verídico	Multidão de pessoas	Todos foram unânimes
Frequentar constantemente	Novidade inédita	Tornar a praticar
Ganhar de graça	Número exato	Ultimato final
Gritar bem alto	O mais absoluto silêncio	Unanimidade geral
"Habitat" natural	Planejar antecipadamente	Vereador municipal
Horário individual para cada um	Plebiscito popular	Vítima fatal
Infiltrar dentro	Previsão do futuro	Viúva do falecido

Inflação galopante	*Protagonista principal*	*Vontade geral de todos*
Interrompeu de uma vez	*Reincidir de novo*	

8.4. DICAS RÁPIDAS

8.4.1. ADVOGADO ABAIXO ASSINADO

Situação: *O advogado abaixo assinado assinará o abaixo-assinado em breve.*

Comentário: o substantivo masculino abaixo-assinado, com hífen, designa o documento coletivo, de caráter público ou restrito, que torna manifesta a opinião de certo grupo, ou representa os interesses dos que o assinam. Forma o plural "abaixo-assinados".

Em outro giro, existe a forma abaixo assinado, sem hífen, segundo a qual se quer dizer que algo está assinado logo abaixo, isto é, embaixo, em posição subsequente. Não se deve inserir o hífen nesta forma, uma vez que a possui, exclusivamente, o substantivo.

8.4.2. A OLHOS VISTOS

Situação: *A oportunidade crescia a olhos vistos.*

Comentário: trata-se de locução adverbial invariável, com o sentido de "visivelmente". Observe os exemplos:

As florestas, no Brasil, diminuem a olhos vistos.

A China tem prosperado a olhos vistos.

"Esta Juliana anda uma janota! Prospera a olhos vistos".

8.4.3. CARRASCO

O substantivo masculino que designa o executor da pena de morte, também conhecido como "algoz, verdugo", só apresenta o gênero masculino. Portanto, aceita-se tão somente (o) carrasco (e não "a carrasca").

Como curiosidade, ressalte-se que a palavra deriva do sobrenome de Belchior Nunes Carrasco, homem que exerceu o mister de algoz na cidade de Lisboa, antes do século XV.

8.4.4. *LANCE* OU *LANÇO*

O lance (ou lanço) representa a oferta verbal de preço pela coisa apregoada em leilão ou hasta pública. Exemplo:

"... anunciou-se a venda da quinta de Real de Oleiros..., a requerimento dos credores. José Maria Guimarães cobriu todos os lanços".

Ressalte-se, ainda, que lanço designa a parte da escada compreendida entre dois patamares. Evite "lance" para este sentido. Exemplo:

"A cada lanço de escadaria vencido, alargava o panorama as suas riquezas de paisagem".

8.4.5. *A FIM DE* E *AFIM*

Situação: *Ele chegou à casa noturna cedo, a fim de se sentar em lugar privilegiado.*

Comentário: trata-se de locução prepositiva sinônima de "para, com o propósito de e com a intenção de". Exemplo:

Veio a fim de assistir ao filme. Saiu de casa a fim de procurar um pronto-socorro.

Ressalte-se que a forma "a fim de que", sinônima de "para que", é locução conjuncional que indica "finalidade". Exemplo:

Português Jurídico

Estudou arduamente, a fim de que conseguisse passar nas provas.

Em outro giro, frise-se que a expressão estar a fim, no Brasil, é sinônima de "estar com vontade de" (= disposto a, interessado em), devendo se restringir à linguagem coloquial (Exemplo: O estagiário está a fim de sair do escritório).

Outrossim, há a expressão estar a fim de (alguém) – brasileirismo que traduz a intenção de querer namorar uma determinada pessoa (exemplo: O Ricardo está a fim da Joana).

Não se pode confundir com o termo afim (do latim "affinis", ou seja, "vizinho") – termo que pode assumir a feição de substantivo ou adjetivo.

a) Como substantivo, tem a acepção de parente por afinidade (comumente usado no plural):

Não podem casar os afins em linha reta;

Os afins foram citados no testamento.

b) Como adjetivo, designa aquele (1) que tem parentesco ou que está ligado a alguém por afinidade (exemplo: parentes afins); (2) aquele que tem características comuns com outro elemento, apresentando semelhança (Exemplo: O português e o espanhol são línguas afins); ou (3) algo próximo ou limítrofe (Exemplo: São Paulo e Guarulhos são cidades afins).

8.5. AS "PÉROLAS" DO PORTUGUÊS

A vida é ariscada, pois um missil pode atingir a nossa cabeça.

Correção: a frase apresenta problemas na grafia das palavras arriscada e míssil. A primeira deve ser escrita com dois "erres", e a segunda, com acento agudo (paroxítona terminada em -l, à semelhança de túnel, estável, viável e outras). Diga-se, em tempo, que o tal "'missil' na cabeça", escrito sem o acento agudo, é quase uma bomba atômica...

Experiénte / Muitas vêzes

Correção: à luz das regras de acentuação, é terminantemente proibido acentuar os vocábulos. Portanto, escreva "experiente" (sem acento agudo) e "muitas vezes" (sem acento circunflexo).

Quadro sinótico – Problemas gerais da língua

Problemas mais comuns da língua culta	• expressões semelhantes e seus significados diferentes; • parônimos; • pleonasmos viciosos; • vocabulário pobre.

Capítulo 9
ORTOGRAFIA

Após o recente Acordo Ortográfico, o alfabeto do português passou a ter vinte e seis letras:

a, b, c, d, e, f, g, h, i, j, k, l, m, n, o, p, q, r, s, t, u, v, w, x, y, z.

Nome das letras: á, bê, cê, dê, é, efe, gê, agá, i, jota, cá, ele, eme, ene, ó, pê, quê, erre, esse, tê, u, vê, dábliu (ou dabliú), xis, ípsilon (ou ipsilão), zê.

Importante destacar ainda que a 6ª edição do VOLP, publicada em 2021, trouxe cerca de mil palavras novas. Muitos desses acréscimos estão relacionados ao contexto da pandemia e ao avanço científico e tecnológico. Seguem algumas novidades: telemedicina, teleintercosulta, laudar, biopsiar, bucomaxilofacial, ciberataque, cibersegurança, aporofobia, gerontofobia, feminicídio, sororidade, decolonialidade, judicialização, infodemia, covid-19, pós-verdade, negacionismo, necropolítica, homoparental, gentrificação, ciclofaixa, astroturismo, mocumentário, docussérie, apneísta, entre muitas outras. Em relação aos estrangeirismos, podemos citar o registro de *botox, bullying, com- pliance, coworking, crossfit, delay, home office, live-action, lockdown, personal trainer, podcast*, entre muitos outros da língua inglesa. Também foram incluídos vocábulos que atestam a influência de outras línguas, como *emoji, shiitake, shimeji*, do japonês, *parkour, physique du rôle, sommelier*, do francês, *paparazzo, cappuccino*, do italiano, *chimichurri*, do espanhol, entre outros.

9.1. LETRA E ALFABETO

9.1.1. A LETRA H

Em início de palavra, a letra H não tem valor fonético nem funciona como notação léxica, sendo tão somente uma letra decorativa. Vamos memorizar algumas palavras escritas com a letra h: hemograma, hidroavião, hidroterapia, hemácia, hérnia, higidez, húmus, holofote etc.

Observações:

O prefixo hiper (origem grega) só exige o hífen se a palavra posterior começar com r ou h.

Exemplos: hiper-realista, hiper-reatividade, hiper-resposta, hiper-hidratação, hiper-humano, hiper-hedonismo.

Bahia

O vocábulo Bahia escreve-se com o -h intermediário.

Grafam-se, sem -h, os derivados baiano, baianada, laranja da baía. Além disso, escrevem-se sem a letra ora analisada o acidente geográfico "baía". A propósito, temos dois nomes próprios que podem ser aqui apresentados: Baía de Guanabara e Baía de Todos os Santos.

9.1.2. SIGNIFICAÇÃO DAS PALAVRAS

Conceito e exemplos

Sinônimos: Retificar e Consertar; Perigoso e Periclitante

Antônimos: Soberba e Humildade; Ativo e Inativo

Homônimos Perfeitos: Cedo (advérbio) e Cedo (verbo: eu cedo)

Homônimos Homógrafos: Colher (substantivo) e Colher (verbo: eu irei colher)

Homônimos Homófonos: Conserto (reparo) e Concerto (sessão musical)
Parônimos: Vultoso (volumoso) e Vultuoso (rubor); Suar (transpirar) e Soar (tilintar)

Vamos revisar alguns homônimos interessantes:
Acender – pôr fogo em
Ascender – elevar-se
Acento – inflexão da voz
Assento – lugar para sentar-se
(Eu) acerto –
Verbo acertar conjugado na primeira pessoa do singular do presente do indicativo
Asserto – proposição afirmativa (assertiva)
Caçar – perseguir
Cassar – anular
Cartucho – estojo de carga de projétil
Cartuxo – frade da ordem religiosa de Cartuxa
Censo – recenseamento
Senso – juízo, raciocínio
Cessão – ato de ceder
Sessão – tempo que dura uma reunião, apresentação
Seção (ou secção) – departamento, divisão
Concerto – harmonia, sessão musical
Conserto – reparo, conserto
(Eu) conserto –
Verbo consertar conjugado na primeira pessoa do singular do presente do indicativo
Insipiente – ignorante
Incipiente – que está no início
Intercessão – ato de interceder
Interseção – ato de cortar
Ruço – pardacento (adjetivo), nevoeiro espesso (substantivo), cheio de dificuldades (adjetivo)
Russo – natural da Rússia

9.1.3. O FONEMA /S/

Existem várias palavras em nosso vernáculo com o fonema /s/.

Há palavras grafadas com "ç" como endereço, almaço, Araça, Calabouço, caução, linhaça, paçoca;

Com "ss" como massa, acesso, asseio, impressão, procissão.

Com "sc" como descer, adolescente, ascético, convalescença, fascismo, suscetível.

Com "x" como próximo, expectativa, experiente, expiar, máximo, trouxe.

Com "xc" como excelente, excessivo, excelência, excedente.

Com o próprio "s" como sapato, subsídio, ansiar, ansioso, emersão, misto, pretensioso.

Ascensão e Assunção

Ascensão: na acepção de "subir ou elevar-se", é vocábulo usado em "ascensão da pipa", "ascensão da montanha", "ascensão a um cargo", "ascensão de Cristo".

Assunção: representa o "ato de assumir", de "tomar para si". Exemplos: "assunção de um encargo", "assunção da Virgem Maria ao céu".

Português Jurídico

Imprescindível

O verbo "prescindir" é transitivo indireto, tendo a acepção de "dispensar". Observe que a grafia é com -sc. Portanto, aprecie as frases:

Ele prescinde de sua orientação, por ser ela dispensável.

O de que não se prescinde é o bom caráter pela vida.

O auxílio de que se prescinde é necessário para mim.

Recrudescer

O verbo "recrudescer" é *intransitivo*. Tem a acepção de "agravar-se, tornar-se mais intenso". Exemplos:

As lutas entre gangues recrudesceram.

As rivalidades entre as torcidas organizadas tendem a recrudescer.

9.1.4. O EMPREGO DO Z

A consoante **Z** deverá ser empregada nas hipóteses a seguir:

Nos verbos formados pelo sufixo -izar.

Exemplos: utilizar, fertilizar, civilizar;

Nos substantivos abstratos derivados de adjetivos.

Exemplos: frieza, pobreza, limpeza, avidez, rapidez, acidez;

Nos sufixos formadores de aumentativos e diminutivos.

Exemplos: corpanzil, canzarrão (cão), florzinha, mãezinha;

Nas palavras de origem árabe, oriental e italiana.

Exemplos: azeite, bazar, gazeta;

Nas demais hipóteses (variedades do Z)

Exemplos: azar, vazamento, giz, gaze, azáfama, abalizar, prazeroso, cafuzo, aprazível, ojeriza, regozijo, granizo, baliza, assaz, prezado, catequizar.

9.1.5. O EMPREGO DO S

A consoante **S** deverá ser utilizada nas seguintes hipóteses:

No sufixo -ês indicador de origem, de procedência, de posição social.

Exemplos: montês, francês, tailandês, japonês;

Nos sufixos -esa e -isa formadores de femininos.

Exemplos: duquesa, consulesa, calabresa, poetisa;

No sufixo -esa dos substantivos derivados de verbos terminados em -ender.

Exemplos: defender – defesa; prender – presa; surpreender – surpresa;

Nos substantivos formados com os sufixos gregos -ese, -isa, -ose.

Exemplos: diocese, pitonisa, virose;

Nos verbos derivados de palavra cujo radical termina em -s.

Exemplos: analisar (de análise); atrasar (de atrás).

Atenção: catequese – catequizar;

Em todas as formas dos verbos pôr, querer, usar e seus derivados.

Exemplos: puséssemos, compôs, quisermos, desusar;

Depois de ditongos.

Exemplos: deusa, coisa, náusea, lousa;

Nos sufixos -oso, -osa, formadores de adjetivos qualificativos.

Exemplos: formoso, prazeroso, apetitosa, pomposa;

Variedades do S:
Através, espontâneo, hesitar, abuso.

9.1.6. O CONFRONTO ENTRE S E Z

Em nosso sistema ortográfico, há palavras escritas com S, que deverão ser pronunciadas com som de /z/ como análise, hesitar, poetisa, camponesa, inglesa, profetisa, despesa, lesado, puser (verbo pôr). Há também palavras escritas com Z, tais como: aprazível, baliza, chafariz, ojeriza, fertilizar, limpeza, entre outras.

A questão relevante é saber se deve ser usado -s ou -z.

Escreve-se com S quando o radical dos nomes correspondentes termina em "s". Exemplos: analisar (de análise); avisar (de aviso); alisar (de liso); improvisar (de improviso); pesquisar (de pesquisa); catalisar (de catálise); paralisar (de paralisia).

Escreve-se com Z quando o radical dos nomes correspondentes não termina em "s". Exemplos: Anarquizar (de anarquia); civilizar (de civil); amenizar (de ameno); colonizar (de colono); cicatrizar (de cicatriz); vulgarizar (de vulgar); canalizar (de canal).

Todavia, recomenda-se cuidado com batizar (de batismo), catequizar (de catequese) e traumatizar (de traumatismo): tais verbos derivam do grego e vieram já formados para o nosso vernáculo.

Usa-se o sufixo -eza nos substantivos abstratos derivados de adjetivos. Exemplos: beleza (de belo); pobreza (de pobre).

Entretanto, recomenda-se cuidado com "rijeza" (de rijo).

Usa-se o sufixo -ês nos adjetivos derivados de substantivos.

Exemplos: burguês (de burgo); chinês (de China).

Usa-se o sufixo -esa nos substantivos cognatos de verbos terminados em -ender.

Exemplos: defesa (defender); despesa (despender).

Usa-se o sufixo -ez nos substantivos femininos derivados de adjetivos.

Exemplos: estupidez (de estúpido); avidez (de ávido); mudez (de mudo); cupidez (de cúpido).

Os derivados dos verbos "pôr" e "querer" serão grafados sempre com s. Exemplos: pus, pusera, puséramos, puséssemos, quiséssemos.

Variedades do S

Marquesa, diocese, metamorfose, afrancesar, gás, besouro, rês, reses, arrasar, ansioso, pretensão, pretensioso, siso.

Variedades do Z

Baliza, azar, vazamento, gaze, azáfama, prazeroso, cafuzo, ojeriza, regozijo, granizo, assaz, prezado.

9.1.7. O EMPREGO DO J

A consoante **J** deverá ser utilizada nas seguintes hipóteses:

Na conjugação de verbos terminados em -jar.

Exemplos: encorajei, encorajamos;

Nas palavras de origem tupi, africana ou árabe.

Exemplos: jiboia, jeribita, Moji, jenipapo, ajedra, ajenil, ajimez, jirau;

Nas palavras derivadas de outras que já contêm a letra J.

Exemplos: varejo – varejista; brejo – brejeiro;

Nas demais hipóteses (variedades do J):

Exemplos: jeca, ojeriza, jejum, dejetar, jegue, traje, rijo, rijeza, dejeto.

Português Jurídico

9.1.8. O EMPREGO DO G

A consoante **G** deverá ser utilizada nas seguintes hipóteses:

Nos substantivos terminados em -agem, -igem, -ugem.
Exemplos: viagem, massagem, garagem, origem, vertigem, fuligem. Exceções: pajem, lajem, lambujem;

Nas palavras terminadas em -ágio, -égio, -ígio, -ógio, -úgio.
Exemplos: contágio, egrégio, prodígio, relógio, refúgio;

Nas palavras derivadas de outras que se grafam com G.
Exemplos: selvageria, engessar;

Nas demais hipóteses (variedades do G):
Exemplos: algema, gibi, tigela, apogeu, aborígene (ou aborígine), herege, bege, auge, megera etc.

9.1.9. O CONFRONTO ENTRE G E J

Não se deve confundir a aplicação da letra G (antes de -e ou -i) com a letra J. O emprego será de uma ou outra de acordo com a origem da palavra ou com regras específicas.

Origem latina – J

Origem grega – G

Palavras terminadas em -ágio, -égio, -ígio, -ógio, -úgio.
Exemplos: pedágio, egrégio, prodígio, relógio, refúgio;

Palavras terminadas em -ja e -aje.
Exemplos: lisonja, granja, laje, traje;

Formas derivadas de verbos terminados em -jar ou -jear.
Exemplos: viaje, gorjeie;

Palavras de origem indígena ou africana.
Exemplos: canjica, jiló, jiboia, jerimum, jirau, jequitibá;

Substantivos terminados em -agem, -agem ou -ugem.
Exemplos: viagem, fuligem, penugem. Exceções: pajem, lajem.

<u>Variedades do G</u>
Algema, gengiva, gibi, herege, abigeato, monge, rabugice, tigela, pugilo.

<u>Variedades do J</u>
Cafajeste, enjeitar, enrijecer, gorjeta, jeca, jegue, jejum, jérsei, manjedoura, manjerona, rejeitar, trejeito, varejeira, varejista.

9.1.10. O EMPREGO DO X

A consoante X deverá ser utilizada nas seguintes hipóteses:

Depois de ditongo.
Exemplos: ameixa, faixa, caixa, peixe, baixo, frouxo, rouxinol, seixo;

Depois de inicial -en.
Exemplos: enxada, enxotar, enxergar, enxame, enxaqueca, enxárcia. Exceções: encher e seus derivados;

Se houver o prefixo em- seguido de palavra iniciada por -ch, esse dígrafo deverá ser mantido.
Exemplos: chumaço – enchumaçar; charco – encharcar;

Depois de inicial me-.

Exemplos: México, mexerico, mexerica, mexilhão. Exceções: mecha, mechar, mechoacão, mechoacana;

Nos vocábulos de origem indígena ou africana.
Exemplos: caxambu, caxinguelê, xará, maxixe, abacaxi, xavante, mixira.

9.1.11. O CONFRONTO ENTRE S E X

Algumas palavras são grafadas com **X**, e não s, embora o pareçam ser. Exemplos: expectativa, expoente, êxtase, exportação, extrair, expiar, experiente, expirar, extasiado, fênix, têxtil, texto.

A propósito, o verbo extravasar é formado por extra + vaso + ar, com o sentido de "fazer transbordar". Grafa-se, assim, com S, pois deriva de "vaso", ao passo que vazar se escreve com Z por derivar de "vazio".

9.1.12. O CONFRONTO ENTRE X E CH

Escreve-se com X, quando tal letra suceder à sílaba en-.
Exemplos: enxada, enxamear, enxaqueca, enxó, enxovalhar, enxúndia, enxoval, enxaguar, enxurrada, enxuto.

Exceções: encharcar, encher (e derivados), enchova, enchumaçar (e derivados), enchiqueirar (e derivados), enchoçar (e derivados).

Escreve-se com X, quando tal letra suceder a ditongos.
Exemplo: caixa, feixe, frouxo.
Exceções: caucho, recauchutagem e cauchal.

Escreve-se com X, quando se tratar de palavra de origem indígena ou africana.
Exemplo: abacaxi, orixá, caxambu.

Variedades do CH
Pechincha, chuchu, mecha, mochila, cochilar, bucha, chulo, bochechar.

Variedades do X
Xampu, xícara, xaxim, rixa, lagartixa, coaxar, bruxa, xucro, xingar.

Casos interessantes de homônimos que envolvem a letra X ou o dígrafo CH:
Tacha – tipo de prego; mancha ou defeito; caldeira
Taxa – tributo, índice
Tachar – censurar
Taxar – determinar a taxa de (tributo)
Bucho – estômago
Buxo – espécie de arbusto
Cocho – vasilha rústica de madeira
Coxo – capenga, manco
Chá – planta ou bebida
Xá – título do soberano da Pérsia (atual Irã)
Cheque – ordem de pagamento
Xeque – lance no jogo de xadrez; usado na expressão "colocar em xeque".

9.1.13. O EMPREGO DO Ç

A consoante c com a cedilha (ou cê-cedilha: **Ç**) deverá ser utilizada nas seguintes hipóteses:

Depois de ditongos.
Exemplos: ouço, eleição;
Em palavras de origem tupi, árabe ou africana.
Exemplos: paçoca, alcaçuz, miçanga;
Em formas correlatas de palavras terminadas em -to ou -ter.
Exemplos: ereto – ereção; correto – correção; deter – detenção; conter – contenção.

9.1.14. O EMPREGO DO E

A vogal **E** deverá ser utilizada nas seguintes hipóteses:
A sílaba final de verbos terminados em -uar, -oar.
Exemplos: continuar – continue; efetuar – efetue; pontuar – pontue; abençoar – abençoe; perdoar – perdoe; magoar – magoe;
As palavras formadas com o prefixo ante- (ou seja, antes, anterior).
Exemplos: antediluviano, antevéspera.
<u>Variedades do E</u>
Cadeado, irrequieto, receoso, desperdiçar, mimeógrafo, desperdício, disenteria, seriema, empecilho, sequer.

9.1.15. O EMPREGO DO I

A vogal **I** deverá ser utilizada nas seguintes hipóteses:
A sílaba final de verbos terminados em -air, -oer, -uir.
Exemplos: sair – sai; cair – cai; doer – dói; roer – rói; diminuir – diminui;
As palavras formadas com o prefixo anti- (= contra).
Exemplos: antiaéreo, antiestético.
<u>Variedades do I</u>
Pátio, meritíssimo, digladiar, privilégio, terebintina, displicência.

9.1.16. O CONFRONTO ENTRE E E I

Na sílaba final dos verbos terminados por -uar.
Exemplos: continuar – que ele continue; habituar – que ele habitue;
Na sílaba final dos verbos terminados em -uir.
Exemplos: diminuir – ele diminui; possuir – ele possui;
Na sílaba final dos verbos terminados em -oar.
Exemplos: magoar – que ele magoe; abençoar – que ele abençoe; perdoar – que ele perdoe.
<u>Variedades do E</u>
Cadeado, creolina, cumeeira, desperdício, empecilho, irrequieto, mexerica, mimeógrafo, sequer, seriema, areal (e não "areial").
<u>Variedades do I</u>
Displicente, erisipela, frontispício, pátio, artimanha, crânio, digladiar. Palavras
Importante: desplante (e não "displante"), cesárea (confronte "cesariana"), disenteria (e não "desinteria"), privilégio (e não "previlégio"), vesariana (confronte "cesárea")

Vamos rever alguns casos interessantes de parônimos que envolvem as letras E ou I:

Área – *superfície*	Ária – *melodia, cantiga*
Arrear – *pôr arreios, enfeitar (Arrear as modelos para o desfile)*	Arriar – *abaixar, cair*

Deferir (deferimento) – conceder, atender	Diferir (diferimento) – diferenciar, adiar
Delatar – denunciar	Dilatar – alargar
Descrição – ato de escrever	Discrição – qualidade de discreto
Descriminar – inocentar	Discriminar – separar
Despensa – lugar onde se guardam alimentos	Dispensa – ato de dispensar, licença
Dessecar – secar completamente, enxugar	Dissecar – analisar minuciosamente
Destratar – insultar	Distratar – desfazer
Docente – professor; relativo ao professor	Discente – estudante; relativo ao estudante
Elidir – eliminar	Ilidir – refutar
Emergir – vir à tona, sair	Imergir – mergulhar
Emérito – insigne	Imérito – não merecido
Eminente – importante, destacado	Iminente – prestes a ocorrer
Emitir – gerar	Imitir – investir (Ele imitiu parte do dinheiro em cultura)
Estância – fazenda de criação; estrofe	Instância – insistência; jurisdição
Incontinente – imoderado, descontrolado	"Incontinenti" (latim) – imediatamente
Intemerato – puro	Intimorato – corajoso
Preceder – vir antes	Proceder – agir; originar-se
Preeminente – nobre, distinto	Proeminente – saliente
Prescrever – receitar; expirar prazo	Proscrever – afastar, expulsar
Ratificar – confirmar	Retificar – corrigir
Recriar – criar novamente	Recrear – divertir
Reincidir – tornar a cair, repetir	Rescindir – tornar sem efeito, dissolver
Tráfego – movimento, trânsito	Tráfico – comércio
Vadear – atravessar (rio) por onde "dá pé"	Vadiar – vagabundear, levar a vida de vadio

9.1.17. O CONFRONTO ENTRE O E U

Grafam-se com O

Bússola, costume, engolir, focinho, goela, magoar, moela.

Grafam-se com U

Bueiro, bugiganga, bulir, curtume, entupir, tabua.

Vamos conhecer alguns casos interessantes de parônimos que envolvem as letras O ou U:

Comprimento – extensão

Cumprimento – saudação, ato de cumprimentar

Português Jurídico

Costear – navegar junto à costa
Custear – arcar com as despesas de
Florescente – que floresce, próspero
Fluorescente – que tem fluorescência (espécie de iluminação). A palavra deriva de "flúor", elemento químico.
Séptico – que causa infecção
Cético (ou Céptico) – descrente, que duvida
Soar – produzir som, tilintar
Suar – transpirar
Sobrescrever – endereçar, escrever sobre
Subscrever – assinar, escrever embaixo de
Sortir – abastecer, misturar
Surtir – produzir (efeito ou resultado)

9.2. PALAVRAS DE GRAFIA COMPLEXA

A Ortografia é o conjunto de regras que estabelecem a grafia correta das palavras, além de regulamentar o uso da crase, de sinais de pontuação e de sinais gráficos que destacam vogais tônicas abertas ou fechadas. É fundamental conhecermos tais regras para fazermos o correto uso da linguagem escrita.

Observe, a seguir, as recorrentes palavras e expressões de grafia complexa.

Ansioso: a palavra é grafada com -s, da mesma forma que "ansiedade".

Reincidência: Re-in-ci-dên-cia [re-in (e não "rei")];

Coincidência: Co-in-ci-dên-cia [co-in (e não "coi" ou a inadequada "conhe")];

Reivindicar: Rei-vin-di-car [rei-vin (e não "rein")].

Exceção: a palavra é grafada com -xc e, após, cê-cedilha.

Excesso, excessivo: as palavras são grafadas com -xc e, após, dois "esses".

Empecilho: a palavra é grafada com -e, na sílaba inicial -em, e não com -i (como em impe...). Tem a acepção de obstáculo, óbice ou dificuldade.

Beneficente: a pronúncia (e a escrita) do vocábulo "beneficiente" (com -ci-) é um "atentado à benemerência".

Asterisco: o termo asterisco deriva do grego *asterískos*, significando "estrelinha". É sinal gráfico em forma de uma pequena estrela (*), sendo usado para remissões.

Não fumante: com o Acordo Ortográfico, as palavras iniciadas pela partícula não perderam o hífen, que as ligava ao segundo elemento. Outro exemplo: não agressão.

Quase delito: com o Acordo Ortográfico, as palavras iniciadas pelo termo "quase" perderam o hífen, que as ligava ao segundo elemento.

Intercessão do juiz, cessão de direitos, sessão de júri, seções no andar do edifício: o verbo interceder, derivado de ceder, provoca o surgimento do substantivo intercessão (ceder – "cessão"; de cessão de direitos). Nesse passo, urge relembrar que sessão (com "três 'esses'") designa o tempo que dura uma reunião, uma apresentação (exemplos: sessão de júri, sessão de cinema), enquanto seção (ou secção) representa o departamento ou a divisão (seção eleitoral, seção de brinquedos, seção de eletrodomésticos). Ressalte-se que se usa, de modo restrito, secção para corte em operação médica (secção do osso, secção da ferida). Por derradeiro, frise-se que o VOLP registra, também, ceção, como sinônimo de frescura. Portanto, não confunda: cessão (ou ceção) com sessão e, ainda, com seção (ou secção).

SINOPSES JURÍDICAS

Má-fé, boa-fé: note que boa-fé forma o plural boas-fés (exemplo: *Isso foi feito na melhor das boas-fés*). A má-fé, na acepção jurídica, designa, consoante o Houaiss, "o termo usado para caracterizar o que é feito contra a lei, sem justa causa, sem fundamento legal e com plena consciência disso". O plural é más-fés.

9.3. O HÍFEN E O ACORDO ORTOGRÁFICO

Desde o dia 1º de janeiro de 2009, estão em vigor as novas regras de acentuação e ortografia impostas pelo Novo Acordo Ortográfico da Língua Portuguesa.

Nessa medida, se faz necessário enfrentar os pontos mais delicados das novas regras. Um deles refere-se ao uso do hífen, considerado um dos "vilões" do Acordo.

Após o Acordo, o hífen só será utilizado se o segundo elemento iniciar-se por H ou por vogal idêntica àquela do final de certos prefixos. Traduzindo:

I. Se antes o hífen era obrigatório em auto-escola, agora se escreve autoescola, pois escola se inicia pela vogal "e", que não é idêntica à vogal final "o" do prefixo auto-.

II. Se antes o hífen era obrigatório em contra-indicação, agora se escreve contraindicação, pois indicação se inicia pela vogal "i", que não é idêntica à vogal final "a" do prefixo contra-.

Em sala de aula, tenho usado um lúdico recurso para a memorização da regra. Refere-se à analogia com a canção de roda, de nossa infância, "Atirei o Pau no Gato".

Observe o quadro comparativo e tente entoar a "canção", aplicando-a à regra do hífen:

Cantiga de roda	Regra do hífen
Atirei o pau no gato (tô tô)	PROTO, EXTRA, PSEUDO, SEMI (mi)
Mas o gato (tô tô)	INFRA, SUPRA (prá)
Não morreu (reu reu)	INTRA, NEO, ULTRA
Dona Chica (cá)	CONTRA, AUTO (tô)
Admirou-se (se)	Levam hífen (fén)
Do /berrô/, do /berrô/ que o gato deu	Antes de H
Miau!!!	E idêntica vogal!!!

Buscando-se, ainda, auxiliar a memorização, demonstraremos abaixo algumas palavras que sofreram modificações com o Acordo, a fim de que o estudioso possa visualizar a mudança – e ratificar a grafia à luz do recurso musical acima sugerido:

Grafia ANTERIOR ao Acordo	Grafia POSTERIOR ao Acordo
Auto-ajuda	Autoajuda
Auto-estima	Autoestima
Contra-indicação	Contraindicação
Contra-oferta	Contraoferta
Extra-escolar	Extraescolar
Extra-oficial	Extraoficial
Intra-ocular	Intraocular
Semi-aberto	Semiaberto

Português Jurídico

Registre-se que o hífen deverá ocorrer nas palavras em que o segundo elemento iniciar-se por idêntica vogal, o que já se dava, normalmente, antes do Acordo. Note os exemplos:

Semi-interno (vogal -i repetida) | Supra-auricular (vogal -a repetida)

Contra-almirante (vogal -a repetida) | Auto-observação (vogal -o repetida)

Da mesma forma, o hífen aparecerá nas palavras em que o segundo elemento iniciar-se pela consoante -h, o que também já ocorria, antes do Acordo. Observe os exemplos:

Extra-humano | Semi-hospitalar | Semi-histórico | Ultra-hiperbólico

Uma vez assimilada a regra acima, a partir do recurso mnemônico e musical ofertado, vale a pena destacar que a outros quatro prefixos poderá ser aplicada a mesma "canção". Por uma impossibilidade – ou dificuldade – de estruturação musical, tais prefixos não couberam naquele modelo apresentado. Note-os:

ante- | anti- | arqui- | sobre-

Desse modo, haverá o hífen se os prefixos destacados antecederem o -h ou uma idêntica vogal:

Anti-ibérico (vogal -i repetida)

Arqui-irmandade (vogal -i repetida)

Anti-inflamatório (vogal -i repetida)

Anteontem (vogais diferentes)

Sobre-humano

Sobreaviso (vogais diferentes)

Partindo-se para outra regra, sabe-se que o Acordo trouxe um desdobramento significativo: a queda do hífen, em todos os casos de palavras com os prefixos até agora estudados, quando o segundo elemento iniciar-se por -r ou -s. Aqui, aliás, haverá a duplicação da consoante. Observe:

Grafia ANTERIOR ao Acordo	Grafia POSTERIOR ao Acordo
Ante-sala	Antessala
Anti-republicano	Antirrepublicano
Anti-social	Antissocial
Contra-razões	Contrarrazões
Contra-regra	Contrarregra
Contra-senso	Contrassenso
Semi-selvagem	Semisselvagem
Supra-sumo	Suprassumo
Ultra-romântico	Ultrarromântico

À guisa de complemento, observe a grafia das importantes palavras abaixo e os respectivos comentários.

Antiaéreo – antiético – anti-inflamatório – antenupcial: as palavras formadas com os prefixos anti- e ante- serão grafadas com o hífen se o segundo elemento iniciar-se por -h ou idêntica vogal. Portanto, antiaéreo, antiético e antenupcial escrevem-se junto, sem hífen. Por outro lado, anti-inflamatório recebe atualmente o sinal, entretanto a forma antes do Acordo afastava-o.

Antissocial: o hífen existia antes do Acordo no prefixo anti- quando a palavra posterior iniciava-se apenas por -h, -r ou -s. Assim, escrevia-se "anti-social", para indicar os seres arredios a costumes sociais. Com a modificação introduzida pelo Acordo, a nosso ver, tais pessoas, geralmente "estranhas", ficarão bem mais esquisitas com a forma antissocial. Você não acha?

Autoestrada – autoescola: as palavras formadas com o prefixo auto- serão grafadas com o hífen se o segundo elemento iniciar-se por -h ou idêntica vogal.

Coautor – coautoria – codevedor – coobrigado – copiloto: diante do Acordo, uma novidade veio facilitar nossa vida: todas as palavras escritas com o prefixo co- perderam o hífen.

Coerdeiro – coabitar – coabilidade: a forma coerdeiro, agora escrita sem o hífen e sem o -h, é forma que tende a chocar o estudioso, em razão de seu exotismo.

Contramandado: as palavras formadas com o prefixo contra- serão grafadas com o hífen se o segundo elemento iniciar-se por -h ou idêntica vogal. Portanto, contramandado escreve-se junto, sem hífen.

Contrarregra – contrarrazões: Antes nos preocupávamos com o prazo das ditas "contra-razões", no ambiente forense; agora, devemos prestar atenção ao prazo e também à grafia: recomenda-se escrever contrarrazões, sem o hífen e com a duplicação da letra -r. O mesmo raciocínio se estende a outros prefixos, quando antecederem as consoantes -s e -r. Portanto, agora se escreve semissoberania e semisselvagem, arquirrival, contrarregra e contrassenso, entre outros casos.

Corresponsável – corréu – corré: com a supressão do hífen em todas as palavras escritas com o prefixo co-, deu-se lugar a um termo de grafia pouco estética: corresponsável. Na mesma linha, seguem os vocábulos relacionados: corresponsabilidade, corresponsabilizar, corresponsabilizante e corresponsabilizável. Da mesma forma, o Acordo propiciou o surgimento de formas bem extravagantes: corréu e corré.

Extrajudicial – extraconjugal – extraoficial: as palavras formadas com o prefixo extra- serão grafadas com o hífen se o segundo elemento iniciar-se por -h ou idêntica vogal. Portanto, extrajudicial, extraconjugal e extraoficial escrevem-se junto, sem hífen. Frise-se que, antes do Acordo, esta última recebia o hífen.

Infracitado – inframencionado – infra-assinado – infraestrutura: as palavras formadas com o prefixo infra- serão grafadas com o hífen se o segundo elemento iniciar-se por -h ou idêntica vogal. Portanto, infracitado e inframencionado escrevem-se junto, sem hífen, todavia infra-assinado deve conter o sinal, em virtude da repetição da vogal -a. Por fim, quanto ao vocábulo infraestrutura, hoje grafado sem hífen, insta frisar que a grafia antiga impunha o sinal.

Micro-ondas – micro-ônibus – micro-organismo: antes do Acordo, escrevia-se "microondas", sem o hífen. Este sinalzinho apareceu agora para evitar "a briga" das duas vogais, separando-as, porém tem provocado bastante confusão por aí. Desse modo, agora se escreve com hífen (micro-ondas). O mesmo fenômeno ocorreu com o ultrapassado "microônibus", que agora cede passo à forma hifenizada micro-ônibus.

Paraquedas – paraquedismo: a curiosidade mostra sua força no vocábulo "paraquedas", assim escrito após o Acordo. Antes deste, grafava-se com o acento agudo no primeiro elemento (pára-) e com hífen ("pára-quedas"). Agora devemos suprimir o acento e unir tudo em paraquedas. O problema é que isso não vale para outras situações análogas, o que seria de todo razoável: é que os ultrapassados "pára-lama", "pára-choque" e "pára-brisa" perderam o acento no primeiro elemento, mas mantiveram o hífen, tornando, após o Acordo: para-lama, para-choque e para-brisa. Aqui se viu pouca uniformidade...

Português Jurídico

Pôr do sol: o acento diferencial permaneceu em pôr (verbo) e por (preposição). Assim, continuamos escrevendo, com correção, "vou pôr as mãos nesse canalha!" (com acento) e "luto por você" (sem acento). Todavia, é importante enaltecer que a reforma ortográfica suprimiu os hifens (ou hífenes) que separavam os elementos. Portanto, após o Acordo, vamos grafar pôr do sol (ou pôr de sol), ambas com o acento circunflexo, mas sem os hifens (ou hífenes).

Prequestionamento – preexistente: o prefixo pré- pode ser encontrado na forma acentuada ou não acentuada. É de todo oportuno assimilar as palavras formadas com tal prefixo, que não levam o acento, nem mesmo o hífen. São elas: prequestionamento, preexistente, preexistir, predeterminado, preordenar, preconcebido, predizer, preeminente, prepor, prejulgar, preaquecido, prenunciado. Por outro lado, frise-se que o rol das palavras que trazem a forma acentuada é mais numeroso, compondo vocábulos, como: pré-clássico, pré-vestibular, pré-carnavalesco, pré-operatório, pré-datado, pré-natal, pré-escolar, pré-história, pré-estreia (caiu o acento no termo estreia, como se verá adiante), entre outros.

Socioeconômico: a palavra deve ser grafada sem o hífen e com a tonicidade na sílaba / nô/ – e com o respectivo acento gráfico –, por se tratar de um vocábulo proparoxítono.

Supracitado – supramencionado: as palavras formadas com o prefixo supra- serão grafadas com o hífen se o segundo elemento iniciar-se por -h ou idêntica vogal. Portanto, supracitado e supramencionado escrevem-se junto, sem hífen.

Tão somente – tão só: até o Acordo Ortográfico, admitiam-se as formas hifenizadas, para indicar o advérbio: "tão-somente" e "tão-só". Atualmente, as duas formas adverbializadas e sinônimas perderam o hífen, passando a ser "tão somente" e "tão só".

Ultrassom: o hífen existia antes do Acordo nas palavras formadas pelo prefixo ultra- quando o segundo elemento iniciava-se por -h, -r, -s ou vogal. Assim, escrevia-se "ultra-som" e "ultra-sonografia". Com a mudança da regra, as palavras formadas com o mencionado prefixo passaram a ser grafadas com o hífen se o segundo elemento começar por -h ou idêntica vogal. Além disso, com o segundo elemento iniciando-se por -r ou -s, haverá a duplicação da consoante. Portanto, após o Acordo, escrevem-se: "ultrassom" e "ultrassonografia".

9.4. ENRIQUEÇA SEU VOCABULÁRIO: ROL DE VOCÁBULOS DE GRAFIA COMPLEXA

Abscesso	Apascentar	Banana-da-terra
Abscissa	Apostasia	Banana-ouro
Acreano	Aquiescência	Banana-prata
Ádvena	Ária (Canto)	Banguê (Engenho)
Aeroclube	Arquidiocese	Banho-maria
Agroindústria	Arrasar	Basa
Água de coco	Arroz-doce	Bate-boca
Aguarrás	Arte-final	Bate-estaca
Alcaçuz	Asa-delta	Bêbado (ou Bêbedo)
Álcoois (ou Alcoóis)	Ascensorista	Bege (Cor)

Aldeamento	Asceta	Beisebol
Alisar (Verbo)	Ascetismo	Belchior (Comerciante)
Alizar (Substantivo)	Assessor	Berbere
Almaço	Assessoria	Beribéri (Doença)
Altissonante	Assis	Bicho-da-seda
Alvirrubro	Atarraxar	Bilboquê
Ambidestro	Azaleia (ou Azálea)	Biorritmo
Ambrosia /zí/	Azeviche	Bisonho
Amesendar-se	Ázimo	Bissetriz
Amigo-oculto (Sorteio)	Azorrague	Bissexto
Ananasal	Baboseira	Blá-blá-blá (Pl.: blá-blá-blás)
Aneizinhos (sem acento)	Baixo-relevo	Blasonar
Ano-luz (Plural: Anos-luz)	Balão-sonda	Boa-vida
Bola de neve	Carro-forte	Coirmão
Bororo	Cassação	Comezinho
Bota-fora	Cassiterita	Comiserar
Brasonar	Catequese	Complacência
Broncopneumonia	Catequizar	Complacente
Bruaá	Cátodo	Conchavo
Buganvília	Catrapus	Condescendência
Buldogue	Cê-cedilha	Condescendente
Bulevar	Centroavante	Conjectura (ou Conjetura)
Bumba meu boi	Cessar-fogo	Consciencioso
Busca-pé	Chacoalhar	Conta-corrente (VOLP e Houaiss)
Butique	Chá-mate	Conta-giros
Caça-níqueis	Chilique	Conta-gotas
Cadafalso	Chinchila	Conto do vigário
Cadarço	Chinfrim	Convalescer
Caixa-alta	Chulé	Corresponsável
Caixeiro-viajante	Cidade-satélite	Cossaco
Calcanhar de aquiles	Cidra (Fruta)	Creolina

Português Jurídico

Cana-de-açúcar	Circunfuso	Criado-mudo
Capuchinho	Cissiparidade	Cris
Caranguejo	Coautor	Crisol
Carne de sol	Cochicho	Crisolo
Carne-seca	Cochinchina	Crochê
Carochinha	Cocuruto	Cupincha
Carro-bomba	Coerdeiro	Cutisar
Data-base (Aurélio)	Esgazeado	Fleuma
Decreto-lei	Esquistossomose	Fleumático
Dedo-durar	Estase (Estagnação)	Fora da lei
Dedo-duro	Estêncil	Fora de série
Dervixe	Estorricado (ou Esturricado)	Frenesi(m) /zí/
Desar	Estorricar (ou Esturricar)	Frisa(r)
Desídia (/zí/)	Estreme (Puro)	Frisante
Devesa	Estripulia	Fuxicar
Dissecação	Estroina	Fuxico
Dissecar	Exangue	Ganha-pão
Dólmã (Veste)	Excentricidade	Garnisé
Efervescência	Excipiente	Gaze (Tecido)
Elixir	Excrescência	Gelosia (/zí/)
Elucubração	Execrar	Genufletir (ou Genuflectir)
Empuxo	Êxtase (estado)	Genuflexo / Genuflexório
Enfarte (ou Infarto)	Fácies	Gnu
Enfisema	Factótum	Gozoso
Enrubescer	Feiura	Granizo
Entabular	Fescenino	Guelra
Entressafra	Filoxera	Guidom
Enviesar	Fim de semana	Guta-percha
Enxúndia	Fita cassete	Haicai
Erisipela	Fita métrica	Hangar
Escorraçar	Flamboaiã	Haraquiri

Harpia	Idiossincrasia	Jia
Hausto	Iídiche	Jiu-jítsu (com acento; VOLP)
Hebdomadário	Imarcescível	João-de-barro
Heureca	Imbróglio	Jus
Hibisco	Impertérrito	Jusante
Hidravião (ou Hidroavião)	Impetigo	Lambujem
Hieróglifo (ou Hieroglifo)	Impigem	Laxante
Hileia	Impingir	Lenga-lenga
Himeneu	Impudico	Lhaneza
Hiperacidez	Incognoscível	Lixívia
Hiper-humano	Inconsútil	Lóbulo
Hipersensível	Incrustação	Lua de mel
Hipotenusa	Incrustar	Má vontade
Hirsuto	Indefeso	Má-criação
Hirto	Indo-europeu	Madressilva
Hombridade	Inexpugnável	Maisena
Homilia (ou Homília)	Inextricável	Manteigueira
Homizio	Ingurgitar	Mau gosto
Hortifrutigranjeiro	Irisar	Mau humor
Hortigranjeiro	Isolda (/ô/)	Maxissaia
Hulha	Jângal	Mestre de obras
Húmus	Jeca-tatu	Miçanga
Hurra	Jerimum	Mimeografar
Iate	Jetom	Misto-quente
Mixórdia	Pauis	Ranzinza
Mocassim	Pecha	Ravióli
Moto-próprio	Penico (Urinol)	Rechaçar
Mozarela (ou Muçarela)	Piaçaba (ou Piaçava)	Rechonchudo
Multissecular	Pintassilgo	Recrudescer
Nabucodonosor	Piquenique	Regurgitar
Negus (/ú/)	Pixaim	Reminiscência

Português Jurídico

Obsolescência	Poncã (Tangerina)	Rês (Gado)
Oceânia (ou Oceania)	Porta-luvas	Rés (Rente)
Opróbrio	Porta-malas	Rés do chão
Orangotango	Pretensioso	Reses (Plural de Rês)
Pachorra	Profligar	Resvés
Padre-nosso (ou Pai-nosso)	Prostrar	Retesar
Paisinho (de País)	Proxeneta	Rissole
Paizinho (de Pai)	Psitacismo	Saçaricar
Pão de ló (Aurélio)	Pusilânime	Sacrossanto
Pão-duro	Pústula	Salva-vidas
Parabélum	Quadro-negro	Sanguessuga
Para-brisa	Quadrúmano	Sassafrás
Para-choque	Quíchua	Secessão
Paralelepípedo	Quinquenal	Seiscentos
Paraquedas	Quinquênio	Sem-sal
Parêntese	Quinta-essência (ou quintessência)	Sem-vergonha
Pau-brasil	Radiotáxi	Sobre-exceder
Soçobrar	Vaivém	Xodó
Supetão	Vaselina	Xucro
Terebintina	Vesano	Ziguezague
Tiziu	Vira-lata	Ziguezaguear
Tonitruante	Volibol ou Voleibol (VOLP)	Zíper
Trasanteontem	Xilindró	Zum-zum
Triz	Xisto (Rocha)	Zum-zum-zum
Txucarramãe (Houaiss)	Xixi	

9.5. DICAS RÁPIDAS

9.5.1. INDOCHINÊS

O adjetivo relativo à Indochina é indochinês, sem hífen. Exemplo:
O indochinês é o habitante de uma grande península asiática.

Por outro lado, indo-chinês é adjetivo relativo à Índia e à China. Exemplo: Tratado indo-chinês.

9.5.2. NÓ GÓRDIO

Esta expressão idiomática tem a acepção de "grande dificuldade, situação muito difícil". A forma consagrada é nó górdio, e não outras invencionices que se veem por aí: "nó de Górdio" ou "nó gordiano". Pode ser usada em situações como:

O nó górdio do futebol brasileiro está na mercantilização do esporte.

A redução da carga tributária é o nó górdio da proposta de reforma tributária.

Observação: no sentido de "resolver uma situação difícil, por meio de decisão inesperada e enérgica", há a expressão idiomática cortar o nó górdio, cuja origem está adstrita à façanha de Alexandre, o Grande, rei da Macedônia, o qual, não conseguindo desatar o famoso nó de Górdio (= camponês da Frígia), inesperada e violentamente o cortou com um golpe de espada.

9.5.3. LACÔNICO

O adjetivo "lacônico", derivado do grego *lakonikós*, tem o sentido de "breve, conciso, expresso em poucas palavras", como o faziam os habitantes da Lacônia (região do sul da Grécia Antiga, hoje Peloponeso). Portanto, podemos usar tal adjetivo para resposta lacônica, linguagem lacônica.

9.6. AS "PÉROLAS" DO PORTUGUÊS

Utencílios

Correção: o substantivo é utensílios (com -s), não se podendo confundir.

Cadiados

Correção: grafa-se cadeado, com -e. O plural, portanto, forma cadeados.

Quadro sinótico – Ortografia

Alfabeto	Composto de 26 letras: a, b, c, d, e, f, g, h, i, j, k, l, m, n, o, p, q, r, s, t, u, v, w, x, y, z.
Palavras sinônimas	Palavras de significados semelhantes.
Palavras antônimas	Palavras cujos sentidos são contrários ou incompatíveis.
Palavras homônimas perfeitas	Palavras com grafias e formas fônicas iguais e significados diferentes.
Palavras homônimas homógrafas	Palavras diferentes no significado e na pronúncia, mas idênticas na escrita.
Palavras homônimas homófonas	Palavras diferentes no significado e na grafia, mas pronunciadas de modo idêntico.
Palavras parônimas	Palavras que se diferem ligeiramente na grafia e na pronúncia.

Capítulo 10
ACENTUAÇÃO GRÁFICA

Trata-se de sistema que demarca o acentuar na fala ou na escrita, permitindo a pronúncia das palavras com clareza e intensidade adequadas.

Em nosso idioma, a palavra que contiver duas ou mais sílabas, necessariamente, terá uma sílaba tônica. Esta hospeda o acento prosódico (o da fala) ou o acento gráfico (o da escrita).

Passemos, agora, à importante classificação dos vocábulos quanto à posição da sílaba tônica:

Oxítonos: a sílaba tônica é a última.

Exemplos: mister, ruim, Pará, ureter, cateter, masseter, Aracaju, novel, obus.

Paroxítonos: a sílaba tônica é a penúltima.

Exemplos: cânon, cônsul, hífen, elétron, alcácer, caracteres, pudico, avito, celtibero, recorde.

Proparoxítonos: a sílaba tônica é a antepenúltima.

Exemplos: arquétipo, aríete, lágrima, sôfrego, rítmico, aeródromo, azáfama, aerólito, sátrapa.

No plano da separação silábica, deve-se evitar a silabada, ou seja, o deslocamento equivocado da tonicidade da sílaba: "catéter" no lugar da legítima oxítona "cateter"; "récorde" no lugar da legítima paroxítona "recorde"; entre outros exemplos.

Ademais, para a boa compreensão do capítulo, urge relembrarmos os conceitos do hiato e do ditongo:

Hiato: sequência de duas vogais que pertencem a sílabas diferentes.

Exemplos: juízo (ju-í-zo); raízes (ra-í-zes); bainha (ba-i-nha); saí (sa-í); baú (ba-ú), instruí-los (ins-tru-í-los), Camboriú (Cam-bo-ri-ú).

Ditongo: sequência de vogal e semivogal em uma só sílaba.

Exemplos: avião (a-vi-ão), papagaio (pa-pa-gai-o), cadeira (ca-dei-ra).

10.1. REGRAS DE ACENTUAÇÃO

10.1.1. OXÍTONOS

Acentuam-se os vocábulos oxítonos terminados em:

-a, -e, -o (seguidos ou não de -s):

Exemplos: gambá, vatapá, xarás, você, freguês, convés, vovô, robô, retrós.

Observação: seguem esta regra os infinitivos seguidos de pronome. Exemplos: contratá--lo, desejá-los-íamos, vendê-lo, compô-lo, predispô-la-ão.

-em, -ens:

Exemplos: armazém, recém, vinténs, parabéns.

Observação: não devem ser acentuados os monossílabos nem os paroxítonos terminados por -em ou -ens: bem, trem, bens, trens, jovem, item, jovens, itens.

Não levam acento os oxítonos terminados em -i(s), -u(s).

Exemplos: puni-los, sacis, bambu, tatus.

Observação: o -i e o -u levam acento quando precedidos de vogal átona com a qual formem hiato, seguidos ou não de -s. Exemplos: instruí-los, país, Jaú, baús, Piauí, tuiuiú (tui-ui-ú), teiú-açu (pl. teiús-açus).

Por fim, conheçamos algumas oxítonas interessantes:

Albornoz	Comprá-lo	Projetil (ou a paroxítona Projétil)
Alcazar	Desdém	Ruim (ru-im)
Algoz /ô/	Desdéns	Somali /lí/
Ananás	Esmoler	Soror
Bagdali /lí/	Masseter (Plural: masseteres)	Tarzã
Bengali	Mister	Transistor
Cateter (Plural: cateteres)	Nobel /bél/	Ureter (Plural: ureteres)
Clister (Plural: clisteres)	Novel	Vendê-lo-ei
Condor (e não "côndor")	Obus	Xerox (ou xérox)

10.1.2. PAROXÍTONOS

Conforme o recente Acordo Ortográfico da Língua Portuguesa, deixam de ser acentuados os ditongos abertos -éi, -ói e -éu das palavras paroxítonas.

Exemplos: ideia, paranoico, Coreia.

Observação: o acento permanece no caso de regra geral dos vocábulos paroxítonos terminados por -r (Méier, destróier, gêiser).

Além disso, deixaram de ser acentuadas as palavras paroxítonas com -i e -u tônicos que vierem depois de ditongo:

Exemplos: feiura, bocaiuva, boiuno, reiuno.

Acentuam-se os paroxítonos terminados em:

-l, -n, -r, -x, -ons, -ps

Exemplos: túnel, pólen, revólver, ônix, elétrons, tríceps.

-ã, -ãs, -ão, -ãos

Exemplos: ímã, ímãs, bênção, bênçãos.

-i, -is, -us, -um, -uns, -om

Exemplos: júri, lápis, bônus, álbum, médiuns, rádom, iândom.

encontros vocálicos (ditongos crescentes)

Exemplos: história, série, pátio, água, tênue, ingênuo, mágoa, apolíneo, orquídea.

Não se acentuam os paroxítonos terminados em:

-ens

Exemplos: nuvens, imagens, itens, hifens, jovens, himens, liquens.

-r ou -i (nos prefixos)

Exemplos: super-homem, semi-intensivo, anti-inflamatório.

Vamos conhecer algumas paroxítonas interessantes:

Abdome (ou Abdômen)	Aljôfar	Avito	Bênção
Acórdão	Almíscar	Aziago	Biquíni
Albúmen (ou Albume)	Ambrósia (ou Ambrosia)	Azimute	Bibliopola (= livreiro)

Português Jurídico

Algaravia	Avaro	Barbaria (ou Barbárie)	Bororos
Busílis	Enjoo	Ímã	Pudico
Caracteres	Epicuro	Imbele /bé/	Quiromancia
Cartomancia	Erva-mate	Inaudito	Recorde
Celtibero	Estêncil	Lucúleo ou Lucúlio (VOLP)	Refrega
Ciclope /cló/	Filantropo	Malaca (Cidade da Malásia)	Rocio /cí/
Cóccix /ksis/	Flúor	Médium	Rubrica
Cútis	Fortuito /tui/	Misantropo	Safári
Descreem	Gratuito /tui/	Nhoque (e não "inhoque")	Serôdio
Dólmã (ou Dólman – VOLP)	Homilia	Opimo	Subida (subida honra)
Druida	Homizio /zí/	Opróbrio	Verossímil (e Inverossímil)
Eclampsia (E-clam-psi-a)	Hoplita	Órfão	Vômer
Edito	Ianomâmi	Penedia	
Êiser	Ibero	Policromo	

10.1.3. PROPAROXÍTONOS

Todos os vocábulos proparoxítonos são graficamente acentuados, sem exceção.

Exemplos: médico, ômega, álibi, aerólito, pêndulo, déssemos, álcool, cônjuge, míope, aeróstato, égide, quasímodo, término, bávaro, bárbaro, íngreme, sôfrego, chácara, xícara, ínterim, trânsfuga.

Vamos conhecer algumas proparoxítonas interessantes:

Aeródromo	Aeróstato	Alcoólatra	Aríete
Aerolítico	Ágape	Álibi	Arquétipo
Aerólito	Álacre	Antífona	Autóctone
Azáfama	Epóxido /ks/	Málaga (cidade da Espanha)	Quadrilátero
Azêmola	Ériplo	Munícipe	Quadrúmano
Cátedra	Hégira	Notívago	Réprobo
Chávena	Impávido	Óbolo (e não "óbulo")	Rítmico
Cotilédone	Ímprobo	Oxítona	Sânscrito
Crisântemo	Impróvido	Paralelepípedo	Semíramis
Écloga	Ínclito	Paroxítona	Sílfide
Édito (ordem judicial)	Índigo	Plêiade	Trânsfuga
Êmbolo	Ínterim	Prônubo	Vermífugo
Éolo	Lídimo	Proparoxítona	Zênite

10.1.4. HIATOS

Conforme o recente Acordo Ortográfico da Língua Portuguesa, formas verbais que contenham -oo e -ee, em hiato, não comportam mais o acento circunflexo. Exemplos: enjoo, perdoo, voo, creem, deem, leem, veem, descreem, releem, preveem.

Observações:

a) o acento permanece no caso de regra geral dos vocábulos paroxítonos terminados por -n (Herôon);

b) embora saibamos que o tema não se refere a hiatos, mas, sim, à temática do acento diferencial, vale aqui registrar que o acento circunflexo permanece no plural de ter e vir, incluindo os seus derivados (manter, reter, conter, convir, advir etc.). Exemplos:

Ele tem a pior resposta – Eles têm a pior resposta.

Ela vem de outro país – Elas vêm de outro país.

Carlos mantém a liderança – Carlos e Maria mantêm a liderança.

O juiz intervém nos autos – Os desembargadores intervêm nos autos.

c) acentuam-se as letras -i e -u quando uma delas for a vogal tônica de um hiato, seguidas ou não de -s:

Exemplos: caí, país, balaústre, baú, ateísmo, juízes, uísque, saímos, tuiuiú (tui-ui-ú), teiú (tei-ú), Piauí (Pi-au-í); destruí-lo, influí (1ª pessoa do singular do pretérito perfeito do indicativo), destruí-lo, influí (1ª pessoa do singular do pretérito perfeito do indicativo);

d) quando -l, -u, -m, -n, -r ou -z, enfim, letra diversa de -s, formarem sílaba com o -i ou o -u, não deveremos acentuar. Exemplos: Adail, paul, pauis, instruiu, ruim, amendoim, contribuinte, ainda, cair, demiurgo, juiz.

Se o -i for seguido de -nh, não recebe acento:

Exemplos: rainha, moinho, bainha, tainha, ventoinha.

O -i e o -u não recebem acento quando aparecem repetidos:

Exemplos: xiita, vadiice, juuna, sucuuba.

Alguns hiatos interessantes:

Bocaiuva (Acordo), Parvoíce, timboúva, corruíra, Piauí, traíra, desdeem (verbo desdar), reboo (verbo reboar), tucumãí, feiura (Acordo), reiuno (Acordo), uísque, hemorroíssa, teiú, voo.

10.1.5. DITONGOS

Acentua-se a vogal dos ditongos orais abertos tônicos -éi(s), -éu(s), -ói(s), nos vocábulos oxítonos e monossílabos. Exemplos: anéis, réu, réis, róis, chapéu(s), solidéu(s), céu(s), dói, anzóis.

10.1.6. MONOSSÍLABOS

Acentuam-se os monossílabos tônicos:

Terminados em -a, -e, -o, seguidos ou não de -s.

Exemplos: pá(s), pé(s), pó(s), mês, nó(s), pôs.

10.1.7. FORMAS VERBAIS

As formas verbais hifenizadas (davam-lhe, cantá-lo-ei, puni-lo, transpô-lo, escrevem-nos, queriam-se) gozam de autonomia gráfica. Ainda que tais conjuntos soem como proparoxítonos, é a forma verbal, sem o pronome, que decide se deve ou não haver acento.

Português Jurídico

10.1.8. TREMA

Conforme o recente Acordo Ortográfico, o trema – sinal colocado sobre a letra u, átona, para indicar a sua pronúncia nos grupos -gue, -gui, -que e -qui – deixa de ser adotado, sendo mantido o seu uso apenas nas palavras de origem estrangeira (por exemplo, Bündchen).

10.1.9. ACENTO DIFERENCIAL

Conforme o recente Acordo Ortográfico, foram abolidos os acentos agudo e circunflexo usados na distinção das paroxítonas homógrafas – palavras diferentes no significado e na pronúncia, mas que se escrevem de modo idêntico. Exemplos:

para (verbo parar) / para (preposição)

pelo (/pé/; verbo pelar) / pelo (preposição) / pelo (substantivo)

pero (substantivo: variedade de maçã) / pero (conjunção arcaica)

pera (substantivo) / pera (preposição arcaica)

pela (/pé/; verbo pelar) / pela (preposição)

polo (/pó/; substantivo: modalidade esportiva) / polo (/pô/; substantivo: falcão ou gavião) / polo (preposição arcaica)

Importante:

Continua em vigência o acento diferencial entre:

pôde (3ª pessoa do singular do pret. perf. do indicativo: *Ontem ele pôde*) / pode (3ª pessoa do sing. do pres. do indicativo: *Hoje ele pode*);

pôr (verbo: *Vou pôr as mãos naquele canalha*) / por (preposição: Luto por você).

O hífen e o acento agudo deixam de ser empregados em certas palavras compostas: paraquedas, paraquedismo, paraquedista.

Deixa de existir o acento agudo na letra -u dos grupos verbais que contenham que/qui/gue/gui/guem/gues/guis/quem/ques. Exemplos: apazigue, arguem, averigues, argui, arguis, oblique, obliquem, obliques.

10.2. DICAS RÁPIDAS

10.2.1. ESTADA E ESTADIA

Os termos referem-se à permanência de alguém ou algo em algum lugar. A distinção será aferida, dependendo daquilo que permanece. Exemplo: para pessoas que permanecem em cidades a turismo, a passeio ou a negócios, deve-se utilizar "estada". Por outro lado, quando se tratar de navios (em portos), aviões (em aeroportos), veículos (em garagens), deve-se usar "estadia".

10.2.2. *MALGRADO* OU *MAU GRADO*

Usa-se malgrado como sinônimo de "não obstante, apesar de". Exemplos:

Não consegui convencê-la disso, malgrado intensos esforços.

Por outro lado, a forma "mau grado" tem o significado de "a contragosto, contra a vontade". Como decorrência, temos a expressão fossilizada "de mau grado", entre outras. Exemplos:

(De) Mau grado meu, acalentou ela uma esperança.

10.2.3. *UMA AGRAVANTE – UMA ATENUANTE*

Situação: O advogado alegou algumas atenuantes, para justificar o pedido de redução de pena. Todavia, o fato de ele dirigir alcoolizado é uma agravante no caso de colisão.

Comentário: a palavra "agravante" pode ter a acepção de adjetivo ou substantivo. Como adjetivo, deve concordar com o substantivo. Exemplos:

Essa é uma situação agravante.

Esse é um fenômeno agravante.

Por outro lado, as palavras "agravante" e "atenuante", como substantivos, são do gênero feminino. Exemplos:

O comportamento do suspeito é uma agravante que deve ser levada em conta.

O advogado alegou a existência de algumas atenuantes, o que justificou o pedido de redução de pena do preso.

Ressalte-se que existe "agravante" como substantivo masculino, mas aí se trata de alguém do sexo masculino que interpõe um agravo (ou seja: um recurso para aumentar a pena de um veredicto).

O agravante protocolizou o recurso a destempo.

À semelhança de "atenuante" e "agravante", aprecie outros substantivos femininos (e seus significados):

A abusão (superstição; ilusão) – A aguardente – A alcíone (ave fabulosa) – A alface – A aluvião (grande quantidade) – A áspide (espécie de víbora) – A bacanal (festim licencioso; orgia) – A cal – A cataplasma (papa medicamentosa) – A clâmide (espécie de manto) – A cólera (ira, raiva; doença infeciosa) – A comichão (coceira; desejo ardente) – A couve – A couve-flor – A derme – A dinamite – A ênfase – A entorse (lesão articular) – A faringe – A ferrugem – A filoxera (tipo de inseto; doença) – A gênese – A hélice – A jaçanã (espécie de papagaio) – A juriti (ave) – A libido – A mascote – A omoplata – A ordenança – A pane – A sentinela – A sucuri – A ubá (espécie de canoa).

10.3. AS "PÉROLAS" DO PORTUGUÊS

Não se fala outro assunto anonser ...

Correção: há situações em que é difícil descobrir o que se quis dizer, como se nota na forma "anonser". Seria "a não ser"? Quanta criatividade, não é mesmo? Portanto, corrigindo: Não se fala outro assunto a não ser ... .

Ao léo

Correção: a expressão idiomática aceita em nosso idioma é "ao léu" (com -u), na acepção de "à toa, a esmo, ao deus-dará, à vontade, ao acaso". A propósito, conta-se que, certa vez, um causídico desavisado usou, equivocadamente, a expressão "ao léo" em uma petição, sendo questionado, acertadamente, pelo Juiz sobre o ingresso de um novo interessado na lide: o "Léo" (de Leonardo...). Só rindo...

O direito tinha que ser engual para todos.

Correção: o adjetivo na acepção de idêntico ou análogo é "igual", e não "engual". É difícil discernir o que é pior: a sonoridade ou a grafia da errônea forma.

Português Jurídico

Quadro sinótico – Acentuação gráfica

Conceito de "acento"	Sistema de demarcação da tonicidade de determinada palavra, falada ou escrita, permitindo sua pronúncia com clareza e com a entonação adequada.
Sílaba	Vogal ou grupo de fonemas que se pronunciam numa só emissão de voz, e que, sós ou reunidos a outros, formam palavras.
Sílaba tônica	Sílaba pronunciada com maior intensidade.
Palavra oxítona	É aquela cuja sílaba tônica é a última.
Palavra paroxítona	É aquela cuja sílaba tônica é a penúltima.
Palavra proparoxítona	É aquela cuja sílaba tônica é a antepenúltima.
Hiato	Sequência de duas vogais que pertencem a sílabas diferentes.
Ditongo	Sequência de vogal e semivogal em uma só sílaba.

Capítulo 11
CRASE

A crase (do grego *krâsis*, ou seja, "mistura") é a fusão de duas vogais da mesma natureza. Assinalamos com o acento grave (`) o fenômeno da crase, que se traduz na fusão ou contração da preposição a com...

– o artigo definido feminino singular a, resultando em À;

– o artigo definido feminino plural as, resultando em ÀS;

– o pronome demonstrativo aquela(s), aquele(s), aquilo, resultando em ÀQUELA(S), ÀQUELE(S), ÀQUILO;

– o pronome relativo a qual, as quais, resultando em À QUAL, ÀS QUAIS.

Observemos as frases abaixo:

Leve a encomenda à professora.

(à = a1 + a2)

a1 = preposição (da regência do verbo levar);

a2 = artigo (que acompanha o substantivo feminino "professora").

Refiro-me àquele candidato.

(àquele = a1 + aquele2)

a1 = preposição (da regência do verbo referir-se);

aquele2 = pronome demonstrativo.

Note a regra prática para se certificar de que haverá o sinal indicador da crase:

1º Passo: substitua a palavra antes da qual aparece o "a" ou "as" por um termo masculino.

2º Passo: se ocorrer "ao" ou "aos" como resultado, deve-se utilizar o sinal indicador da crase.

Exemplos:

Os documentos foram apresentados às autoridades / Os documentos foram apresentados aos juízes.

11.1. CASOS OBRIGATÓRIOS DE CRASE

Com o artigo "a":

Dediquei-me à escrita.

[Dediquei-me (a + a) escrita].

Leve o livro à pessoa amada.

[Leve o livro (a + a) pessoa amada].

O candidato aspira à aprovação.

[O candidato aspira (a + a) aprovação].

Com nomes geográficos de cidades, países ou localidades que admitem o artigo definido feminino:

Vou à Argentina – Vou à Gávea

Observações:

a) Para que se identifique a presença ou a ausência da crase, recomenda-se uma técnica: elabore uma frase com o verbo "voltar", referindo-se ao ponto geográfico em exame. Se obtiver "volto de", não haverá crase; se obtiver "volto da", ter-se-á crase. Exemplos:

Vou a Roma – Volto de Roma (portanto, não há crase).

Vou à Romênia – Volto da Romênia (portanto, há crase).

b) Quando o ponto geográfico vier acompanhado de qualificativo, a crase será obrigatória. Exemplos:

Vou à Brasília dos senadores.

Vou à Roma dos Césares.

Vou à São Paulo da garoa.

Vou à Florianópolis das 42 praias.

c) Com os pronomes demonstrativos "aquele(s)", "aquela(s)" e "aquilo":

Resisti àquele brigadeiro.

[Resisti (a + aquele) brigadeiro].

Referi-me àquelas cachoeiras.

[Referi-me (a + aquelas) cachoeiras].

Prefiro isto àquilo.

[Prefiro isto (a + aquilo)].

Observações:

a) Há uma importante exceção: caso o pronome demonstrativo seja usado para entidade grafada com inicial maiúscula, fazendo-se questão de separar a preposição da inicial maiúscula de tal pronome. Exemplo: *Agradecemos a Aquele que nos ampara.*

b) Usa-se, ademais, em formas, como: àqueloutro, àqueloutros, àqueloutra, àqueloutras. Exemplo: *Dirigimo-nos àqueloutro evento.*

Antes das formas pronominais compostas "a qual" e "as quais":

Esta é a dúvida à qual me referi.

Vi a casa da favela à qual eles se dirigiram.

Fiz alusão às partituras às quais nos dedicamos.

Deu valor às irmãs, às quais devia a vida.

Observações:

a) Observe que, na frase *Esta voz é anterior à que você fez*, ocorre acento grave para indicar elipse de termo, obrigando a presença do sinal grave indicador porque o vocábulo "anterior" exige a preposição "a", e temos a contração com o "a" seguinte. Procedendo à complementação, teremos: *Esta voz é anterior à [voz] que você fez.* Eis outro exemplo: *Não me refiro a ela; refiro-me à que encontramos ontem.* Complementando: *Não me refiro a ela; refiro-me à [mulher] que encontramos ontem.*

b) Não haverá a crase quando o "a" anterior for apenas uma preposição. Exemplo: *Esta é a pessoa a que fiz alusão.*

Antes de horas determinadas:

Chegou às oito horas.

Chegamos à uma hora da manhã. (ou à 1h)

Ressalte-se que a crase será utilizada até mesmo com a expressão "zero hora". Exemplo:

À zero hora, avançaremos no campo de batalha.

Observações:

a) O uso da expressão "a uma hora":

a.1) Caso se trate de hora determinada, a crase será obrigatória:

A cerimônia começou à uma hora da madrugada.

a.2) No entanto, tratando-se de hora indeterminada, não se usa a crase:

A equipe chegou ao campo de batalha a uma hora morta.

a.3) Ademais, usa-se a forma "a uma hora", sem acento, para indicar distância no espaço ou no tempo:

Português Jurídico

A escola fica a uma hora daqui.

O atentado ocorreu a uma hora do início da apresentação.

a.4) Não haverá crase em expressões similares: "a duas horas daqui", "a três quadras daqui" etc.

b) Recomenda-se a utilização do artigo na indicação de horas. Com efeito, o artigo evita a ambiguidade, evidenciando o sentido de marcação de horas, e não de duração do evento. Explicando: quando se escreve "o evento ocorre de 9h a 11h", pode-se entender que o evento durará nove, dez ou até onze horas. Por outro lado, se a frase for "o evento ocorre das 9h às 11h", ninguém duvidará que a duração do evento será de duas horas, começando às nove horas da manhã e finalizando às onze horas da manhã. Por esse motivo, entendemos que há equívoco na frase a seguir: "Quem voar entre 22h e 6h pode pagar 50% a menos" (*Diário de Pernambuco*).

Corrigindo: *Quem voar entre as 22h e as 6h pode pagar 50% a menos.*

(Observe que a preposição "entre" repudia a crase, repetindo-se, de modo elíptico, na oração: Quem voar entre as 22h e [entre] as 6h pode pagar 50% a menos.)

Dica

Observe a frase: *Aguardo desde as sete horas.*

A crase não ocorrerá, uma vez que "desde" já é preposição, não podendo ser seguida de outra. Além de "desde", outros termos repelem a crase, por serem igualmente preposições. É o caso de "ante", "após" e "perante":

Ante a situação do crime, o ilícito se configurou.

Após a decisão do diretor, fui à igreja.

Perante a juíza, comporte-se bem.

Abaixo, vamos enfrentar a seguinte situação: a CRASE e as formações DE ... A e DA(s) ... À(s):

De ... a	Da(s) ... à(s)
Ele estuda de segunda a sexta.	*O evento foi das 8h às 18h.*
O curso será de 2 a 5 de maio.	*Plantarão grama da quadra 10 à quadra 13.*
Pegou chuva de Belém a Brasília.	*O projeto é da página 8 à página 11.*
Ele dançou de meia-noite a 2h30min.	*Ele dançou da meia-noite às 2h30min.*
Eles estudavam de 9h a 11h.	*Viajou de moto da Bahia à Paraíba.*
Comi em demasia de 1ª a 4ª séries.	*Em Brasília, a vigilância se deu da SQS 310 à 312.*
De hoje a domingo, rezarei as orações.	*A viagem é da França à Alemanha.*
Os namorados se viam de 8h30min a 11h30min.	*A paralisação se deu da Rua da Consolação à Avenida Rebouças.*

Com numerais ordinais femininos:

Entregaram o troféu à primeira colocada.

Fizeram elogios ao primeiro e à segunda aprovada do vestibular.

Com termos que se apresentam ocultos:

Quando subentender a palavra moda ou maneira:

Usava sapatos à Luís XV.

Escrevia à Machado de Assis.

Vamos jogar à Corinthians.

Seu drible foi à Garrincha.

Farei uma bacalhoada à Portugal.

Quando subentender palavra feminina que determine nome de empresa ou coisa:

Referiu-se à Apolo (nave).

Vou à Saraiva (editora).

Antes de palavra feminina, nas locuções adjetivas, adverbiais, prepositivas ou conjuntivas:

Observe o uso nas locuções:

Adjetivas

Foi uma excelente festa à fantasia.

Adverbiais

Arquitetamos tudo às escondidas.

Prepositivas

Estava à procura de um especialista.

Conjuntivas

A temperatura diminui à proporção que nos distanciamos dos trópicos.

Ficamos mais experientes à medida que envelhecemos.

Chegou às pressas.

11.2. CASOS PROIBITIVOS DE CRASE

Antes de palavra masculina:

Andava a pé.

Pagamentos a prazo.

A despeito da inexperiência, todos supuseram que ele seria candidato.

A princípio, tudo corria muito bem; com o passar do tempo, soçobrou.

O teste não deve ser feito a lápis.

Todos esses materiais pertencem a Alfredo.

Antes de verbo:

Estava decidido a falar.

A partir de sábado, tomaremos tal providência.

Antes de expressões em sentido genérico:

Quando se tratar de palavras femininas genéricas:

Não dê ouvidos a reclamações.

Referi-me a mulheres, e não a meninas.

Não se prenda a coisas materiais.

Quando se tratar de locuções de modo (que exprimam a ideia de generalidade):

Pegaram-se a dentadas.

Agrediram-se a bofetadas.

Antes de pronomes, em geral (indefinidos, demonstrativos, de tratamento ou pessoais):

Daqui a algumas horas, Maria retornará.

Português Jurídico

A certa altura, cansou-o a demora.

Pedi a ela que voltasse.

Observações:

a) Com os pronomes "mesma", "outra" e "própria", haverá crase:

Falou à mesma pessoa.

Elas pensaram no que falar uma à outra.

b) Não se usa crase antes de pronomes de tratamento:

Permaneça calmo: enviarei tudo a Vossa Senhoria.

Entregue a encomenda a Sua Excelência.

c) Embora o tema seja tratado com certa polêmica, recomendamos a utilização do sinal indicador da crase antes de senhora, senhorita, dona, madame:

Referiu-se à senhora secretária.

Deu algumas moedas à senhorita.

Encaminhou-se à dona Teresa.

Dirigiu-se à madame Angélica.

d) O termo sóror – utilizado para a indicação de freiras professoras – repele o artigo; logo, não haverá crase. Exemplo:

Fizeram menção a sóror Maria.

e) Antes de quem e cujo(s), cuja(s):

Isto convém a quem nada sabe.

Ela é a autora a cuja peça me referi.

f) Entre palavras repetidas:

Maria e João estavam cara a cara.

Ele ficou face a face.

11.3. CASOS ESPECÍFICOS DE CRASE

Antes de terra, casa e distância

Antes da palavra TERRA, como sinônimo de "terra firme, chão" (enfim, como oposição a "mar").

Terra	Casa	Distância
Antes da palavra TERRA, como sinônimo de "terra firme, chão" (enfim, como oposição a "mar"). Exemplos: Enviou o marinheiro a terra. O navio está chegando a terra.	*Antes da palavra CASA, como sinônimo de "lar". Exemplos: Chegou a casa cedo. Voltamos a casa. Retornei a casa. A casa, cheguei de inopino.*	*Antes da palavra DISTÂNCIA, quando indeterminada. Exemplos: Fiquei a distância. Estava a pequena distância do alvo. O assaltante estava a distância.*
Observação:	**Observação:**	**Observação:**
Se o termo TERRA vier particularizado ou se referir ao planeta, haverá crase. Exemplos: Voltou à terra natal. Chegaram à terra dos pântanos.	*Se o termo CASA vier particularizado, haverá a crase. Exemplos: Voltou à casa dos tios. Iremos à Casa da Moeda.*	*Se a palavra DISTÂNCIA vier especificada, haverá a crase. Exemplo: Fiquei à distância de doze metros.*

11.3.1. A CRASE E SEU USO FACULTATIVO

A crase será facultativa em três importantes situações. Procure memorizá-las:

I. Antes de pronome possessivo adjetivo feminino, no singular:

Refiro-me à (a) sua tia. (mas, com crase obrigatória: *Refiro-me às suas tias*)

Não fez menção à (a) nossa empresa. (mas, com crase obrigatória: *Não fez menção às nossas empresas*)

II. Antes de nome próprio feminino:

Declarou-se à (a) Jamile.

Dei o carro à (a) Rania.

Observação:

Se houver intimidade, a crase será obrigatória. Exemplo:

Fale à Miriam, minha irmã.

Caso se trate de nomes femininos históricos ou emblemáticos, com os quais o anunciante não tenha intimidade, não se deve utilizar a crase. Exemplos:

Fiz alusão a Joana D'Arc.

O pároco fez menção a Virgem Maria.

III. Depois da preposição até:

Ele chegou até à (a) mesa, lentamente.

Andou a cavalo até à (a) entrada da fazenda.

11.3.2. A CRASE E A EXPRESSÃO "A UMA (SÓ) VOZ"

A locução não receberá o acento grave indicador da crase. Exemplos:

Todos gritaram pelo presidente, a uma voz.

"Que significará isso? – perguntaram quase a uma voz".

Observação: atente-se para o fato de que a expressão reduzida "à uma", no sentido de "a uma só voz", diferentemente, deve receber o sinal indicador da crase. Exemplo:

Todos gritaram à uma.

Os guardas gritaram à uma: "Fora, todos!".

11.3.3. A CRASE E OS PRONOMES ADJETIVOS E SUBSTANTIVOS

O pronome pode ser adjetivo ou substantivo. Será pronome adjetivo quando modificar um substantivo expresso. Nesse caso, a crase será facultativa. Por outro lado, quando se tratar de pronome substantivo, a crase será obrigatória. Exemplo:

Este livro pertence à/a tua professora; aquele outro pertence à minha.

11.4. DICAS RÁPIDAS

11.4.1. OLHOS DE LINCE

O lince é um mamífero carnívoro, um felino a quem os antigos atribuíam penetrante visão, capaz de enxergar através de corpos opacos, bem como durante a escuridão. Daí a expressão "olhos de lince", aplicável à pessoa de visão privilegiada.

Português Jurídico

11.4.2. *INDEX* OU *ÍNDICE*

Do vocábulo latino *index* (sem acento), derivaram dois substantivos masculinos para o nosso léxico: índice (proparoxítono) e índex (paroxítona acentuada, em razão da terminação em –x, à semelhança de tórax, fênix).

Registre-se que há em nosso idioma uma interessante expressão, pouco usada, mas que merece registro: *pôr no índex*, no sentido de assinalar alguém ou algo como nocivo ou indesejável.

Exemplo: *Vou pôr no índex o cunhado de Maria.*

11.4.3. OXALÁ

É interjeição de origem árabe, que expressa desejo, na acepção de "queira Deus", "se Deus quiser". Exige o verbo no modo subjuntivo:

Oxalá não fiquemos sem chuva esse ano!

Oxalá que caiam na prova os pontos estudados!

Oxalá que viessem as luzes!

"Oxalá que eu me enganasse".

Ressalte-se, ainda, que o termo "oxalá" ("orixá" ou "orixalá") designa divindade africana das religiões afro-brasileiras.

11.4.4. *VEREDICTO* E *DETECTOR*

Situação: *Os ouvintes passaram pelos detectores de metais, para que pudessem entrar no Tribunal do Júri, de onde emanou o veredicto.*

Comentário: em alguns locais públicos, usam-se "detectores" de metais para evitar que pessoas trafeguem armadas. Portanto, detectam-se pessoas.

De acordo com o VOLP, o substantivo em exame é de dupla prosódia – detector ou detetor. Nessa esteira, ao verbo se dá o mesmo tratamento: detectar e detetar. A propósito, existem outras palavras derivadas: detetado, detetabilidade, detetador, detetante e detetável – todas sem o -c.

Na verdade, foi o VOLP 2004 que inovou ao dar tal tratamento a esses termos – que, até então, não recebiam a dupla prosódia –, em abono da uniformidade com outros vocábulos que já contavam com a dupla pronunciação: contacto e contato; corrupto e corruto; corrupção e corrução; aspecto e aspeto; expectativa e expetativa; expectorar e expetorar; secção e seção; intersecção e interseção etc.

No tocante à forma "veredicto", o Vocabulário Ortográfico reconhece, na mesma esteira, as formas "veredito" e "veredicto".

Posto isso, fique com detectar ou detetar, detector ou detetor e veredito ou veredicto... e fique com o VOLP.

11.5. AS "PÉROLAS" DO PORTUGUÊS

Jóvem / Vêncer

Correção: da mesma forma, tais vocábulos não são acentuados. Portanto, grafam-se "jovem" (sem acento agudo) e "vencer" (sem acento circunflexo). Aliás, quanta criatividade do equivocado usuário da Língua com esse tal de "vêncer"...

Deboxe

Correção: o substantivo derivado do verbo debochar (zombar, escarnecer) é deboche, com -ch.

Quadro sinótico – Crase

Conceito de crase	É a fusão de duas vogais da mesma natureza. Assinalamos com o acento grave (`) o fenômeno da crase, que se traduz na fusão ou contração da preposição a com: • o artigo definido feminino singular a, resultando em À; • o artigo definido feminino plural as, resultando em ÀS; • os pronomes demonstrativos aquela(s), aquele(s), aquilo, resultando em ÀQUELA(S), ÀQUELE(S), ÀQUILO; • o pronome relativo a qual (as quais), resultando em À QUAL (ÀS QUAIS).

Capítulo 12
REGÊNCIAS NOMINAL E VERBAL

12.1. REGÊNCIA NOMINAL

É a relação de dependência existente entre um nome (substantivo, adjetivo, advérbio) e seu complemento.

Certos substantivos e adjetivos admitem mais de uma regência. A escolha desta ou daquela preposição deve, no entanto, subordinar-se aos ditames da clareza e da eufonia e adequar-se aos diferentes matizes do pensamento.

Principais regências de substantivos e adjetivos

acessível a, para, por	*atento a, em, para*	*contemporâneo a, de*
acostumado a, com	*ausente a, de, em*	*contíguo a*
adaptado a	*aversão a, em, para, por*	*contrário a, de, em, por*
afável a, com, para com	*avesso a*	*curioso de, a, por*
aflito com, por	*ávido de, por*	*desatento a*
agradável a, de, para	*bacharel em, por*	*descontente com, de*
alheio a, de	*benéfico a, para*	*desejoso de*
alienado de	*capaz de, para*	*desfavorável a, para*
alusão a	*certo com, de, em, para*	*devoto a, de*
amante de	*compatível a, com*	*diferente com, em, entre, por, de*
análogo a	*compreensível a, para*	*difícil a, em, para, de*
ansioso de, para, por	*comum a, com, em, entre, para, de*	*digno de*
apto a, para	*confiança em*	*entendido por, em*
assíduo a, em	*constante de, em*	*equivalente de, a*
erudito em	*indiferente a, com, diante de, em*	*posterior a*
escasso de	*indigno de*	*preferível a*
essencial a, de, em, para	*inerente a, em*	*prejudicial a*
estranho de, a	*insaciável de*	*presente a*
fácil a, em, para, de	*junto a, com, de*	*prestes a, em, para*
favorável a	*leal a, com, em, para com*	*propenso a, para*
fiel em, para com, a	*lento de, em*	*propício a, para*
firme em	*liberal com, de, em, para com*	*próximo a, de*

generoso em, para com, com	medo a, de	relacionado com
grato para, por, a	natural a, em, de	residente em
hábil para, em	necessário a, em, para	responsável a, de, por
habituado com, em, a	negligente em	rico de, em
hostil contra, para com, a	nocivo a	seguro com, contra
horror de, diante de, por, a	ojeriza a, com, contra, por	semelhante a, em
idêntico em, a	paralelo a, com, de, entre	sensível a, para
impossível a, para, de	parco com, em, de	sito em, entre
impróprio a, de, para	passível de	situado a, em, entre
imune de, a	perito em	suspeito a, de
inclinação a, para, por	permissível a	transversal a
incompatível com	perpendicular a	útil a, em, para
inconsequente em, com	pertinaz em	vinculado a
indeciso entre, quanto a, sobre, em	possível a, de	versado em
independente de	possuído por, de	

Observe alguns deslizes de Regência Nominal:
"Ele tinha confiança de que sairia vitorioso."
Corrigindo: *Ele tinha confiança em que sairia vitorioso.*
"Ela é igual eu."
Corrigindo: *Ela é igual a mim.*
"Ele é bacharel de Direito."
Corrigindo: *Ele é bacharel em Direito.*
"Estamos curiosos em encontrar o segredo."
Corrigindo: *Estamos curiosos de encontrar o segredo.*
"Ele está alienado com sua atividade política."
Corrigindo: *Ele está alienado de sua atividade política.*
"Todos estavam ansiosos em vê-lo."
Corrigindo: *Todos estavam ansiosos de / para vê-lo.*
"Ele era suspeito por um crime que não cometeu."
Corrigindo: *Ele era suspeito de um crime que não cometeu.*
"Estava inclinado em aceitar o convite."
Corrigindo: *Estava inclinado a aceitar o convite.*
"Ele revela muita inclinação com as artes" .
Corrigindo: *Ele revela muita inclinação às artes.*

12.2. REGÊNCIA VERBAL

É a relação de dependência ou subordinação entre o verbo e os termos da oração. Observe a legenda abaixo, usada nos verbos a seguir detalhados:

VTD   Verbo Transitivo Direto:
verbo que pede um complemento sem preposição obrigatória.

VTI   Verbo Transitivo Indireto:
verbo que pede um complemento introduzido por preposição obrigatória.

VTDI   Verbo Transitivo Direto e Indireto:
verbo que pede dois complementos, um sem a preposição obrigatória e o outro com ela.

VI   Verbo Intransitivo:
verbo que não pede complemento. Pode vir acompanhado de um adjunto adverbial.

Seguem alguns verbos que despertam interesse quanto à regência verbal:

I) ABDICAR

VI, no sentido de renunciar ao poder ou cargo em que se achava investido. Exemplo:
D. Pedro abdicou em 1831.
VTD, no sentido de renunciar voluntariamente a, resignar, desistir de. Exemplo:
Os funcionários abdicaram o cargo.
VTI, no sentido de desistir de, renunciar. Exemplo:
Abdicou de seus direitos.

II) AGRADAR

VTD, no sentido de acariciar. Exemplo:
O menino agradava seu animal de estimação.
VTI, no sentido de ser agradável a. Exemplo:
As novidades agradaram aos investidores.

III) AGRADECER

VTD, no sentido de mostrar-se por grato, quando o objeto for coisa, desde que não personificada. Exemplo:
Agradeceu o presente.
VTI, no sentido de manifestar gratidão, quando o objeto for pessoa ou ser personificado. Exemplo:
Eu agradeci aos convidados da festa.
VTDI, no sentido de manifestar gratidão e/ou recompensar, retribuir, quando se refere a coisas e pessoas. Exemplo:
Agradeço a Deus os acontecimentos da minha vida.

IV) AJUDAR

Seguido de um infinitivo transitivo precedido da preposição a, rege indiferentemente objeto direto e objeto indireto. Exemplo:
Ajudou o / ao amigo a resolver as questões.
Se o infinitivo preposicionado for intransitivo, rege apenas o objeto direto. Exemplo:
Auxiliaram o ladrão a escapar.
Não seguido de infinitivo, geralmente rege objeto direto. Exemplo:
Ajudei-o demasiadamente.

V) ANUIR

Rege as preposições "a" e "em" (não aceita lhe(s)). Exemplo:
Anuiu a / em tais propostas de contrato.

VI) ANSIAR

VTD, no sentido de angustiar, causar mal-estar, oprimir, almejar. Exemplo:
O excesso de questões ansiava a mulher.

VTI, no sentido de desejar com veemência, ardentemente, requerendo a preposição "por" (não aceita lhe(s)). Exemplo:

Anseio por uma nova visita de Roberto.

VII) ASPIRAR

VTD, no sentido de respirar, inspirar, sorver. Exemplo:

Nada como aspirar o puro ar das montanhas.

VTI, no sentido de pretender, desejar (não admite o pronome lhe(s), mas apenas as formas a ele(s), a ela(s)). Exemplo:

Sempre aspiramos à felicidade / a ela.

VIII) ASSISTIR

VTI, no sentido de estar presente, presenciar (não admite o pronome lhe(s), mas apenas as formas a ele(s), a ela(s)). Exemplo:

Assistimos ao comercial / a ele ontem.

VTI, no sentido jurídico de caber. Exemplo:

Este direito não assiste ao acusado.

Observação: é possível a utilização do pronome lhe. Exemplo:

Este direito não lhe assiste.

VI, no sentido de residir, habitar. Exemplo:

Ele assiste em Minas Gerais há dez anos.

VTD, no sentido de amparar, dar assistência. Exemplo: *O advogado assiste o réu.*

IX) ATENDER

Com nome de pessoa, prefere-se objeto direto. Nos outros casos, utiliza-se, indiferentemente, objeto direto ou objeto indireto, embora seja mais comum o uso deste último. Exemplos:

O juiz atendeu o advogado; o juiz atendeu o/ao requerimento da parte.

X) CHAMAR

VTD, no sentido de convocar. Todavia, o objeto pode vir preposicionado. Exemplo:

O rei chamou a corte. E também chamou pelos representantes do povo.

Construído com objeto seguido de predicativo, admite as seguintes regências:

Chamei-o incompetente; chamei-o de incompetente.

Chamei-lhe estúpido, chamei-lhe de estúpido.

XI) CHEGAR

VTI, no sentido de aproximar. Chega-se a algum lugar (e não em, na ou no), quando há indicação de destino. Portanto, note os exemplos:

O defensor chegou à conclusão certa.

O juiz chegou ao veredicto.

VI, acompanhado de adjunto adverbial de lugar – uma regência que ocorre na maioria das vezes:

Ele chegou à sala de audiência.

Chegou a São Paulo.

XII) CONSENTIR

VTD, no sentido de dar consenso ou aprovação a. Exemplo:

A maioria dos presentes consentiu a adoção das providências.

VTDI, no sentido de permitir, admitir, tolerar. Exemplo:

Não consentia tal desapreço à pessoa do governador.

Português Jurídico

XIII) CUSTAR

No sentido de ser custoso, difícil, emprega-se na 3ª pessoa do singular, tendo como sujeito uma oração reduzida de infinitivo, a qual pode vir precedida da preposição a. Exemplos:

Custa-me falar que não consegui o objetivo.

Custa-me a falar que não consegui o objetivo.

VTDI, no sentido de acarretar trabalhos, causar sofrimentos. Exemplo:

A conquista do pão de cada dia custa ao pobre muito sofrimento.

XIV) DECLINAR

VTD, no sentido de revelar, mostrar. Exemplo:

Ele declinou a identidade.

VTI, no sentido de discordar, requerendo a preposição de. Exemplo:

Ele declinou da lei.

XV) DEPARAR

VTD, no sentido de "enfrentar", em forma pouco usual:

Deparei uma situação.

VTI, no mesmo sentido retrocitado, em forma mais comum (o verbo deve aparecer na forma não pronominal):

Deparei com uma situação.

Este é o sujeito com quem deparei na esquina.

Pronominal, sem a preposição, na forma deparar-se. Exemplo:

Depararam-se-me coisas esquisitas.

XVI) ESQUECER E LEMBRAR

Admitem três construções:

Esqueci / Lembrei os acontecimentos.

Esqueci-me / Lembrei-me dos acontecimentos.

Esqueceram-me / Lembraram-me os acontecimentos.

XVII) IMPLICAR

VTD, no sentido de acarretar, envolver (sem a preposição em). Exemplo:

A resolução da questão implica nova teoria.

VTI, no sentido de ter implicância, mostrar má disposição. Exemplo:

Ela sempre implicou com os meus hábitos.

VTI, no sentido de comprometer-se, envolver-se. Exemplo:

Implicou-se com esquemas complexos.

XVIII) IMPORTAR

VTD, no sentido de ter como consequência ou resultado. Exemplo:

A decorrência do prazo importou preclusão (e não "... em preclusão").

VTI, no sentido de atingir (quantidade). Exemplo:

O prejuízo importa em 500 mil reais.

XIX) INFORMAR

VTD, no sentido de informar alguém. Exemplo:

Nós os informamos.

VTI, no sentido de informar de / sobre algo. Exemplo:

Ele informou das alterações.

VTDI, no sentido de informar alguém de / sobre algo ou informar a alguém algo. Exemplo:

Ele informou-o sobre aquilo.

Observação: as regras acima expostas são utilizáveis nos verbos "notificar", "avisar", "cientificar", "prevenir" e "certificar".

XX) INTERESSAR

VTD, no sentido de ser do interesse de, ser proveitoso a. Exemplo:

O novo projeto de lei interessa as diretorias.

VTI, no sentido de ser interessante, útil, importante. Exemplo:

Suas atitudes não interessam aos refugiados.

VI, no sentido de ter ou despertar interesse. Exemplo:

Não insistiu, pois percebeu que o resultado não interessava.

Como verbo pronominal, é VTI, regendo as preposições "em" e "por". Exemplo:

Joana interessou-se por minha companhia.

XXI) NAMORAR

VI, no sentido de ter namorado(a), procurar conquistar, andar em galanteio. Exemplo:

Só havia namorado uma vez.

VTD, no sentido de desejar ardentemente, galantear, cortejar. Exemplo:

Pedro namora a moça há muitos anos, e nada de casamento.

VTI, no sentido de manter relação de namoro; ser namorado (rege a preposição com). Exemplos:

João namora com Juliana.

XXII) OBEDECER E DESOBEDECER

VTI, regendo a preposição a. Exemplos:

Obedeçam aos sinais de trânsito.

Desobedeceu à lei.

VI, no sentido de funcionar corretamente. Exemplo:

O freio da motocicleta não mais obedece.

FIQUE ATENTO:

Embora seja comum a ocorrência dos verbos acima como VTD, essa regência não deve ser seguida, pois a norma culta prescreve o objeto indireto como complemento. Logo, são incorretos os seguintes usos:

Obedeça a sinalização (sem crase).

Não desobedeça seus professores (sem preposição).

XXIII) PAGAR E PERDOAR

VTD, quando o objeto é coisa. Exemplos:

Você já pagou a conta de água.

Perdoarei suas atitudes desleais.

VTI, quando o objeto é pessoa. Exemplos:

O empregador pagou aos empregados.

Helena perdoou ao noivo.

VTDI, quando se refere a coisas e pessoas, simultaneamente. Exemplos:

Vou pagar o aluguel ao dono do imóvel.

Ela perdoou os erros ao pai.

XXIV) PREFERIR

VTD, no sentido de dar primazia a, escolher algo. Exemplo:

Prefiro comida mineira.

Português Jurídico

VTDI, no sentido de decidir entre uma coisa e outra. Exemplos:
Prefiro cerveja alemã a irlandesa.
A mulher prefere a macarronada à feijoada.
Observação: o mesmo direcionamento vale para "preferível". Portanto, uma coisa é preferível a outra (e não "do que outra").

XXV) PREVENIR
VTD, no sentido de evitar dano, mal etc. Exemplo:
A atividade física previne as doenças.
VTDI, no sentido de avisar com antecedência de. Exemplo:
Irei prevenir o empregador do risco.

XXVI) PROCEDER
VI, no sentido de ter fundamento, portar-se de determinada maneira, conduzir-se, provir. Exemplos:
Os seus argumentos não procedem (não têm fundamento).
Ele procede de Fortaleza.
VTI, no sentido de dar início, realizar. Exemplo:
O professor procedeu à chamada no início da aula.

XXVII) PROIBIR
VTD, no sentido de impedir que se faça. Exemplo:
As autoridades proibiram a venda de bebidas alcoólicas.
VTDI, no sentido de prescrever a abstenção de, tornar defeso. Exemplo:
A Igreja Católica proíbe aos fiéis a ingestão de carne em dias especiais.

XXVIII) QUERER
VTD, no sentido de desejar, pretender. Exemplo:
A família queria muito uma casa reformada. (= Quero-a).
VTI, no sentido de amar, estimar, ter afeto. Exemplo:
Quero a meus padrinhos muito bem. (= Quero-lhes).

XXIX) RENUNCIAR
VTD, no sentido de não querer, rejeitar, recusar. Exemplo:
Os eremitas renunciavam, além de outras coisas, os bens materiais.
VTI, no sentido de desprezar, desistir de. Exemplo:
A filha do rei deve renunciar ao poder.
VI, no sentido de resignar cargo ou função, abdicar. Exemplo:
O prefeito renunciou.

XXX) REPARAR
VTD, no sentido de fazer reparo ou conserto em, restaurar, refazer. Exemplo:
O pedreiro reparou a construção que estava comprometida.
VTI, no sentido de fixar a vista ou a atenção, atentar, atender. Exemplo:
Ninguém reparou na nova cor do cabelo de Helena.

XXXI) RESPONDER
VTI, no sentido de dar resposta àquilo que se pergunta. Exemplo:
Ele respondeu aos quesitos.
Respondeu ao interrogatório.
Ela respondeu a quase todas as questões.
Respondi-lhe com atenção.

XXXII) RESULTAR E RESTAR

VTI ou VTDI: o verbo precisa de um complemento regido de preposição. Exemplos:

Tudo isto resulta em seu favor.

Se da ofensa resultar injúria.

Observações:

a) não pode ser usado como verbo de ligação, vindo a substituir o verbo ser. Observe as frases incorretas:

"A prova resultou irrelevante" (Troque por *A prova se tornou irrelevante*).

"Os esforços resultaram improfícuos" (Troque por *Os esforços se mostraram improfícuos*).

"A diligência resultou inútil" (Troque por *A diligência revelou-se inútil*).

b) a propósito, com relação ao verbo "restar", vale a mesma regra: jamais funciona como "verbo de ligação". Observe, pois, as erronias:

"A lei restou revogada" (Troque por: *A lei foi revogada*).

À guisa de complemento, sabe-se que o verbo restar pode ser:

VI, no sentido de sobrar. Exemplo:

Restaram vinte vagas.

VTI ou VTDI, no sentido de subsistir como o resto. Exemplo:

Restou-lhe um ano de vida.

XXXIII) SUCEDER

VI, no sentido de ocorrer, acontecer. Exemplo:

Sucederam acontecimentos estranhos naquela cidade.

VTI, no sentido de vir depois, substituir, seguir-se, acontecer algo com alguém. Exemplos:

A noite sucede ao dia.

O rei sucedeu ao tirano.

XXXIV) TRATAR

Cabem objeto direto e objeto indireto, porém este é mais usual. Exemplo:

Devemos tratar do processo.

Observações:

a) Trata-se de é invariável em pessoa e número. Exemplos:

Trata-se dos empresários mais ricos do mundo.

Trata-se dos estados mais populosos.

b) Não use o termo "tratativa"; troque-o por acordo, negociação.

c) Evite a construção viciosa "sujeito + trata-se de": Exemplo:

"O caso trata-se de denúncia caluniosa".

XXXV) VISAR

VTD, no sentido de dirigir o olhar para, apontar arma de fogo contra, pôr o sinal de visto em. Exemplos:

A criança visava os aviões (= dirigir o olhar para).

Visou a ave sem dó (= mirar).

Visou o cheque (= pôr visto).

VTI, no sentido de ter em vista, pretender, objetivar. Exemplo:

Um bom capitalista visa a bons lucros.

Observações:

a) Modernamente, aceita-se a regência direta para visar:

Os candidatos visavam o sucesso.

Português Jurídico

b) Quando visar estiver no sentido de "objetivar", seguido de infinitivo, é facultativo o uso da preposição. Exemplos:

O decreto visa resolver isso (ou *O decreto visa a resolver isso*).

A conciliação visa a solucionar a questão (ou *A conciliação visa solucionar a questão*).

12.3. DICAS RÁPIDAS

12.3.1. MOSSA (Ó) E MOÇA (Ô)

O substantivo feminino mossa (ó) significa "marca de pancada, contusão". Portanto:

O soco deixou-lhe uma mossa horrível no rosto.

É interessante observar que há sentido figurado para o termo mossa (ó), na acepção de "abalo, choque, comoção". Exemplo:

As brigas com a mulher já não lhe provocam mossa, haja vista estar na iminência de deixar a casa.

Por outro lado, moça (ô) significa, como é cediço, "jovem, menina".

12.3.2. EXCESSO

Situação: *Sua Excelência estava com um excesso de trabalho, o que a motivou a tomar uma excepcional e excêntrica providência.*

Comentário: a frase disposta acima traz à baila o dígrafo -xc e seu uso em vocábulos de nosso léxico. Como se notou, **excesso**, a par de *excelência, excepcional, excêntrica*, entre outros vocábulos, é grafado com -xc.

12.4. AS "PÉROLAS" DO PORTUGUÊS

Caresse

Correção: a 3ª pessoa do singular (ele) do presente do indicativo do verbo carecer é carece (com -c).

Plalsível

Correção: embora seja nítida a "tentação" de colocar o -l no vocábulo, no intuito de nele imprimir uma falsa "elegância", não o faça com relação ao adjetivo plausível, com -u.

Maxista

Correção: a doutrina dos filósofos alemães Karl Marx e Friedrich Engels é o marxismo, com -r. Ressalte-se que a pronúncia é com /cs/.

Quadro sinótico – Regências nominal e verbal

Conceito de regência nominal	É a relação de dependência existente entre um nome (substantivo, adjetivo, advérbio) e seu complemento.
Conceito de regência verbal	É a relação de dependência ou subordinação existente entre o verbo e os termos da oração.

Capítulo 13
CONCORDÂNCIA NOMINAL

Partindo-se do nome do verbo, têm-se dois tipos de concordância:

a) a nominal, por meio da qual adjetivos ou palavras adjetivas (artigo, numeral, pronome) alteram sua terminação em gênero e número para estabelecer concordância com o substantivo a que se referem;

b) a verbal, segundo a qual o verbo modifica sua terminação (desinência número-pessoal) para concordar, geralmente, com o sujeito da oração, e que será estudada no próximo capítulo.

Passemos a enfrentar as regras de concordância nominal.

Regra geral: os modificadores (pronomes, adjetivos, artigos ou numerais) concordam com o substantivo em gênero e número. Exemplos:

Cadeira macia.

Os oitocentos gramas de café.

Aquelas questões complicadas.

13.1. CASOS ESPECIAIS

13.1.1. ADJETIVO POSPOSTO A DOIS OU MAIS SUBSTANTIVOS

O adjetivo, o qual sintaticamente se coloca como adjunto adnominal, irá para o plural ou concordará com o substantivo mais próximo. Exemplos:

Prédio e jardim velho – *Prédio e jardins velhos.*

Casa e oficina antiga – *Casa e oficina antigas.*

Tênis e meia estampada – *Tênis e meia estampados.*

Observações:

a) Se os substantivos forem antônimos, deve prevalecer o plural do grupo, ou seja, o masculino (para palavras de gênero masculino ou aquelas de gênero masculino e feminino) ou o feminino (para palavras de gênero feminino). Exemplos:

Dia e noite frios.

Amor e ódio insanos.

Andou por rios e mares desconhecidos.

b) Se os substantivos forem sinônimos, o adjetivo deve concordar com o substantivo mais próximo. Exemplos:

Crença e fé exagerada.

Possuía ideia e pensamento verdadeiro.

13.1.2. ADJETIVO ANTEPOSTO A DOIS OU MAIS SUBSTANTIVOS

O adjetivo concorda com o substantivo mais próximo. Exemplos:

Preferiu o melhor lugar e hora.

Época de novas ações e comportamentos.

Período de relevantes decisões e bloqueios.

Observação: se os substantivos forem nomes próprios, o adjetivo deverá ir para o plural. Exemplos:

Os famosos Jânio e Getúlio.

Os eminentes Drummond e Clarice Lispector.

SINOPSES JURÍDICAS

13.1.3. ADJETIVO COMO PREDICATIVO DO OBJETO

O adjetivo concorda em gênero e número com o objeto. Exemplos:

A *autoridade considerou reincidente o homem.*

A *polícia achou culpada a mulher.*

Considerei sua atitude e comportamento incorretos.

13.1.4. SUBSTANTIVO MODIFICADO POR DOIS OU MAIS ADJETIVOS NO SINGULAR

Há dois tipos de construção. O que se deve é tomar cuidado com o emprego dos artigos. Exemplos:

As seleções brasileira e argentina; a seleção brasileira e a argentina.

Gosto dos balés clássico e moderno; gosto do balé clássico e do moderno.

Falar os idiomas inglês e russo; falar o idioma alemão e o russo.

13.1.5. ADJETIVO COMPOSTO

Flexiona-se, normalmente, só o último elemento. Exemplos:

Dificuldades político-econômicas.

Foram decisões político-sociais.

13.1.6. "UM E OUTRO", "NEM UM NEM OUTRO", "UM OU OUTRO", SEGUIDOS DE SUBSTANTIVO

O substantivo fica no singular. Exemplos:

Um e outro dilema.

Nem um nem outro presente.

Uma ou outra ocasião.

Observação: se, em seguida, vier um adjetivo, este irá para o plural. Exemplos:

Um e outro ator discretos.

Uma ou outra decisão acertadas.

Nem um nem outro problema complexos.

Um e outro problema brasileiros.

Uma e outra escolha inteligentes.

Anexo e Apenso: tais termos concordam, normalmente, com o vocábulo a que se referem (memorandos anexos/apensos). A dúvida, entretanto, pode surgir com a expressão invariável "em anexo". Esta, a nosso ver, é dotada de gramaticalidade, embora suscite muitas críticas entre os gramáticos. Observe:

Seguem os relatórios anexos – Seguem os relatórios em anexo.

Seguem as oferendas anexas – Seguem as oferendas em anexo.

À semelhança da criticada expressão "em anexo", temos "em suspenso" e "em aberto". A recomendação é que se suprima a preposição "em", preferindo, por exemplo, evento suspenso (em vez de "evento em suspenso") e prazo aberto (em vez de "prazo em aberto").

13.1.7. TERMOS QUE CONCORDAM COM O NOME A QUE SE REFEREM

Leso	Algum
Crime de lesa-pátria.	*Mulher alguma disse o que ocorreu.*
Crime de lesos-direitos.	*Mulheres algumas disseram o que houve.*
Comportamento de lesa-sociedade.	*Alguns alunos foram reprovados.*
Atitude de leso-patriotismo.	

Português Jurídico

Anexo *O documento segue anexo.* *Os documentos seguem anexos.* **Quite** *Já estou quite com a loja.* *Nós estávamos quites.* **Obrigado(a)** *Muito obrigada, disse Márcia.* *Eles sempre dizem: muito obrigados.* **Tal** *Que tais estes enfeites?* *Eles são tais quais os pais.* **Todo(a)** *Elas ficaram todas feridas.* **Nenhum** *Neste ano, não terei férias nenhumas.* *Vocês não são nenhuns ignorantes.*	**Extra** *As cotas extras não foram pagas.* **Servido(a)** *Elas estão servidas.* **Agradecido(a)** *Eles ficaram agradecidos.* **Grato(a)** *Todas estavam gratas pelo presente.* **Próprio(a)** *Nós próprios faremos o serviço.* **Mesmo(a)** *Elas mesmas estiveram aqui.* **Junto(a)** *As folhas seguem juntas.* **Incluso(a)** *Estão inclusos as taxas e impostos.*

13.1.8. O APOSTO

Concorda, em regra, com o termo fundamental em gênero e número. Exemplo:

Paulo, primo de Ana, foi ao restaurante.

Observação: é possível que a concordância não se dê de forma infalível. Exemplo:

As cordilheiras dos Andes, uma dádiva de Deus, apresenta perigos.

13.1.9. TERMOS QUE PERMANECEM INVARIÁVEIS

Alerta

Fiquem alerta!

Em mão

As encomendas foram entregues em mão.

Monstro

Foram duas greves monstro.

Menos

Esperava menos ideias.

Prestei o concurso menos vezes do que você.

Em via de

As fábricas estão em via de falir.

A olhos vistos

A cidade crescia a olhos vistos.

Pseudo

Os cidadãos citados são pseudo-heróis.

13.1.10. POSSÍVEL (O MAIS / O MENOS POSSÍVEL – O PIOR / O MELHOR POSSÍVEL – QUANTO POSSÍVEL)

Em "o mais possível", "o melhor possível", "o pior possível", o adjetivo "possível" mantém-se invariável. Exemplos:

Visitei praias o mais possível belas!

Períodos o mais difíceis possível.

Candidatos o mais inteligentes possível.

Observações:

a) Com o plural "os mais", "os menos", "os piores", "os melhores", o adjetivo "possível" deve ir para o plural. Exemplos:

Estive em parques os mais tentadores possíveis!

Conheci alunos inteligentes os mais possíveis.

Períodos os piores possíveis.

Escolhi os melhores lugares possíveis!

b) A expressão quanto possível é invariável. Exemplos:

Procurei fazer tantas tarefas quanto possível.

Produzem tantos refrigerantes quanto possível.

13.1.11. GRÃO E GRÃ

Em nomes compostos, não apresentam plural. Exemplos:

Grã-cruzes – Grã-duquesas – Grão-duques

13.1.12. MEIO – SÓ – BASTANTE – CARO – BARATO – LONGE

Quando forem adjetivos, concordam com o substantivo a que se referem. Exemplos:

Não se dirija a mim com meios-termos.

Não suporto meias palavras.

Comprou meia dúzia de lápis.

É meio-dia e meia.

Elas estão sós.

Eles, por si sós, fizeram o trabalho.

Há problemas bastantes.

Comprei livros caros.

Seus produtos são baratos.

Levou-a a longes vales.

Observações:

Quando forem advérbios, na acepção de "um tanto", "somente", "um pouco" e "muito", ficam invariáveis.

As garagens estavam meio abertas (meio = advérbio).

Ela ficou meio tonta (meio = advérbio).

Adquirimos só duas entradas (só = advérbio).

Jorge e Fábio estão bastante cansados (bastante = advérbio).

Isso custa caro (caro = advérbio).

Comprou barato o tecido (barato = advérbio).

Não confunda com o adjetivo "só" (homem só; mulheres sós), nem mesmo com a expressão "por si só" (ele, por si só, venceu; elas, por si sós, venceram).

13.1.13. SUJEITO EM GRAU ABSOLUTO

a) Quando o sujeito é tomado em grau absoluto, isto é, sem artigo ou pronome demonstrativo, o adjetivo fica no masculino singular. Exemplos:

É proibido entrada.

Entrada é proibido.

É necessário paciência.

Português Jurídico

É preciso cautela.
Água é necessário.
Férias é preciso.
Carne é bom.
Cerveja é delicioso.
b) Se há artigo ou pronome demonstrativo, o adjetivo concorda com o substantivo:
É proibida a entrada.
É necessária a coragem.
Sua cerveja é saborosa.
c) Algo semelhante acontece na substituição do predicativo do sujeito por um pronome pessoal átono. Exemplos:
És a enfermeira daqui? Sou-a.
És enfermeira? Sou-o.

13.1.14. CONCORDÂNCIA COM NOMES DE COR

Se o termo que indica cor é adjetivo, concorda com o substantivo (gênero e número):
Comprou calças azuis.
Usava blusas marrons.
Se a palavra que indica cor é substantivo, fica invariável:
Comprava sapatos laranja.

13.1.15. ADJETIVOS COMPOSTOS QUE INDICAM CORES

Se os adjetivos forem compostos pelas formações "(na) cor (de) + adjetivo" ou "adjetivo + substantivo", ficam invariáveis. Exemplo:
Trajavam roupas na cor branca.
Observação: os termos "ultravioleta", "azul-marinho", "azul-celeste", "azul-ferrete", "azul-pavão" e "azul-turquesa" são invariáveis. Exemplos:
Raios ultravioleta – Calças azul-marinho – Ternos azul-celeste
Blusas azul-ferrete – Saias azul-pavão – Roupas azul-turquesa

13.2. DICAS RÁPIDAS

13.2.1. AVEXAR OU VEXAR

Os dois verbos podem ser utilizados como sinônimos de "atormentar, molestar ou apoquentar". A pronúncia das formas verbais deve ser feita com o "ê" fechado, embora a enunciação frequente na fala nordestina se faça com o "é" aberto. Portanto, aprecie as frases:
Não se avexe, mulher, tudo vai melhorar!
"Maus governantes vexam o povo" (Houaiss).
"Esquece a sorte mesquinha que te vexa".

13.2.2. É VERNÁCULA A EXPRESSÃO "PERNAS PARA QUE TE QUERO!"?

É interessante notar como a linguagem popular imprime indumentária própria ao idioma falado e escrito, o qual pode tomar rumos estranhos com o passar dos tempos. A expressão idiomática em epígrafe é exclamação popular emitida ante um perigo ou situação iminente. Entretanto, a expressão dotada de vernaculidade é bem diferente da que compõe o título deste

SINOPSES JURÍDICAS

tópico. Diz-se, corretamente, "Pernas, para que vos quero?", embora saibamos que seu uso é raro. Observe, pois, que a forma vernácula impõe uma indagação, e não uma exclamação.

13.2.3. FILHA TEMPORÃ

O adjetivo designativo do filho que nasce muito depois do irmão que o precede imediatamente é temporão (masculino) ou temporã (feminino). A forma "temporona" é vulgar, devendo ser evitada. Portanto, memorize: filho temporão; filhos temporãos; filha temporã; filhas temporãs.

13.2.4. ARTIGO INSERTO NO CAPÍTULO

Situação: *Os doze parágrafos do art. 62 da Constituição foram insertos após a Emenda Constitucional n. 32/2001.*

Comentário: o adjetivo **inserto** tem a acepção "daquilo que se inseriu; o que foi introduzido, inserido, incluído". Na verdade, é forma participial irregular do verbo *inserir*, cujas formações são *inserido* (particípio regular) e *inserto* (particípio irregular). Portanto, não se deve titubear diante dos adjetivos *inserto* e **incerto**. Este tem a acepção de "incorreto, aquilo que não é certo", enquanto aquele, como se viu, tem o sentido de "introduzido".

Assim, aprecie a frase correta: *Era certo que o incerto inciso estava inserto no texto.*

13.2.5. OSTRACISMO

O substantivo "ostracismo" deriva do grego *ostrakismós* (*óstrakon* = ostra). Na Grécia antiga, em cidades como Atenas, havia a praxe de condenar, por meio de plebiscito, cidadãos ao "ostracismo", i.e., ao desterro temporário, afastando-os de suas funções, como meio de segurança pública ou para evitar a sua atuação e influência política. O vocábulo, portanto, representa a proscrição, o banimento, o exílio. O curioso é notar que o nome do cidadão que se queria banir era escrito em conchas de ostras, razão pela qual surgiu o nome "ostracismo". Por fim, ressalte-se que há impropriedade na utilização do termo como sinônimo de "esquecimento" (O fato caiu no ostracismo). Registre-se, todavia, que o Houaiss admite o termo, em sentido figurado, como "afastamento" ou "repulsa", dando o exemplo: Por sua bisbilhotice a sociedade condenou-o ao ostracismo.

13.2.6. A LIBIDO DESENFREADA E O DÓ DA VÍTIMA DO CRIME SEXUAL

Situação: *A libido incontida do estuprador levou-o ao cometimento do crime de estupro.*

Comentário: a **libido** (ou **concupiscência**) designa o apetite sexual. A preocupação, à luz da Língua Portuguesa, é que o nobre usuário do idioma saiba que *libido* é substantivo feminino, portanto, grafando-se, sempre *a libido*, minha *libido*, sua *libido*, aquela *libido* (com determinantes desse gênero feminino).

13.3. AS "PÉROLAS" DO PORTUGUÊS

Basta nascer-mos e pronto.
Correção: não seria "nascermos", como forma designativa da 1ª pessoa do plural (nós) do futuro do subjuntivo do verbo "nascer"? A estrutura verbal criada por este desatento usuário é bastante criativa (nascer-mos!?).

Tenção nervosa
Correção: como qualidade do que é "tenso", somente existe "tensão", com -s. A forma "tenção", com cê-cedilha, tem a acepção de "intenção", sendo também dicionarizada. Portanto, não "troque as bolas", sob pena de provocar uma "tensão geral"...

Português Jurídico

Quadro sinótico – Concordância nominal

Conceito de concordância nominal	É a situação na qual adjetivos ou palavras adjetivas (artigo, numeral, pronome) alteram suas terminações em gênero e número para estabelecerem concordância com o substantivo a que se referem.

Capítulo 14
CONCORDÂNCIA VERBAL

A concordância verbal indica que o verbo modifica sua terminação para concordar, geralmente, com o sujeito da oração.

Vamos enfrentar as regras de concordância verbal:

Regra geral: o verbo concorda com o sujeito em número e pessoa. Exemplos:

Os dias estão chuvosos. (Sujeito = dias → estão)

A quem pertencem esses casacos? (Sujeito = casacos → pertencem)

14.1. CASOS ESPECIAIS: SUJEITO SIMPLES

14.1.1. SUBSTANTIVO COLETIVO

O verbo fica na 3ª pessoa do singular. Exemplos:

A boiada, reticente, não cruzou o riacho.

O cardume continuava seu percurso.

Observação: se o coletivo for seguido de adjunto adnominal no plural, é facultativa a pluralização do verbo. Exemplos:

Um bando de pássaros voava – Um bando de pássaros voavam.

A manada de búfalos se dispersou – A manada de búfalos se dispersaram.

14.1.2. MAIS DE UM

Quando o sujeito é introduzido pela expressão "mais de um", o verbo fica no singular. Exemplo:

Mais de um candidato foi advertido pelo fiscal.

Observações:

Quando a expressão "mais de um" vem repetida ou se associa a um verbo, exprimindo reciprocidade, aquele deve ir para o plural. Exemplos:

Mais de um acusado agrediram-se durante o almoço.

Mais de um ator abraçaram-se.

Mais de um amigo se entreolharam.

Se repetida a locução, deve haver a concordância no plural. Exemplos:

Mais de um candidato, mais de um representante faltaram ontem.

Mais de uma casa, mais de um prédio desabaram na cidade ameaçada.

Se a expressão "mais de um" se refere a coletivos, há plural. Exemplos:

Mais de um cardume de peixes nos atacaram.

Mais de um bando de bêbados foram presos.

Mais de uma classe de estudantes faltaram.

Se há a utilização de expressões como "mais de dois", "menos de dois", entre outras, a concordância deve ser feita com o numeral, isto é, usa-se o plural. Exemplos:

Mais de dois saíram.

Menos de dez empregados viajarão.

Menos de cinco litros foram consumidos.

14.1.3. EXPRESSÕES PARTITIVAS (A MAIORIA DE, A MAIOR PARTE DE, UMA PORÇÃO DE, A METADE DE, ENTRE OUTRAS)

O verbo pode concordar tanto com o núcleo dessas expressões como com o substantivo que as segue. Exemplos:

A maioria dos candidatos atrasou – A maioria dos candidatos atrasaram.

A maior parte das casas desmoronou – A maior parte das casas desmoronaram.

Uma porção de crianças compareceu – Uma porção de crianças compareceram.

14.1.4. EXPRESSÕES APROXIMATIVAS (CERCA DE, PERTO DE ETC.)

O verbo concorda com o substantivo determinado por essas expressões. Exemplos:

Cerca de vinte jogadores inscreveram-se no campeonato.

Hoje, perto de 4 milhões e meio de angolanos correm o risco de contrair a tripanossomíase.

14.1.5. LOCUÇÕES PRONOMINAIS (ALGUM, ALGUNS DE NÓS, ALGUNS DE VÓS; QUAL, QUAIS DE NÓS, QUAIS DE VÓS, ENTRE OUTRAS)

Observações:

Quando o primeiro pronome da locução figura no singular, o verbo fica no singular. Exemplos:

Qual de nós representará a escola?

Qual de nós votou conscientemente?

Quando o primeiro pronome figura no plural, o verbo pode concordar com esse pronome ou com o pronome pessoal. Exemplos:

Alguns de nós o acompanharão – Alguns de nós o acompanharemos.

Quais de nós votaram conscientemente? – Quais de nós votamos conscientemente?

Quantos de vós solucionaram a questão? – Quantos de vós solucionastes a questão?

14.1.6. UM DOS (...) QUE

Quando o sujeito é formado pela expressão "um dos (...) que", o verbo se coloca, preferencialmente, no plural. Exemplos:

Ele é um dos que mais fala – Ele é um dos que mais falam.

Observação: se houver nitidez na seletividade do objeto a que se refere, o singular será obrigatório. Exemplos:

O Sol é um dos astros que aquece a Terra.

Ela é uma das peças do autor que será apresentada hoje no teatro.

14.1.7. *QUE* E *QUEM*

Que: o verbo concorda com o antecedente dessa palavra:

Sou eu que providencio os equipamentos.

Somos nós que orientamos o candidato.

Fui eu que descobri o erro.

Fomos nós que apresentamos a proposta.

Quem: o verbo vai para a 3ª pessoa do singular ou concorda com o antecedente desse pronome:

Português Jurídico

Somos nós quem tomará as providências – Somos nós quem tomaremos as providências.
Somos nós quem acertará a questão – Somos nós quem acertaremos a questão.
Fui eu quem bateu nele – Fui eu quem bati nele.
Serei eu quem comerá a maçã – Serei eu quem comerei a maçã.

14.1.8. SUBSTANTIVO PRÓPRIO NO PLURAL

Com o artigo no plural, o verbo vai para o plural. Exemplos:
Os Emirados Árabes sofreram severas críticas.
Os Andes ficam na América do Sul.
Os EUA são o quarto maior país do mundo, em extensão territorial, depois da Rússia, China e Canadá.
Sem artigo, o verbo fica no singular. Exemplo:
Estados Unidos é um bonito país.
Com nomes de obras no plural, seguidos do verbo "ser", este fica no singular, desde que o predicativo figure no singular. Exemplos:
"Os Miseráveis" é uma relevante obra.
"Os Sertões" é um livro inesquecível.
"Os Lusíadas" revela a grandeza do povo português.

14.1.9. PORCENTAGEM

O verbo pode concordar com o numeral ou com o substantivo a que se refere. A tendência atual é a concordância com o termo posposto ao número. Exemplos:
75% da população apoia (ou apoiam).
15% da população está com o prefeito (ou estão).
20% dos entrevistados aderiram ao projeto (ou aderiu).
Dez por cento das pessoas estão inscritas no concurso (ou está).
Se há determinantes no plural, é obrigatória a pluralização do verbo. Exemplos:
Os 88% da população apoiam essas decisões.
Os 15% das pessoas estão inscritas no concurso.
Os 30% dos faltosos não afetarão a passeata.
Os 250 g de queijo estavam cheirando mal.
Quando o verbo vem anteposto à expressão de porcentagem, a concordância se dá com o número. Exemplos:
Serão importados 70% da produção inglesa.
Perderam-se 50% da produção.
Com o uso do 1%, é recomendável que o verbo fique no singular. Exemplo:
Um por cento das pessoas ganha mais de 50 salários mínimos.

14.2. CASOS ESPECIAIS: SUJEITO COMPOSTO

14.2.1. SUJEITO ANTEPOSTO E SUJEITO POSPOSTO

Anteposto: o verbo vai para o plural. Exemplo:
O pai e os filhos levaram a cama.
Posposto: o verbo vai para o plural ou concorda com o núcleo mais próximo. Exemplos:
Levaram a cama o pai e os filhos – Levou a cama o pai e os filhos.

Divergiam demasiadamente o chefe e o empregado – Divergia demasiadamente o chefe e o empregado.

14.2.2. SUJEITO COMPOSTO DE PESSOAS DIFERENTES

O verbo vai para o plural da pessoa que prevalece:

1ª sobre a 2ª e 3ª → Plural: NÓS

2ª sobre a 3ª → Plural: VÓS

Exemplos:

Eu e meu irmão **iremos** *ao circo.*

1ª   3ª   **1ª plural (nós)**

Tu e ele **sereis** *bem recompensados.*

2ª 3ª **2ª plural (vós)**

Tu, ele e eu participaremos da reunião.

2ª 3ª 1ª **1ª plural (nós)**

FIQUE ATENTO:

Quando há 2ª e 3ª pessoas, alguns autores aceitam que o verbo deve ficar na 3ª pessoa do plural. A questão é controvertida. Exemplo:

Ele e tu são excelentes candidatos à vaga (no lugar de "... sois excelentes ...").

14.2.3. UM E OUTRO; NEM UM NEM OUTRO

É facultativa a pluralização do verbo, entretanto é mais comumente usado no plural. Exemplos:

Um e outro jogou tênis – Um e outro jogaram tênis.

Nem Felipe nem Rodrigo concordará com vocês – Nem Felipe nem Rodrigo concordarão com vocês.

Observações:

Quando houver reciprocidade, o plural será obrigatório:

Um e outro se cumprimentaram.

Um e outro se amam há muito tempo.

Um ou outro: o verbo deve permanecer na 3ª pessoa do singular.

Um ou outro conhece seus direitos.

Um ou outro aluno passará no concurso.

Importante: se a conjunção "ou" (um ou outro) apresenta valor excludente ao ligar os núcleos do sujeito, o verbo fica no singular (*Caetano ou Gil ocupará o cargo de Ministro da Cultura*). Se, ao contrário, indica inclusão, o verbo fica no plural (*Caetano ou Gil me agradam*).

14.2.4. SUJEITO FORMADO DE INFINITIVOS

O verbo fica no singular. Entretanto, concordará no plural se os infinitivos forem determinados pelo artigo ou exprimirem ideias opostas. Exemplos:

Cantar e atuar é característico do artista.

O comer e o beber são essenciais à sobrevivência.

14.2.5. CADA

Quando o sujeito apresenta núcleos antecedidos do pronome "cada", o verbo fica no singular. Exemplo:

Cada diretor, cada professor, cada coordenador tinha sua versão dos acontecimentos.

Português Jurídico

Observação: com as expressões "cada um", "cada qual" e "nenhum" o verbo deve ficar no singular. Exemplos:

Cada um fará a sua tarefa.

Cada qual dos candidatos sabe sua nota.

Nenhum deles disse o essencial.

14.2.6. COM

Quando se trata de conectivo aditivo, ligando os núcleos do sujeito, o verbo fica no plural. Exemplo:

O Pedro com o Júnior saíram pela manhã (Pedro e Júnior).

Quando introduz adjunto adverbial de companhia, o verbo concorda com o sujeito. Exemplo:

Rafael, com os irmãos, viajou ontem.

14.2.7. SUJEITO RESUMIDO (TUDO, NADA, NENHUM, NINGUÉM)

Quando há sujeito resumido ou expressão equivalente, o verbo fica no singular. Exemplos:

Dinheiro, mulheres, poder, tudo era desejado por ele.

Festas, espetáculos, viagens, nada pôde agradar-lhe.

O professor, o aluno, nenhum foi visto depois da prova.

14.3. OUTROS CASOS

14.3.1. VERBOS *DAR, SOAR, BATER*

Referindo-se às horas, esses verbos concordam com o sujeito. Exemplos:

Deu sete horas o sino da capela.

Deu uma hora da tarde.

Que horas deu o relógio?

Soaram oito horas na capelinha.

O relógio do quarto soou cinco horas.

Bateram sete horas no relógio do mosteiro.

Bateu cinco horas o despertador.

14.3.2. VERBO *PARECER* + INFINITIVO

Flexiona-se o verbo "parecer" ou o infinitivo que o segue. Exemplos:

Os artesanatos parecem estar finalizados – Os artesanatos parece estarem finalizados.

As crianças pareciam entender o problema – As crianças parecia entenderem o problema.

As estrelas parecem brilhar mais – As estrelas parece brilharem mais.

14.3.3. EXPRESSÃO *HAJA VISTA*

Trata-se de relevante expressão, na acepção de "oferecer-se à vista, aos olhos". Há várias possibilidades:

Fica invariável. Exemplo:

A seleção vai vencer a copa do mundo, haja vista os resultados obtidos.

Não varia o verbo "haver", e o termo "vista" rege a preposição "a". Exemplo:

A seleção vai vencer a copa do mundo, haja vista aos resultados obtidos.

Varia o verbo "haver", e o termo "vista" não rege preposição. Exemplo:

A seleção vai vencer a copa do mundo, hajam vista os resultados obtidos.

FIQUE ATENTO:

"Haja visto" é tempo composto do verbo "ver". Substitui-se por "tenha visto". Exemplos:

Espero que a diretoria já haja visto meu pedido.

Penso que todos hajam visto o recado.

14.3.4. OS VERBOS IMPESSOAIS

Verbos que exprimem fenômenos da natureza ficam na 3ª pessoa do singular. Exemplos:

Choveu bastante no mês passado.

Trovejou muito durante a tempestade.

Observação: o verbo será pessoal, caso não represente fenômenos meteorológicos. Exemplos:

Choveram dólares.

Os fiscais trovejaram com os candidatos.

Destruído o travesseiro, nevavam penas sobre a cama.

Os verbos "fazer" e "estar," quando indicam tempo ou clima, ficam na 3ª pessoa do singular. Exemplos:

Faz muitas semanas que voltei da capital.

Está noite e faz frio.

O verbo haver, na indicação de "tempo decorrido, existência, ocorrência ou acontecimento", deve ficar na 3ª pessoa do singular. Exemplos:

Houve muitos imprevistos naquele mês.

Havia anos que não nos víamos.

Houve bastantes incidentes.

Observação: com os verbos "existir", "ocorrer" e "acontecer" – verbos pessoais –, a concordância com o sujeito ocorre normalmente. Exemplos:

Existem dias melhores.

Ocorrerão festas no próximo ano.

Acontecerão situações mais românticas.

FIQUE ATENTO:

Nas locuções verbais, a impessoalidade do verbo haver é transferida para o verbo auxiliar. Exemplos:

Deve haver muitas questões na lista.

Deve fazer vários meses que não o encontro.

Do mesmo modo, a pessoalidade dos verbos "existir", "ocorrer" e "acontecer" se transfere para o verbo auxiliar. Exemplos:

Devem existir muitos candidatos na lista.

Vão ocorrer concursos no próximo mês.

Podem acontecer situações mais inesperadas.

14.3.5. O VERBO *SER*

Quando o verbo ser refere-se a expressões numéricas ("é muito", "é pouco", "é suficiente", "é bastante"), fica no singular. Exemplos:

Para aproveitar tal parque, duas semanas é pouco tempo.

Português Jurídico

Cem reais de multa é muito para ele.

Duzentos gramas de mortadela é suficiente.

Quando os pronomes "isto", "aquilo", "isso", "tudo" forem sujeito, o verbo pode concordar com o predicativo no plural. Exemplos:

Tudo aquilo eram bobagens.

Tudo eram amarguras neste momento.

Isto são prazeres desnecessários.

Observação: pode concordar com o sujeito ou com o predicativo quando o sujeito for palavra de sentido amplo, como "humanidade", "ciência", "mundo" etc. Exemplos:

A vida são alegrias – A vida é alegrias.

O mundo são os homens – O mundo é os homens.

O projeto eram suas torturas – O projeto era suas torturas.

Quando há indicação de horas, distâncias ou datas, o verbo concorda com o predicativo. Exemplos:

Eram nove horas.

Daqui ao centro são dezoito quilômetros.

Hoje é 4 de julho (o verbo concorda com a ideia implícita de "dia").

Hoje são 4 de julho.

Hoje são trinta.

14.3.6. CONCORDÂNCIA IRREGULAR OU IDEOLÓGICA

Ocorre quando a concordância se faz com a ideia inserta na frase. Recebe o nome de silepse.

Silepse de pessoa: a concordância se faz com a pessoa gramatical implícita. Exemplos:

Todos os homens somos filhos de Deus.

Todos sentimos sua perda.

Os cinco decidimos assinar o manifesto.

Silepse de gênero: a concordância se faz com o gênero gramatical implícito. Exemplos:

Vossa Santidade é compreensivo (para pessoa do sexo masculino).

Vossa Excelência foi educada (para pessoa do sexo feminino).

São Paulo é linda (para cidade).

A gente ficou convencido das suas boas intenções (para homem).

"Que será de nós, com a bandidagem podendo andar soltos por aí" (Houaiss) (para eles, os bandidos).

Silepse de número: a concordância se faz com o número gramatical implícito. Exemplos:

Povo desta maravilhosa cidade, eis meu apelo: votem em mim!

Essa gente é incrível: acordam e labutam como ninguém.

"A gente da cidade, aquele dia (uns por amigos, outros por parentes, outros por ver somente), concorria saudosos na vista e descontentes" (Camões).

A silepse de número leva-nos a enfrentar o tema do plural de modéstia. Vamos detalhar.

O plural de modéstia ou plural majestático é o emprego da 1ª pessoa do plural no lugar da 1ª pessoa do singular. É o caso de concordância irregular ou ideológica, tecnicamente denominado silepse de número – técnica por meio da qual, em vez do pronome "eu", emprega-se "nós". Entretanto, não se está referindo a mais de uma pessoa, senão a uma só. O verbo flexiona-se na 1ª pessoa do plural e assim concorda com o sujeito formalmente plural. Exemplo: em vez de afirmar "(Eu) quero manifestar minha satisfação", digo "(Nós) queremos manifestar nossa satisfação".

A expressão ganhou lastro histórico, à medida que os antigos reis de Portugal adotavam a fórmula *"Nós, el-rei, fazemos saber ..."*, procurando, num estilo de modéstia, diminuir a distância que os separava do povo. Até que, no início do século XVI, com D. João III, e a era do absolutismo real, passou a prevalecer o uso da 1ª pessoa: *"Eu, el-rei, faço saber que ..."*.

Sabe-se que, nos altos escalões da Igreja, o uso do plural majestático era frequente, por representar uma ideia de humildade e solidariedade perante os fiéis. Todavia, com o crescimento patrimonial da Igreja, o que era *modéstia* passou a ser "falsa modéstia", e o uso da expressão passou a dar a impressão não de modéstia, mas de grandeza e majestade. Daí o nome *plural majestático*.

14.4. DICAS RÁPIDAS

14.4.1. CADÊ?

A forma interrogativa cadê?, a par de "quede", afetas à linguagem familiar, são variantes de "quedê?", no sentido de "que é (feito) de?" ou redução de "que é feito dele?". Exemplos: Quedê meu livro? Quede aquele homem? Cadê os pentes?

Todavia, a expressão vernácula é "que é de"?. Exemplo: *Que é de agendas que compramos?*

14.4.2. PASSAR REVISTA A...

A expressão vernácula é "passar revista a", enquanto "passar revista em" é galicismo que deve ser evitado. Portanto, observe as frases legítimas:

O coronel passou revista aos pelotões.

O fiscal de sala passou revista a todos os pertences dos candidatos.

Os enfermeiros passaram revista aos feridos em combate.

Naquela manhã, o major não imaginava que, pela última vez, passaria revista à sua tropa.

Todavia, é possível encontrar a forma "passar em revista" nos dicionários:

"O novo comandante passou em revista a tropa" (Borba, 1991).

"A polícia rodoviária passou em revista minuciosa o ônibus suspeito" (Houaiss).

14.4.3. SÃO E SANTO

Deve-se empregar Santo... antes de nome iniciado por vogal ou -h. Exemplos: Santo Ângelo, Santo Expedito, Santo Anselmo, Santo Onofre, Santo Antônio etc.

Observação: apenas dois nomes iniciados por consoante exigem a forma Santo...: "Santo Tirso" e "Santo Cristo". Quanto a Tomás, pode-se grafar Santo Tomás ou São Tomás.

14.4.4. O VERBO *TRESANDAR*: QUAL O SIGNIFICADO?

O verbo "tresandar" possui mais de um sentido: pode ter a acepção de "andar para trás, desandar". Exemplo:

A equipe tresandou durante o campeonato, sendo rebaixada ao final.

Há, ainda, sentido diverso para o verbo em comento: "cheirar mal, exalar mau cheiro". Nessa acepção, é verbo intransitivo ou transitivo indireto. Exemplo:

A avenida, ao final da feira, tresandava a frutas podres.

14.5. AS "PÉROLAS" DO PORTUGUÊS

Generalização edionda

Correção: onde está o -h? Sumiu? Grafa-se hediondo, com -h.

Português Jurídico

Supérfolo / Supérfulu

Correção: quanta criatividade!... Não sei qual é pior: "supérfolo" ou "supérfulu". Prefira a única forma – a correta: supérfluo ou supérflua.

Vocabulário ortográfico da língua portuguesa

Lesa

Trata-se de palavra escrita com "s" e som de /z/, exemplificamos com o adjetivo "leso" ou "lesa". Lembre-se de que o VOLP registra com hífen: lesa-ortografia, lesa-felicidade, lesa-ciência, lesa-filologia, lesa-formosura, lesa-fradaria, lesa-humanidade, lesa-legalidade, lesa-literatura, lesa-moralidade, lesa-nação, lesa-penitência, lesa-poesia, lesa-pragmática, lesa-razão, lesa-seriedade, lesa-sociedade.

Quadro sinótico – Concordância verbal

Conceito de concordância verbal	É a situação na qual o verbo modifica sua terminação (desinência número-pessoal) para concordar, geralmente, com o sujeito da oração.

Capítulo 15
PONTUAÇÃO

15.1. O VALOR ESTILÍSTICO DA PONTUAÇÃO

A pontuação é mais do que sinais gramaticais usados para separar orações, introduzir diálogos e citações ou indicar tipos de frases. Também, e principalmente na linguagem oral, a pontuação assume papel importantíssimo no ato comunicativo. O orador deve ter em mente os sinais de pontuação que marcam seu pensamento e dizê-los, não explicitamente, mas por meio do ritmo e do tom em que ordena sua frase, fazendo da pontuação um precioso material sintático de conteúdo psíquico e estilístico. É, então, recurso utilizado pelo escritor-falante para reger a leitura do receptor, como se fosse ela a "batuta do maestro", tornando o ritmo ora lento, ora rápido, ora suave, ora agitado, enfim, encaminhando as ideias para a direção semântica perseguida pelo emissor da mensagem.

É preciso, assim, leitura esforçada de boas gramáticas para obter o redator (e também o orador) um aproveitamento eficaz dos sinais de pontuação que marcam, sobretudo, a pausa e a entonação. A propósito, a pausa cuida da duração frasal e encontra-se em estreita relação com a inflexão melódica.

Como este material não tem a pretensão de ser uma "gramática" compilada com a preocupação de açambarcar a plenitude das regras do vernáculo, e sim um guia voltado ao esclarecimento de dúvidas mais frequentes do dia a dia, nós nos ateremos aos usos da vírgula – o principal sinal de pontuação.

15.2. VÍRGULA

A vírgula (,) é o sinal de pontuação que indica uma pausa de pequena duração, sem marcar o término do enunciado. O seu uso deve obedecer às regras impostas pela pontuação adequada por força dos ditames da sintaxe. Assim, deve o usuário da Língua dominar as situações que tangenciam a aplicação do sinal, haja vista ser a vírgula o instrumento que desempenha crucial papel na estruturação do enunciado frasal.

Vamos conhecer os casos de aplicação da vírgula.

1) Para separar palavras e orações, dispostas em elementos enumerados:

Livros, discos, revistas, jornais estavam espalhados.

Há cadernos, réguas, canetas e pastas.

Receptação, tráfico de drogas e homicídio merecem penas mais rudes.

Os homens chegam, olham, perguntam e prosseguem.

"Um beijo pode ser uma vírgula, um ponto de interrogação ou um ponto de exclamação" (Mistinguette).

"Sem você, sem amor, é tudo sofrimento (...)" (verso da canção Sem Você, Tom Jobim e Vinicius de Moraes).

Observações:

Em enumerações marcadas pela repetição da conjunção "e", utilizada para introduzir cada um dos núcleos, teremos a ocorrência obrigatória da vírgula. Trata-se da presença do polissíndeto. Exemplos:

E homens, e mulheres, e crianças, e todos, enfim, perseguem o mesmo ideal.

E ia, e voltava, e ia, e voltava, e tentava outra vez.

Exige atenção, e carinho, e dedicação, e devoção exclusiva.

SINOPSES JURÍDICAS

As enumerações podem ser finalizadas com a inserção de elementos, tais como "e", "ou", "nem". Nesses casos, a vírgula cederá lugar a tais termos. Exemplos:

Ônibus, automóveis e caminhões ficaram parados no trânsito.

Um touro, um búfalo ou um cavalo deve ter feito esse estrago.

II) Para separar vocativos, apostos e predicativos:

Em caso de vocativos:

Meus queridos, prestem atenção ao que o diretor vai lhes dizer.

Jesus Cristo, que alegria!

Ninguém, meu jovem, vai entrar.

"Donde houveste, ó pélago revolto, esse rugido teu?" (Gonçalves Dias).

Em caso de apostos:

Paulo, juiz de Direito, é educado.

Apenas três mulheres compareceram, a mãe, a filha e a sobrinha.

Peço-lhe um favor, comparecer amanhã ao consultório.

Os melhores alunos do Curso, estudantes obstinados e disciplinados, dedicavam-se, dia a dia, à empreitada escolhida.

Observação: nesses casos de apostos, é possível substituir o uso das vírgulas pelo travessão. Exemplos:

Apenas três mulheres compareceram – a mãe, a filha e a sobrinha.

Faço-lhe um pedido – comparecer amanhã ao escritório.

Sócrates – o grande filósofo – discursou.

A ordem do chefe – para que todos se calassem –, não obstante arbitrária, "venia concessa", parece, "grosso modo", ter sido cumprida.

Os melhores alunos do curso – estudantes obstinados e disciplinados – dedicavam-se, dia a dia, à empreitada escolhida.

Em caso de predicativos (antepostos ou intercalados):

Tristes e abatidos, os retirantes iam passando.

Ansiosos pela prova, todos correram à escola.

Romântica e formosa, quero-a.

III) Para separar orações intercaladas ou interferentes:

A História, diz Cícero, é a mestra da vida.

Há, segundo afirmam, provas suficientes no processo.

IV) Para separar certas expressões explicativas ou corretivas, tais como:

(,) isto é (,)	(,) a saber (,)	(,) por exemplo (,)	(,) ou melhor(,)
(,) *i.e.* (,) ("id est" = isto é)	(,) *v.g.* (,) ("verbi gratia" = por exemplo)	(,) *e.g.* (,) ("exempli gratia" = por exemplo)	(,) "data venia" (,)
(,) com a devida vênia (,)	(,) "data maxima venia" (,)	(,) "concessa venia" (,)	(,) "permissa venia" (,)

O amor, isto é, o mais forte e sublime dos sentimentos humanos.

"O amor, por exemplo, é um sacerdócio" (Machado de Assis).

Os requerentes, "data venia", discordaram de seu posicionamento.

O fiscal disse que foi comprado, digo, que foi comprar canetas no estabelecimento do indiciado.

Português Jurídico

175

O indiciado, ou melhor, o declarante, diz desconhecer qualquer fato criminoso envolvendo seu irmão.

V) Quando se tratar de orações subordinadas adverbiais:

Regra geral: vírgula optativa: se a oração subordinada vier posposta à oração principal; **vírgula obrigatória:** se a oração subordinada vier intercalada ou anteposta à oração principal.

Exemplos:

Decisões importantes devem ser tomadas, a fim de que se evitem mais enganos (vírgula optativa).

Logo estaríamos em casa, se tudo desse certo (vírgula optativa).

Quando saímos de lá, fomos para casa (vírgula obrigatória).

Fizemos, conforme fora combinado, todo o possível para vencer (vírgula obrigatória).

VI) Para separar adjuntos adverbiais:

Os convidados, depois de algum tempo, chegaram ao clube.

Muitos espíritos, sem dúvida, passarão a duvidar.

"Eis que, aos poucos, lá para as bandas do Oriente, clareia um cantinho do céu" (Visconde de Taunay).

Observações: se o adjunto adverbial estiver posposto (após o verbo e seus complementos), a vírgula será facultativa; no entanto, se vier anteposto ou intercalado, a vírgula será obrigatória. Exemplos:

No verão passado, houve vários episódios diferentes (vírgula obrigatória).

Houve vários episódios diferentes, no verão passado (vírgula optativa).

Durante aquela semana, encontrei vários amigos (vírgula obrigatória).

Encontrei, durante aquela semana, vários amigos (vírgula obrigatória).

Encontrei vários amigos, durante aquela semana (vírgula optativa).

Os adjuntos adverbiais de pequena extensão terão tratamento diferenciado, isto é, serão acompanhados, facultativamente, pela vírgula, quer venham antepostos, quer venham pospostos ao verbo. Exemplo:

Ontem, procedemos à análise do feito – Ontem procedemos à análise do feito.

Nesse passo, teremos:

Procedemos à análise do feito, ontem – Procedemos à análise do feito ontem.

VII) Para indicar a supressão ou elipse do termo:

Uns dizem que se matou; outros, que foi morto.

O pensamento é entediante; o amor, insuficiente.

Eu faço casas; você, prédios.

Ele toma chope; ela, vinho.

"Uma flor, o Quincas Borbas" (Machado de Assis).

"Os jovens buscam a felicidade na novidade; os velhos, nos hábitos" (P. Courty).

Observação: aceita-se, quando se usa o advérbio "não" para acompanhar verbo omitido, que a vírgula demarcadora da omissão seja colocada antes da negação. Exemplo:

Eu votei no atual prefeito. Você, não.

VIII) Para separar certas conjunções (intercaladas ou não), tais como: porém, contudo, pois, entretanto, portanto, entre outras:

Os esforços, porém, foram encerrados.

Eles, contudo, abandonaram a fronteira.

IX) Para separar o nome de locais e os instrumentos normativos, antes das datas que se seguem:

São Paulo, 22 de janeiro de 2010.

Lei n. 5.172, de 25 de outubro de 1966.

Decreto n. 5.765, de 18 de dezembro de 1975.

X) Para separar orações unidas pela conjunção "e", quando:

a) Houver orações com sujeitos distintos:

A prova foi difícil, e os candidatos tiveram dificuldades.

Uma mão lava a outra, e a poluição suja as duas.

O desembargador deu voto a nosso favor, e o terceiro juiz pediu vista.

b) Tal conjunção tiver o sentido de uma conjunção coordenativa adversativa (mas):

Todo político promete, e não cumpre.

Tivera a grande oportunidade de sua vida, e a deixara escapar.

Estudou, e foi reprovado.

Quase morri de tanto treinar, e fui desclassificado.

c) Tal conjunção for utilizada para introduzir cada um dos núcleos, à luz do chamado polissíndeto.

E homens, e mulheres, e crianças, e todos, enfim, perseguem o mesmo ideal.

E ia, e voltava, e ia, e voltava, e tentava outra vez.

Exige atenção, e carinho, e dedicação, e devoção exclusiva.

"E suspira, e geme, e sofre, e sua..." (Olavo Bilac).

XI) Para separar objeto direto ou indireto antecipado, em períodos compostos por oração pleonástica:

Certezas, ninguém as tem.

Aos poderosos, nada lhes devo.

Elas, eu não as desejo.

O equipamento, o atleta o trazia.

O âmago do problema – muitos o veem, poucos o enxergam.

XII) Para separar a oração principal da oração subordinada adjetiva explicativa:

A vida, que é combate, deve ser vivida com intensidade.

Oração principal: A vida deve ser vivida com intensidade.

Oração subordinada adjetiva explicativa: que é combate.

Acompanhe outros exemplos:

Os animais que são carnívoros são agressivos.

Ao final da prova, os fiscais que estavam no prédio foram embora.

O acórdão que decidiu o agravo é visivelmente contraditório.

O funcionário que me atendeu disse que tudo estava solucionado.

Agora, perceba, nos exemplos adiante, a intenção de restringir ou de explicar, analisando a ausência e a presença da vírgula:

Meu chefe que faz direito previdenciário infelizmente não virá à reunião.

Meu amigo, que comprou uma casa nova, está em litígio com a imobiliária.

O país onde moro está uma desordem.

O bairro da Liberdade, onde moro há anos, está uma sujeira.

O país que tem o melhor carnaval é o que tem graves problemas sociais.

Português Jurídico

Como se percebe, a vírgula pode alterar o sentido da frase. Observe que a pausa pode definir o sentido explicativo ou restritivo da oração subordinada adjetiva. Daí ser necessário atenção para que se evite a alteração grave no contexto de todo o período. Vejamos mais um exemplo:

(1) *Ganham pouco dinheiro os fiéis que têm preguiça de trabalhar como decoradores* (restritiva).

(2) *Ganham pouco dinheiro os fiéis, que têm preguiça de trabalhar como decoradores* (explicativa).

Explicando: é perceptível como a vírgula altera totalmente o sentido da frase. Na primeira (frase 1), a oração adjetiva diz que somente os fiéis que têm preguiça ganham pouco dinheiro. Na segunda (frase 2), afirma-se que todos os fiéis têm preguiça e também ganham pouco dinheiro.

XIII) Antes de "mas também", "como também" (em correlação com "não só"):
Não só escreve bem, como também fala cinco idiomas.

XIV) Em frases de respostas, após o "sim" ou o "não" emitidos:
Você é brasileiro? Sim, nasci no Brasil.
Há dúvidas na explanação? Sim, várias.

XV) Para separar as ideias paralelas dos provérbios:
Casa de ferreiro, espeto de pau.
Mocidade ociosa, velhice vergonhosa.

15.2.1. A NÃO APLICAÇÃO DA VÍRGULA

Passemos, agora, para os casos em que não se deve empregar a vírgula. A legenda [xxxxx] indica que não pode haver a vírgula no local indicado.

I) Entre sujeito e predicado
Exemplos:
Candidatos de várias nacionalidades [xxxxx] *participarão do grande concurso.*

Várias tentativas de estabelecer uma nova relação entre os setores produtivo e financeiro [xxxxx] *resultaram em fracasso.*

O egrégio Tribunal Regional Federal da 4ª Região [xxxxx] *decidiu favoravelmente ao meu constituinte.*

São, portanto, erradas as construções a seguir:
"Toda a jurisprudência (,) é desfavorável a meu cliente".
"A sentença (,) não foi devidamente fundamentada".
"A colenda Quarta Câmara de Férias do egrégio Primeiro Tribunal de Alçada Civil de São Paulo (,) julgou todos os processos que lhe foram submetidos".

Observação: se, entre o sujeito e o verbo, ocorrer a intercalação de um termo com pausas obrigatórias, terá(ão) lugar a(s) vírgula(s). Vejamos: *Meus olhos, devido à fumaça, ardiam muito.*

II) Entre o verbo e seus complementos:
Dona Fátima pediu ao diretor do colégio [xxxxx] *que colocasse o filho em outra turma.*

São erradas as construções abaixo:
"Todos queriam (,) sua eminente presença".
"O réu confirmou (,) todo seu preciso depoimento".

III) Nas orações subordinadas substantivas:
As orações subordinadas substantivas não são separadas da oração principal por vírgulas, exceção feita à subordinada apositiva. Esta, porque tem função de aposto, vem sempre isolada da oração principal por meio de vírgula, travessão ou dois-pontos. Exemplos:

Eu queria [xxxxx] que você soubesse de todos os problemas (objetiva direta).
É impossível [xxxxx] que não haja prova sobeja (subjetiva).
Só lhe faço uma observação: [xxxxx] que não despreze seus amigos (apositiva).

IV) Antes de oração adverbial consecutiva, ou seja, aquela que exprime uma consequência, um efeito ou resultado:

A tempestade caiu tão forte que arrancou mais de uma árvore.
Fazia tanto calor que as verduras apodreceram.
"Bebia que era uma lástima!" (Ribeiro Couto).
"Tenho medo disso que me pelo!" (Coelho Neto).

Observação: registre-se, em tempo, que tal regra comporta controvérsias, havendo entendimento no sentido de que a vírgula deve ser empregada.

Por fim, vale a pena recapitularmos as regras até aqui estudadas, na trilha de Rodríguez (2000: 345-346), o qual enumera em sua obra vários exemplos de frases jurídicas com aplicação apropriada da vírgula. Aprecie alguns exemplos:

"Eu defendo o devedor principal. Meu amigo, o fiador.
O réu, ou melhor, o ora apelante, pede justiça.
Depois da tempestade, vem a calmaria.
Porque você disse que viria, eu mandei fazer sua sobremesa preferida.
Tivesse o réu devolvido a quantia de que se apropriara, o resultado seria adverso.
O autor, caso se venha a confirmar a sentença de primeira instância, deverá arcar com os ônus de sucumbência.
Não se pode protocolar a petição, nem mesmo tirar cópia da sentença.
Vou dar-lhe um conselho, que sempre mantenha o respeito para com a parte contrária.
Todos os recibos estão juntados, mas isso não termina a controvérsia dos autos.
Eu faço todas as audiências, e você cuida de sustentar a tese em plenário".

15.3. DICAS RÁPIDAS

15.3.1. O ELEMENTO DE COMPOSIÇÃO "SESQUI-"

Oriundo do latim *sesqui*, tal prefixo tem a acepção de "um e meio". Portanto, quando dizemos "sesquicentenário", pretendemos nos referir a 150 anos; quando falamos em "sesquipedal", estamos com intenção de nos referir, figurativamente, a uma "palavra ou verso muito grandes" (bobagem sesquipedal, palavra sesquipedal).

15.3.2. EXCEÇÃO

Situação: *"A exceção só é regra se a regra for exceção"* (o Autor).

Comentário: o vocábulo **exceção**, a par de outros, como *excesso, excessivo, excessivamente, excepcionar*, deve consumir a atenção do aplicador do Direito, sob pena de o erro ortográfico patentear um inequívoco desleixo do usuário com relação à língua aplicada em seu dia a dia.

15.3.3. COMO SE PRONUNCIA BELCHIOR?

O substantivo "belchior" tem o sentido de "negociante de objetos usados". É nome que, com o tempo, passou a designar todos os que compram e vendem roupas e trastes usados. A pronúncia é /Belchior/ (com o ch de "CHInelo"). Isso mesmo! Talvez o espanto surja em razão de termos entre nossa música popular brasileira o inesquecível cantor e compositor de nome Belchior, a que muitos dão a pronúncia de "Belkior".

Português Jurídico

15.3.4. FORO (Ô)

O termo foro (ô) contém várias acepções, a saber:

a) O Poder Judiciário, o juízo. Exemplo:
Os contratantes elegem o foro desta cidade para dirimir quaisquer questões oriundas do contrato.

b) O prédio no qual funcionam as repartições do Poder Judiciário. Exemplo:
O foro da Comarca estava localizado no bairro do Morumbi.

c) O poder de julgar, ou seja, a alçada ou jurisdição. Exemplos:
Foro civil – Foro criminal – Foro trabalhista – Foro militar – Foro judicial.

d) A quantia que o enfiteuta paga ao senhorio direto pelo uso de um imóvel foreiro. Exemplo:
O foro pago pelo enfiteuta onerou em demasia suas reservas.

e) O direito, na forma plural, como "foros" (pronuncie "fóros"). Exemplo:
Ele adquiriu foros de cidadania.

f) O juízo da própria consciência, na expressão idiomática foro (ô) íntimo.

Observação: foro (ó): designação da praça romana, cercada de prédios públicos, onde as pessoas se reuniam para discutir os negócios públicos. No foro (/ó/) romano, competiam aos pretores os julgamentos das demandas ou causas.

15.3.5. POR QUE SE CHAMA "ENXADRISTA" AQUELE QUE JOGA XADREZ?

O vocábulo "xadrez", oriundo do árabe, tem como forma arcaica enxadrez, vocábulo igualmente dicionarizado (VOLP). Portanto, o jogador de xadrez é enxadrista ou xadrezista. Tais palavras também encontram guarida no VOLP.

No sentido popular, o vocábulo "xadrez" pode significar "prisão ou cadeia", sendo comum a forma plural "xadrezes".

Afora tal acepção, não se faz plural com o substantivo, sendo invariável. Exemplos: gravatas xadrez, camisas xadrez.

15.3.6. VERBO *JAZER*

O verbo "jazer" significa "estar deitado, estar sepultado", sendo regular em todos os tempos. Ademais, conjuga-se normalmente em todas as formas, exceto quanto à terceira pessoa do singular do presente do indicativo (ele), cuja forma é "jaz", em vez de "jaze". Portanto, aprecie a conjugação:

Eu jazo – Tu jazes – Ele jaz – Nós jazemos – Vós jazeis – Eles jazem.
Eu jazi – Tu jazeste – Ele jazeu – Nós jazemos – Vós jazestes – Eles jazeram.

15.4. AS "PÉROLAS" DO PORTUGUÊS

Serve para prosperá

Correção: o verbo adequado é *prosperar* (-rar), devendo ser pronunciado o "erre" final, em abono da boa sonoridade das letras.

Bom-censo

Correção: a expressão correta é *bom senso*, sem hífen, para o VOLP.

Quadro sinótico – Pontuação

| Pontuação | • Sinais gramaticais usados na separação de orações, na introdução de diálogos e citações ou na indicação de tipos de frases.
• Na linguagem oral, indica a pausa e a entonação. |

Capítulo 16
VERBOS

16.1. VERBOS REGULARES E IRREGULARES

Regulares: são os verbos conjugados de acordo com os seguintes paradigmas:
AMAR (1ª conjugação) – desinência na 1ª pessoa do *presente do indicativo*: eu am-o;
BEBER (2ª conjugação) – desinência na 1ª pessoa do *presente do indicativo*: eu beb-o;
PARTIR (3ª conjugação) – desinência na 1ª pessoa do *presente do indicativo*: eu part-o.

Irregulares: são os verbos que não seguem os paradigmas supracitados, pois apresentam irregularidades:

a) nas desinências

Exemplo: verbo DAR – desinência na 1ª pessoa do *presente do indicativo*: *eu dou* (observe a irregularidade na desinência, comparando-o com o verbo AMAR: *eu am-o*);

b) nos radicais

Exemplo: verbo SUBIR – desinência na 1ª pessoa do *presente do indicativo*: eu *subo* (observe a irregularidade no radical "sub" em outras pessoas: *tu sobes, ele sobe* etc.).

Entre os verbos irregulares, destacam-se os *anômalos*, os *defectivos* e os *abundantes*:

Anômalos: são os verbos muito irregulares, contendo "anomalias" ou profundas alterações nos radicais. Em português, há dois verbos anômalos: *SER* e *IR*.

Defectivos: são verbos de conjugação incompleta, não apresentando todas as flexões.

Abundantes: apresentam mais de uma forma para uma mesma flexão. Exemplos: *havemos* e *hemos; haveis* e *heis*.

Eis alguns:

Ganhar: *ganhado / ganho*	**Gastar:** *gastado / gasto*
Pagar: *pagado / pago*	**Benzer:** *benzido / bento*
Acender: *acendido / aceso*	**Morrer:** *morrido / morto*
Inserir: *inserido / inserto*	**Imprimir:** *imprimido / impresso*
Exprimir: *exprimido / expresso*	**Eleger:** *elegido / eleito*

Costumeiramente, defende-se que o *particípio regular* (terminado em -ado ou -ido) é acompanhado dos verbos *ter* e *haver*. De outra banda, o *particípio irregular* (de terminações variadas) é antecedido de *ser, estar* e *ficar*. Exemplos:

Haviam imprimido a revista; então, ela fora impressa.

A conta não estava paga, porque os irmãos não a tinham pagado.

Eu tinha acendido a vela, por isso ela ficou acesa.

Verbos Irregulares
I) Medir

	Presente do Indicativo	Presente do Subjuntivo (Que)
Eu	Meço	Meça

Tu	Medes	Meças
Ele	Mede	Meça
Nós	Medimos	Meçamos
Vós	Medis	Meçais
Eles	Medem	Meçam

II) Moer

	Presente do Indicativo	Pretérito Perfeito do Indicativo	Presente do Subjuntivo (Que)
Eu	Moo (sem acento – Acordo)	Moí	Moa
Tu	Móis	Moeste	Moas
Ele	Mói	Moeu	Moa
Nós	Moemos	Moemos	Moamos
Vós	Moeis	Moestes	Moais
Eles	Moem	Moeram	Moam

III) Rir

	Presente do Indicativo	Pretérito Perfeito do Indicativo	Presente do Subjuntivo (Que)
Eu	Rio	Ri	Ria
Tu	Ris	Riste	Rias
Ele	Ri	Riu	Ria
Nós	Rimos	Rimos	Riamos (Ri-a-mos)
Vós	Rides	Ristes	Riais (Ri-ais)
Eles	Riem	Riram	Riam

IV) Aderir

	Presente do Indicativo
Eu	Adiro
Tu	Aderes
Ele	Adere
Nós	Aderimos
Vós	Aderis
Eles	Aderem

Português Jurídico

Importante: conjugam-se, da mesma forma, **COMPELIR** (Eu compilo...), **COMPE-TIR** (Eu compito...), **DESPIR** (Eu dispo...), **FERIR** (Eu firo...), **REPELIR** (Eu repilo...).

V) Polir

	Presente do Indicativo	Presente do Subjuntivo (Que)
Eu	Pulo	Pula
Tu	Pules	Pulas
Ele	Pule	Pula
Nós	Polimos	Pulamos
Vós	Polis	Pulais
Eles	Pulem	Pulam

Importante: não confunda com as flexões verbais do verbo PULAR (regular). Observe o quadro comparativo:

	POLIR		PULAR	
	Presente do Indicativo	Presente do Subjuntivo (Que)	Presente do Indicativo	Presente do Subjuntivo (Que)
Eu	PULO	PULA	PULO	Pule
Tu	PULES	PULAS	PULAS	PULES
Ele	PULE	PULA	PULA	PULE
Nós	Polimos	PULAMOS	PULAMOS	Pulemos
Vós	Polis	PULAIS	PULAIS	Puleis
Eles	PULEM	PULAM	PULAM	PULEM

VI) Perder

	Presente do Indicativo	Presente do Subjuntivo (Que)
Eu	Perco	Perca
Tu	Perdes	Percas
Ele	Perde	Perca
Nós	Perdemos	Percamos
Vós	Perdeis	Percais
Eles	Perdem	Percam

VII) Caber

	Presente do Indicativo	Pretérito Perfeito do Indicativo	Presente do Subjuntivo (Que)
Eu	Caibo	Coube	Caiba

Tu	Cabes	Coubeste	Caibas
Ele	Cabe	Coube	Caiba
Nós	Cabemos	Coubemos	Caibamos
Vós	Cabeis	Coubestes	Caibais
Eles	Cabem	Couberam	Caibam

VIII) Ser

	Presente do Indicativo	Presente do Subjuntivo (Que)	Imperativo Afirmativo
Eu	Sou	Seja	------------------
Tu	És	Sejas	Sê (tu)
Ele	É	Seja	Seja (você)
Nós	Somos	Sejamos	Sejamos (nós)
Vós	Sois	Sejais	Sede (vós)
Eles	São	Sejam	Sejam (vocês)

IX) Averiguar

	Presente do Indicativo	Pretérito Perfeito do Indicativo	Presente do Subjuntivo (Que)
Eu	AveriGUo (ou AveRÍguo – Acordo)	Averiguei	AveriGUe (ou AveRÍgue – Acordo)
Tu	AveriGUas (ou AveRÍguas – Acordo)	Averiguaste	AveriGUes (ou AveRÍgues – Acordo)
Ele	AveriGUa (ou AveRÍgua – Acordo)	Averiguou	AveriGUe (ou AveRÍgue – Acordo)
Nós	AveriGUAmos	Averiguamos	AveriGUEmos (sem trema – Acordo)
Vós	AveriGUAis	Averiguastes	AveriGUEis (sem trema – Acordo)
Eles	AveriGUam (ou AveRÍguam – Acordo)	Averiguaram	AveriGUem (ou AveRÍguem – Acordo)

Importante: o Acordo Ortográfico trouxe importante mudança para certos verbos, sobretudo no campo da acentuação.

Os verbos **APAZIGUAR, AVERIGUAR, APANIGUAR, AGUAR, OBLIQUAR, ENXAGUAR, DESAGUAR, APROPINQUAR, DELINQUIR** passam a oferecer dois paradigmas de acentuação, após o Acordo.

Vamos conhecer as particularidades a partir dos **quadros explicativos** a seguir, começando a análise pelos verbos **APAZIGUAR, AVERIGUAR, APANIGUAR**:

Português Jurídico

185

VERBO	ANTES DO ACORDO	APÓS O ACORDO (DOIS PARADIGMAS DE ACENTUAÇÃO)
APAZIGUAR	Eu apaziguo	Eu apaziguo *(gu-o)* OU Eu apazíguo *(com acento em -zí)*
	(Que) eu apazigúe *(com acento em -gú)*	(Que) eu apazigue *(gu-e)* OU (Que) eu apazígue *(com acento em -zí)*
AVERIGUAR	Eu averiguo	Eu averiguo *(gu-o)* OU Eu averíguo *(com acento em -rí)*
	(Que) eu averigúe *(com acento em -gú)*	(Que) eu averigue *(gu-e)* OU (Que) eu averígue *(com acento em -rí)*
APANIGUAR	Eu apaniguo	Eu apaniguo *(gu-o)* OU Eu apaníguo *(com acento em -ní)*
	(Que) eu apanigúe *(com acento em -gú)*	(Que) eu apanigue *(gu-e)* OU (Que) eu apanígue *(com acento em -ní)*

Da mesma forma, com os verbos **AGUAR**, **ENXAGUAR** e **DESAGUAR**:

VERBO	ANTES DO ACORDO	APÓS O ACORDO (DOIS PARADIGMAS DE ACENTUAÇÃO)
AGUAR	Eu águo *(á-guo)* OU Eu aguo *(a-gu-o)*	Idem
	(Que) eu ágúe *(á-güe: com trema)* OU (Que) eu agúe *(a-gú-e: com acento em -gú)*	(Que) eu águe *(á-gue: sem trema)* OU (Que) eu ague *(a-gu-e: sem acento)*
ENXAGUAR	Eu enxáguo *(en-xá-guo)* OU Eu enxaguo *(en-xa-gu-o)*	Idem
	(Que) eu enxágüe *(en-xá-güe: com trema)* OU (Que) eu enxagúe *(en-xa-gú-e: com acento em -gú)*	(Que) eu enxágue *(en-xá-gue: sem trema)* OU (Que) eu enxague *(en-xa-gu-e: sem acento)*
DESAGUAR	Eu deságuo *(de-sá-guo)* OU Eu desaguo *(de-sa-gu-o)*	Idem
	(Que) eu deságüe *(de-sá-güe: com trema)* OU (Que) eu desagúe *(de-sa-gú-e: com acento em -gú)*	(Que) eu deságue *(de-sá-gue: sem trema)* OU (Que) eu desague *(de-sa-gu-e: sem acento)*

Da mesma forma, com os verbos **OBLIQUAR** e **APROPINQUAR**:

VERBO	ANTES DO ACORDO	APÓS O ACORDO (DOIS PARADIGMAS DE ACENTUAÇÃO)
OBLIQUAR	Eu obliquo *(o-bli-qu-o)* OU Eu oblíquo *(o-blí-quo)*	Idem
	(Que) eu obliqúe *(acento em -qú)*	(Que) eu oblique *(qu-e)* OU (Que) eu oblíque *(sem trema e com acento em -blí)*

SINOPSES JURÍDICAS

APROPINQUAR	Eu apropinquo *(qu-o)* OU Eu apropín-quo *(com acento em* -pín*)*	*Idem*
	(Que) eu apropinqúe *(acento em* -qú*)*	(Que) eu apropinque *(qu-e)* OU (Que) eu apropínque *(sem trema/com acento /* -pín*)*

X) Reaver

	Presente do Indicativo	Pretérito Perfeito do Indicativo
Eu	-----------------	*Reouve*
Tu	-----------------	*Reouveste*
Ele	-----------------	*Reouve*
Nós	*Reavemos*	*Reouvemos*
Vós	*Reaveis*	*Reouvestes*
Eles	-----------------	*Reouveram*

Importante: conjuga-se como *haver*, mas só possui as formas que mantêm a letra -**v**. Na 3ª pessoa do singular do *pretérito perfeito do indicativo*, não deve ser usada a forma "reaveu"! A forma correta é **reouve**. Ademais, "reaveja" e "reavejam" não existem!

Verbos Defectivos

Os *verbos defectivos* não possuem a conjugação completa, ou por terem formas antieufônicas, ou por não terem sido assimiladas pelo uso. O problema dos verbos defectivos ocorre basicamente no "presente do indicativo" e suas formas derivadas.

ABOLIR (1º Grupo)

Não possuem a 1ª pessoa do presente do indicativo.

Consequentemente, **não** possuem *presente do subjuntivo* e *imperativo negativo*.

	Presente do Indicativo	Pretérito Perfeito do Indicativo	Imperativo Afirmativo
Eu	-----------------	*Aboli*	-----------------
Tu	*Aboles*	*Aboliste*	*Abole tu*
Ele	*Abole*	*Aboliu*	-----------------
Nós	*Abolimos*	*Abolimos*	-----------------
Vós	*Abolis*	*Abolistes*	*Aboli vós*
Eles	*Abolem*	*Aboliram*	-----------------

1º GRUPO: igualmente, conjugam-se os verbos **DEMOLIR** (Tu demoles, Ele demole...), **RETORQUIR** (Tu retorques, Ele retorque...), **COLORIR** (Tu colores, Ele colore...), **BANIR** (Tu banes, Ele bane...), **EXTORQUIR** (Tu extorques, Ele extorque...), **USUCAPIR** (Tu usucapes, Ele usucape...).

Português Jurídico

FALIR (2º Grupo)

No presente do indicativo, só possui as formas arrizotônicas, as quais são conjugadas apenas quando o radical é seguido de "i".
Não possuem *presente do subjuntivo* e *imperativo negativo*.
No imperativo afirmativo, só existe a 2ª pessoa do plural.

	Presente do Indicativo	Pretérito Perfeito do Indicativo	Imperativo Afirmativo
Eu	------------------	Fali	------------------
Tu	------------------	Faliste	------------------
Ele	------------------	Faliu	------------------
Nós	Falimos	Falimos	------------------
Vós	Falis	Falistes	Fali (vós)
Eles	------------------	Faliram	------------------

2º GRUPO: da mesma forma, conjugam-se os verbos **REMIR** e **EMPEDERNIR.**

ADEQUAR (3º Grupo)

Deriva do 2º Grupo, já apresentado, com o acréscimo de algumas formas no *presente do subjuntivo.*

	Presente do Indicativo	Imperativo Afirmativo	Imperativo Negativo	Presente do Subjuntivo
Eu	------------------	------------------	------------------	------------------
Tu	------------------	------------------	------------------	------------------
Ele	------------------	------------------	------------------	------------------
Nós	Adequamos	Adequemos	(Não) Adequemos	Adequemos
Vós	Adequais	Adequai	(Não) Adequeis	Adequeis
Eles	------------------	------------------	------------------	------------------

Importante: para o *Dicionário Houaiss*, o verbo *adequar* admite uma segunda possibilidade de conjugação, com a sílaba tônica e graficamente acentuada nas formas *rizotônicas.* Vejamos:

	Presente do Indicativo	Imperativo Afirmativo	Imperativo Negativo	Presente do Subjuntivo
Eu	Adéquo	------------------	(Não) Adéque	Adéque
Tu	Adéquas	Adéqua	(Não) Adéques	Adéques
Ele	Adéqua	Adéque	(Não) Adéque	Adéque
Nós	Adequamos	Adequemos	(Não) Adequemos	Adequemos

Vós	Adequais	Adequai	(Não) Adequeis	Adequeis
Eles	Adéquam	Adéquem	(Não) Adéquem	Adéquem

Ainda sobre o 3º Grupo...: PRECAVER e REAVER

Derivam do 3º grupo, já apresentado, com a observação de que não possuem *presente do subjuntivo* e *imperativo negativo*.

PRECAVER não deriva de VER, nem de VIR. Logo, não existem "precavejo" nem "precavenho", sendo errônea a forma: "Ele que se precavenha".

Corrigindo: *Ele que se acautele* (ou ...*que se previna...que se precate...que se cuide*).

REAVER segue o modelo de HAVER, só apresentando as formas em que o verbo *haver* apresenta a letra *v*.

PRECAVER		
	Presente do Indicativo	Imperativo Afirmativo
Eu	....	....
Tu	....	....
Ele	....	....
Nós	Precavemos	....
Vós	Precaveis	Precavei
Eles	....	....

REAVER		
	Presente do Indicativo	Imperativo Afirmativo
Eu	....	....
Tu	....	....
Ele	....	....
Nós	Reavemos	....
Vós	Reaveis	Reavei
Eles	....	....

A conjugação correta de verbos, como **REQUERER**, **VIGER**, **ARGUIR**, **VIR** e **VER**, entre outros, representa, a nosso ver, uma "obrigação" ou "dever" para o operador do Direito preocupado com a boa linguagem. Vamos a eles:

Verbo Requerer

Verbo irregular, de 2ª conjugação. No *presente do indicativo* (à exceção da 1ª pessoa do singular – *eu requeiro*), no *presente do subjuntivo*, no *imperativo afirmativo* e no *imperativo negativo*, tem conjugação idêntica à do verbo QUERER. Nos tempos restantes, tem conjugação regular.

Português Jurídico

MODO INDICATIVO

	Presente	Pretérito Perfeito	Pretérito Imperfeito	Pretérito Mais-que-perfeito	Futuro do Presente	Futuro do Pretérito
Eu	Requeiro	Requeri	Requeria	Requerera	Requererei	Requereria
Tu	Requeres	Requereste	Requerias	Requereras	Requererás	Requererias
Ele	Requer	Requereu	Requeria	Requerera	Requererá	Requereria
Nós	Requeremos	Requeremos	Requeríamos	Requerêramos	Requereremos	Requereríamos
Vós	Requereis	Requerestes	Requeríeis	Requerêreis	Requerereis	Requereríeis
Eles	Requerem	Requereram	Requeriam	Requereram	Requererão	Requereriam

MODO SUBJUNTIVO

	Presente	Futuro	Pretérito Imperfeito
Eu	Requeira	Requerer	Requeresse
Tu	Requeiras	Requereres	Requeresses
Ele	Requeira	Requerer	Requeresse
Nós	Requeiramos	Requerermos	Requerêssemos
Vós	Requeirais	Requererdes	Requerêsseis
Eles	Requeiram	Requererem	Requeressem

MODO IMPERATIVO

	Afirmativo	Negativo
Eu	-----------------	-----------------
Tu	Requere	Não requeiras
Ele	Requeira	Não requeira
Nós	Requeiramos	Não requeiramos
Vós	Requerei	Não requeirais
Eles	Requeiram	Não requeiram

FORMAS NOMINAIS

	Infinitivo Impessoal	Infinitivo Pessoal	Gerúndio	Particípio
Eu		Requerer		

Tu		Requereres		
Ele		Requerer		
Nós	Requerer	Requerermos	Requerendo	Requerido
Vós		Requererdes		
Eles		Requererem		

Verbo Viger

Verbo defectivo de 2ª conjugação. Faltam-lhe inúmeras formas e as delas derivadas.Por não ter particípio, não possui tempos compostos.

	Presente	Pretérito Perfeito	Pretérito Imperfeito	Pretérito Mais-que-perfeito	Futuro do Presente	Futuro do Pretérito
MODO INDICATIVO						
Eu	----------	Vigi	Vigia	Vigera	Vigerei	Vigeria
Tu	Viges	Vigeste	Vigias	Vigeras	Vigerás	Vigerias
Ele	Vige	Vigeu	Vigia	Vigera	Vigerá	Vigeria
Nós	Vigemos	Vigemos	Vigíamos	Vigêramos	Vigeremos	Vigeríamos
Vós	Vigeis	Vigestes	Vigíeis	Vigêreis	Vigereis	Vigeríeis
Eles	Vigem	Vigeram	Vigiam	Vigeram	Vigerão	Vigeriam

Importante: para o *Dicionário Houaiss*, o verbo *viger* admite mais formas de conjugação:

	Presente	Pretérito Perfeito	Pretérito Imperfeito	Pretérito Mais-que--perfeito	Futuro do Presente	Futuro do Pretérito
MODO INDICATIVO						
Eu	Vijo	Vigi	Vigia	Vigera	Vigerei	Vigeria
Tu	Viges	Vigeste	Vigias	Vigeras	Vigerás	Vigerias
Ele	Vige	Vigeu	Vigia	Vigera	Vigerá	Vigeria
Nós	Vigemos	Vigemos	Vigíamos	Vigêramos	Vigeremos	Vigeríamos
Vós	Vigeis	Vigestes	Vigíeis	Vigêreis	Vigereis	Vigeríeis
Eles	Vigem	Vigeram	Vigiam	Vigeram	Vigerão	Vigeriam

	Presente (Que)	Futuro	Pretérito Imperfeito
MODO SUBJUNTIVO			
Eu	Vija	Viger	Vigesse

Português Jurídico

Tu	Vijas	Vigeres	Vigesses
Ele	Vija	Viger	Vigesse
Nós	Vijamos	Vigermos	Vigêssemos
Vós	Vijais	Vigerdes	Vigêsseis
Eles	Vijam	Vigerem	Vigessem

MODO IMPERATIVO	
Afirmativo	
Eu	------------------
Tu	Vige
Ele	Vija
Nós	Vijamos
Vós	Vigei
Eles	Vijam

FORMAS NOMINAIS			
Infinitivo Impessoal	Infinitivo Pessoal	Gerúndio	Particípio
Eu		Viger		
Tu		Vigeres		
Ele	Viger	Viger	Vigendo	Vigido
Nós		Vigermos		
Vós		Vigerdes		
Eles		Vigerem		

Verbo Arguir

Verbo irregular de 3ª conjugação. Da mesma forma, conjuga-se **REDARGUIR**. Varia somente nas desinências.

ARGUIR (SEM TREMA – ACORDO)		
Presente do Indicativo	Pretérito Perfeito do Indicativo	Imperativo Afirmativo
Eu	ArGUo	ArGUI (sem trema – Acordo)	------------------

Tu	ArGUis (Ar-gu-is: sem acento – Acordo)	ArGUIste (sem trema – Acordo)	ArGUi (Ar-gu-i: sem acento – Acordo)
Ele	ArGUi (Ar-gui: sem acento – Acordo)	ArGUIu (sem trema – Acordo)	ArGUa
Nós	ArGUImos (sem trema – Acordo)	ArGUImos (sem trema – Acordo)	ArGUAmos
Vós	ArGUIs (Ar-guis: sem trema – Acordo)	ArGUIstes (sem trema – Acordo)	ArGUI (Ar-gui: sem trema – Acordo)
Eles	ArGUem (Ar-gu-em: sem acento – Acordo)	ArGUIram (sem trema – Acordo)	ArGUam

Importante: observe que o Acordo Ortográfico trouxe importante mudança para certos verbos, sobretudo no campo da acentuação. **Após o Acordo:** *eu arguo, tu arguis* (ar-gu-is: sem acento), *ele argui* (ar-gui: sem acento), *nós arguimos* (sem trema), *vós arguis* (sem trema), *eles arguem* (ar-gu-em: sem acento).

MODO INDICATIVO * Sem trema – acordo						
	Presente	Pretérito Perfeito	Pretérito Imperfeito	Pretérito Mais-que--perfeito	Futuro do Presente	Futuro do Pretérito
Eu	Arguo	Argui*	Arguia*	Arguira*	Arguirei*	Arguiria*
Tu	Arguis	Arguiste*	Arguias*	Arguiras*	Arguirás*	Arguirias*
Ele	Argui	Arguiu*	Arguia*	Arguira*	Arguirá*	Arguiria*
Nós	Arguimos*	Arguimos*	Arguíamos*	Arguíramos*	Arguiremos*	Arguiríamos*
Vós	Arguis*	Arguistes*	Arguíeis*	Arguíreis*	Arguireis*	Arguiríeis*
Eles	Arguem	Arguiram*	Arguiam*	Arguiram*	Arguirão*	Arguiriam*

MODO SUBJUNTIVO * Sem trema – acordo		
	Presente	Futuro	Pretérito Imperfeito
Eu	Argua	Arguir*	Arguisse*
Tu	Arguas	Arguires*	Arguisses*
Ele	Argua	Arguir*	Arguisse*
Nós	Arguamos	Arguirmos*	Arguíssemos*
Vós	Arguais	Arguirdes*	Arguísseis*
Eles	Arguam	Arguirem*	Arguissem*

Português Jurídico

MODO IMPERATIVO * Sem trema – acordo	
Afirmativo	**Negativo**
Eu	-------------------	-------------------
Tu	ArGUi	Não arGUas
Ele	ArGUa	Não arGUa
Nós	ArGUAmos	Não arGUAmos
Vós	ArGUI*	Não arGUAis
Eles	ArGUam	Não arGUam

FORMAS NOMINAIS * Sem trema – acordo				
	Infinitivo Impessoal	**Infinitivo Pessoal**	**Gerúndio**	**Particípio**
Eu		Arguir*		
Tu		Arguires*		
Ele	Arguir*	Arguir*	Arguindo*	Arguido*
Nós		Arguirmos*		
Vós		Arguirdes*		
Eles		Arguirem*		

Verbo Vir

Verbo irregular de 3ª conjugação. Da mesma forma, conjugam-se <mark>INTERVIR</mark>, <mark>DESAVIR</mark>, <mark>PROVIR</mark>, <mark>CONVIR</mark>.Varia nas desinências.

MODO INDICATIVO						
	Presente	**Pretérito Perfeito**	**Pretérito Imperfeito**	**Pretérito Mais-que-perfeito**	**Futuro do Presente**	**Futuro do Pretérito**
Eu	Venho	Vim	Vinha	Viera	Virei	Viria
Tu	Vens	Vieste	Vinhas	Vieras	Virás	Virias
Ele	Vem	Veio	Vinha	Viera	Virá	Viria
Nós	Vimos	Viemos	Vínhamos	Viéramos	Viremos	Viríamos
Vós	Vindes	Viestes	Vínheis	Viéreis	Vireis	Viríeis
Eles	Vêm	Vieram	Vinham	Vieram	Virão	Viriam

<mark>Importante:</mark> da mesma forma, não se pode confundir as flexões *vimos* e *viemos*, ambas afetas ao verbo *vir*. A primeira flexão indica a 1ª pessoa do plural do *presente do indicativo*, enquanto a segunda indica a 1ª pessoa do plural do *pretérito perfeito do indicativo*. Sendo assim, devemos falar *vimos hoje* e *viemos ontem*.

MODO SUBJUNTIVO

	Presente	Futuro	Pretérito Imperfeito
Eu	Venha	Vier	Viesse
Tu	Venhas	Vieres	Viesses
Ele	Venha	Vier	Viesse
Nós	Venhamos	Viermos	Viéssemos
Vós	Venhais	Vierdes	Viésseis
Eles	Venham	Vierem	Viessem

MODO IMPERATIVO

	Afirmativo	Negativo
Eu	-----------------	-----------------
Tu	Vem	Não venhas
Ele	Venha	Não venha
Nós	Venhamos	Não venhamos
Vós	Vinde	Não venhais
Eles	Venham	Não venham

Observação: o verbo *vir* é comumente alvo de transgressões, sobretudo no campo do *imperativo*, a par de outros verbos.

Observe a famosa frase de propaganda: "Vem pra Caixa você também". Como se sabe, o verbo *vir*, no imperativo afirmativo, deve formar *venha*, na terceira pessoa do singular (ele), desconsiderando-se o efeito de intimidade trazido pela outra forma. Portanto, **o correto** seria: *Venha pra Caixa você também*. Por outro lado, a frase tornar-se-ia legítima se a concordância fosse feita com a segunda pessoa do singular (tu): *Vem pra Caixa tu também*.

FORMAS NOMINAIS

	Infinitivo Impessoal	Infinitivo Pessoal	Gerúndio	Particípio
Eu		Vir		
Tu		Vires		
Ele	Vir	Vir	Vindo	Vindo
Nós		Virmos		
Vós		Virdes		
Eles		Virem		

Verbo Ver

Verbo irregular de 2ª conjugação. Da mesma forma, conjugam-se **ANTEVER, PRE-VER, REVER**. Varia nas desinências.

MODO INDICATIVO						
	Presente	Pretérito Perfeito	Pretérito Imperfeito	Pretérito Mais-que-perfeito	Futuro do Presente	Futuro do Pretérito
Eu	Vejo	Vi	Via	Vira	Verei	Veria
Tu	Vês	Viste	Vias	Viras	Verás	Verias
Ele	Vê	Viu	Via	Vira	Verá	Veria
Nós	Vemos	Vimos	Víamos	Víramos	Veremos	Veríamos
Vós	Vedes	Vistes	Víeis	Víreis	Vereis	Veríeis
Eles	Veem (Acordo)	Viram	Viam	Viram	Verão	Veriam

MODO SUBJUNTIVO			
	Presente	Futuro	Pretérito Imperfeito
Eu	Veja	Vir	Visse
Tu	Vejas	Vires	Visses
Ele	Veja	Vir	Visse
Nós	Vejamos	Virmos	Víssemos
Vós	Vejais	Virdes	Vísseis
Eles	Vejam	Virem	Vissem

MODO IMPERATIVO		
	Afirmativo	Negativo
Eu	------------------	------------------
Tu	Vê	Não vejas
Ele	Veja	Não veja
Nós	Vejamos	Não vejamos
Vós	Vede	Não vejais
Eles	Vejam	Não vejam

FORMAS NOMINAIS				
	Infinitivo Impessoal	Infinitivo Pessoal	Gerúndio	Particípio
Eu		Ver		
Tu		Veres		
Ele	Ver	Ver	Vendo	Visto
Nós		Vermos		
Vós		Verdes		
Eles		Verem		

Frases para recaptulação

À guisa de memorização, seguem algumas frases elaboradas com os verbos assimilados:

a) Eu *requeiro* providências.

b) Eu *requeri* providências na semana passada.

c) Se ele *requeresse* o laudo, não teria perdido o prazo.

d) A advogada *requereu* o parecer do delegado.

e) O decreto ainda *vige*.

f) A lei *vigeu* até domingo.

g) Todas as portarias *vigeram* até o ano passado.

h) A lei deve *viger* até o fim do ano.

i) A instrução normativa está *vigendo* para todos.

j) Eu *arGUo* diariamente sobre tal dilema. Ele também argui.

k) Eu *arGUI* na última petição.

l) *ArGUa* sempre com clareza.

m) *Vimos*, hoje, pela presente, requerer tal providência.

n) Nós *viemos* aqui pra beber ou pra conversar.

o) Eu *intervim* ontem nos autos.

p) Ele *interveio* ontem nos autos.

q) Nós *intervimos*, hoje, às 16h30min.

(Presente do indicativo, e não no "pretérito perfeito".)

r) Quando você *vir* o meu gerente, comunique-me.

s) Quando você *vier* aqui, estarei desocupado.

16.2. USO DOS TEMPOS VERBAIS

I) O TEMPO PRESENTE

O tempo verbal **presente** identifica que o evento narrado é contemporâneo ao tempo da fala. Exemplo:

Os documentos foram analisados em tempo hábil.

II) O TEMPO PRETÉRITO PERFEITO

O **pretérito perfeito** identifica um tempo narrado anterior ao momento da fala do emissor. Exemplo:

Português Jurídico

O advogado não requereu as provas antes do despacho deferitório.

III) O TEMPO FUTURO DO PRESENTE

O futuro do presente identifica que o evento narrado é posterior ao momento da enunciação. Exemplo:

Os advogados intervirão no feito, antes de qualquer providência suplementar.

Importante:

i. Quando o marco temporal estiver no passado, os fatos podem ser contemporâneos, anteriores ou posteriores a ele.

Exemplos:

- *Na semana em que cheguei de viagem, o funcionário TRABALHOU muito.*
- *Na semana em que cheguei de viagem, o funcionário TRABALHAVA muito.*
- *Na semana em que cheguei de viagem, o funcionário TRABALHARA muito.*
- *Na semana em que cheguei de viagem, o funcionário disse que TRABALHARIA muito.*

Explicando:

i.1. Quando o evento narrado for concomitante ao marco temporal passado, pode haver a utilização de dois tempos verbais – o *pretérito perfeito* e o *pretérito imperfeito*.

Pretérito Perfeito: este tempo é válido para delimitar a duração do fato, em um espaço de tempo definido.

Pretérito Imperfeito: este tempo é válido para demonstrar que o evento ainda ocorria, quando se deu a ação do marco temporal passado.

i.2. Quando o evento narrado for anterior ao marco temporal passado, usamos o pretérito mais-que-perfeito.

i.3. Quando o evento narrado é posterior ao marco temporal passado, usamos o futuro do pretérito.

ii. Quando o marco temporal for futuro, os eventos também podem ser contemporâneos, anteriores ou posteriores a ele.

Exemplos:

- *Quando a parte se manifestar, eu já HAVEREI CUMPRIDO o despacho do Juiz.*
- *Quando a parte se manifestar, eu ESTAREI CUMPRINDO o despacho do Juiz.*
- *Após a parte se manifestar, eu CUMPRIREI o despacho do Juiz.*

16.3. O GERÚNDIO E O GERUNDISMO

O gerúndio é uma forma verbal conhecida como *forma nominal do verbo*, juntamente com o *infinitivo* e o *particípio*. Ela pode e deve ser usada para expressar uma ação em curso ou uma ação simultânea à outra, ou para exprimir a ideia de progressão indefinida. Combinado com os auxiliares *estar, andar, ir, vir*, o gerúndio marca uma *ação durativa*, com aspectos diferenciados:

1) O verbo *estar*, seguido de gerúndio, indica uma ação durativa, num momento rigoroso: *Estavam todos REPOUSANDO.*

2) O verbo *andar*, seguido de gerúndio, indica uma ação durativa, em que predomina a ideia de intensidade ou de movimentos reiterados:

Marcos ANDAVA ACORDANDO sem ânimo.

ANDEI PROCURANDO uma solução para o caso.

3) O verbo *ir*, seguido de gerúndio, expressa uma ação durativa, que se realiza progressivamente ou por etapas sucessivas:

Dias de sorte VÊM SURGINDO na última semana.

VÃO-SE SURGINDO as situações uma a uma, a cada contrato assinado.

4) O verbo *vir*, seguido de gerúndio, expressa uma ação durativa, que se desenvolve gradualmente em direção à época ou ao lugar em que nos encontramos:

O Tribunal não compreende como a arguição VEM SENDO suscitada no dia a dia.

A Gramática não explica como tal expressão VEM SENDO usada pelos falantes.

O **gerundismo** é fenômeno linguístico recente no Brasil, traduzindo-se em inadequada maneira de falar e de escrever, em razão da má influência do idioma *inglês* na língua portuguesa. O gerundismo também é conhecido por *endorreia* – "é assim que os puristas chamam ao abuso do gerúndio e ao seu uso pouco vernáculo", consoante os dizeres de Rodrigues Lapa (1959: 177).

Observe alguns **condenáveis exemplos** de gerundismo:

"Espero que você possa estar recortando a revista".

"Acreditamos que você possa estar deixando a encomenda na casa".

Gerundismo aceitável (a ação é durativa):

Não será possível vê-la nesse mês, pois vou estar viajando pelo Sudeste.

Em outros artigos ela estará dando maior atenção a cada um desses assuntos.

A adolescente deve estar fazendo os trabalhos agora.

16.4. A COLOCAÇÃO PRONOMINAL E A CONJUGAÇÃO DOS VERBOS

I) A ÊNCLISE

Se os pronomes **o, a, os, as, me, te, se, nos, vos, lhe, lhes** encontrarem-se *pospostos* à forma verbal, teremos a *ênclise*. Os pronomes conservam suas formas, unindo-se aos verbos por hífen, caso a forma verbal termine em **vogal** ou em **ditongo oral**. Exemplos:

Você compra o material – Você compra-o.

Ele vende a apostila – Ele vende-a.

Caso a forma verbal termine em vogal + r, **teremos alterações importantes em sua formação.** Observe "passos":

1º **Passo:** suprime-se o **-r**.

2º **Passo:** o pronome que se seguir, seja **o, a, os, as**, toma a letra **-l**, criando-se **lo, la, los, las**, respectivamente.

3º **Passo:** acentua-se a forma verbal de acordo com as regras convencionais de acentuação.

Exemplo: **Você deve comprar a apostila – Você deve comprá-la.**

Analisando: o verbo *comprar* perde o -r, surgindo a forma verbal "compra" – uma oxítona terminada em -a, portanto, acentuada, obrigatoriamente. Logo, a forma correta é "comprá", com acento agudo, à qual se unirá a forma pronominal -lo, substitutiva do objeto direto (a apostila).

Observe outros exemplos:

Ele passará a vender a moto – Ele passará a vendê-la.

Todo namorado deve mandar flores à namorada – Todo namorado deve mandá-las à namorada.

Assim, memorize, quanto à acentuação:

Se a **última vogal do verbo**, *após suprimir-se o* **-r**, *for:*

A, *leva o acento agudo: AMAR – amá-lo, amá-la, amá-los, amá-las.*

Português Jurídico

E *ou* O, *leva o acento circunflexo:* VENDER – *vendê-lo, vendê-la, vendê-los, vendê-las;* PÔR: *pô-lo, pô-la, pô-los, pô-las.*
I, *não leva acento gráfico:* ABRIR: *abri-lo, abri-la, abri-los, abri-las.*

Caso a forma verbal termine em grupo vocálico [-ai/-ui] + -r:

1º Passo: suprime-se o -r.
2º Passo: o pronome que se seguir, seja o, a, os, as, toma a letra -l, criando-se lo, la, los, las, respectivamente.
3º Passo: O i do grupo vocálico -ai ou -ui leva acento agudo.

Exemplo: Você deve possuir os conhecimentos – Você deve possuí-los.
Analisando: o verbo *possuir* perde o -r, surgindo a forma verbal "possui", com separação silábica "pos-su-i". Segundo a boa acentuação, trata-se de um hiato, com acento agudo obrigatório no -í, a cuja forma se unirá o pronome -los, substitutivo do objeto direto (*os conhecimentos*).

Caso a forma verbal termine em -s ou em -z:

1º Passo: suprimem-se essas consoantes.
2º Passo: o pronome que se seguir, seja o, a, os, as, toma a letra -l, criando-se lo, la, los, las, respectivamente.
3º Passo: acentua-se a forma verbal de acordo com as regras convencionais de acentuação.

Exemplo: Ele fez as tarefas – Ele fê-las.
Analisando: *fez* perde a consoante -z, surgindo a forma verbal "fe" – um monossílabo tônico com terminação em -e, portanto, acentuado, obrigatoriamente. Logo, a forma correta é "fê", com acento circunflexo, à qual se unirá a forma pronominal -las, substitutiva do objeto direto (as análises).

Observe outros exemplos:
A menina traz as canetas – A menina *trá-las.*
O garoto faz as oferendas – O garoto *fá-las.*

Assim, memorize, quanto à acentuação:

Se a **última vogal** – *sendo tônica e precedendo o -s ou o -z (quer tome acento gráfico ou não) – for:*
A, *leva acento agudo: dás – dá-lo; faz – fá-lo; traz – trá-lo.*
E, *leva acento circunflexo: fez – fê-lo.* I *ou* U, *não leva acento gráfico: diz – di-lo; pus – pu-lo; traduz – tradu-lo.*
Observação: *se a última vogal que precede o -s é átona não toma acento gráfico. Exemplos:*
Tu compras – Tu compra-lo.
Tu vendes – Tu vende-lo.
Nós pusemos – Nós pusemo-lo.
É importante registrar que, com relação ao verbo pôr *e seus derivados, a terceira pessoa do singular do pretérito perfeito do indicativo (*pôs, compôs, repôs, dispôs *etc.) conserva o acento circunflexo, quando seguida dos pronomes* o, a, os, as. *Exemplos: pô-lo, repô-lo, compô-la, dispô-las.*

Caso a forma verbal termine em -m ou em ditongo nasal:

1º Passo: não sofre modificação.
2º Passo: os pronomes o, a, os, as recebem um "n" eufônico e são unidos ao verbo por um hífen. Exemplos: *deram – deram-no; põe – põe-no.*

II) A PRÓCLISE

Se os pronomes **o, a, os, as, me, te, se, nos, vos, lhe, lhes** encontrarem-se *antepostos* à forma verbal, teremos a *próclise.* Observemos o quadro abaixo, o qual registra as situações possíveis:

CASOS DE PRÓCLISE OBRIGATÓRIA

a) Quando aparecem certas partículas atrativas, tais como:

a.1) Palavras negativas:
Não me perturbe.
Jamais o condene.
Nunca o chame assim.
Isso não o interessa.

a.2) Pronomes relativos:
A razão que lhe expus é a mesma de ontem.
O homem que a ajudou é meu sogro.

a.3) Pronomes indefinidos:
Alguém a notou aqui?
Ninguém me perguntará nada?

a.4) Pronomes interrogativos:
Quem os interpelou?

a.5) Pronomes demonstrativos:
Isso o deixa encabulado.
Aquele o chama toda vez que este o repudia.

a.6) Conjunções subordinativas:
Se o vir hoje, informe-o disso.
Se a encontrar, mande-lhe lembranças.

a.7) Advérbios:
Sempre os vejo separados.
Diariamente me ofendem.

b) Em frases exclamativas:
Como os atrapalham!

c) Em frases optativas (que exprimem desejo):
Deus vos acompanhe.
Deus lhe pague a ajuda.

d) Quando unidos às seguintes formas verbais:

d.1) Gerúndio, precedido da preposição "em":
Em o vendo chorar, arrependi-me do que lhe dissera.
Em o percebendo chegar, tome as providências.

d.2) Infinitivo pessoal, precedido de preposição:
Proponho isso por o desejar muito.
Espero que prove o doce para o oferecer.

III) A MESÓCLISE

No *futuro do presente* e no *futuro do pretérito*, no modo indicativo, os pronomes o, a, os, as, me, te, se, nos, vos, lhe, lhes não podem vir "depois" da forma verbal, mas sim no "meio" dela. Temos, então, a *mesóclise*. Nesse caso, observam-se as seguintes regras para a sua construção:

1º Passo: suprime-se o -r que precede a desinência.
2º Passo: adiciona-se a letra -l ao pronome, o qual unimos ao verbo por um hífen e, finalmente, à desinência, também por hífen.

Português Jurídico

201

> **3º Passo:** acentua-se a vogal que precede o -r suprimido (1º Passo), nas hipóteses abaixo mencionadas:
> *Se a referida vogal for* **A**, *deve-se pôr acento agudo.*
> *Se a referida vogal for* **E** *ou* **O**, *deve-se pôr acento circunflexo.*
> *Se a referida vogal for* **I**, *não se deve pôr acento gráfico.*

Portanto, à luz da mesóclise, os pronomes oblíquos átonos (**me**, **te**, **se**, **lhe**, **nos**, **vos**, **o**, **a**) não devem ser colocados depois do verbo, nos tempos *futuro do presente* e *futuro do pretérito*. Dependendo do caso, podem até ser antepostos ao verbo, porém jamais pospostos, na forma enclítica. Portanto:

Far-se-ia a tarefa (e não "faria-se a tarefa").

Perdoar-se-á ao pecador (e não "perdoará-se ao pecador").

Aprecie, agora, os casos de antecipação correta do pronome, isto é, *próclise*, mesmo com o *futuro do presente* e *futuro do pretérito*. Atente para os termos atrativos do pronome:

<u>Não</u> lhe solicitarei outras respostas.

<u>Não</u> se faria novamente projeto.

<u>Ninguém</u> o levará desta capital.

Por fim, salienta-se que os elementos de vocábulos com hífen gozam de autonomia gráfica. Isso quer dizer que tais conjuntos verbais, ainda que pareçam proparoxítonos em análise geral, podem não o ser, devendo-se conceber a forma verbal "isoladamente", em face das regras de acentuação. Exemplos:

Nós tínhamos as planilhas – *Nós tínhamo-las* (com acento, proparoxítona).

Nós compramos o terreno – *Nós compramo-lo* (sem acento, paroxítona).

16.5. DICAS RÁPIDAS

16.5.1. FAZER JUS A

Situação: *Ele fez jus à vitória.*

Comentário: a expressão idiomática **fazer jus a**, no sentido de "merecer", é bastante encontradiça na linguagem forense. O problema está na grafia do monossílabo **jus**, que deve ser grafado sem acento e com -s.

16.5.2. MOSCAR-SE

É verbo pronominal de raríssimo uso, significando, em sentido figurado, "sumir, desaparecer". A conjugação dos tempos é interessante: *musco-me, musca-te, musca-se, muscamo-nos, muscai-vos, muscam-se; que eu me musque, que ele se musque, que eles se musquem*, entre outras. Portanto:

Musco-me quando ele aparece.

Se ela me irritar, dir-lhe-ei: musque-se!

16.5.3. *IMPIO* (PÍ) E *ÍMPIO* (ÍM)

Os adjetivos são bem parecidos, no entanto têm significados dessemelhantes. Vejamos:

a) Impio (im-pi-o) tem o sentido de "desumano, cruel, sem piedade". Exemplos: *inimigo impio; fatalidade impia.*

b) Ímpio (ím-pio) quer dizer "pessoa incrédula, antirreligiosa, contra Deus". Exemplo: *O livro é ímpio, e o autor, impio.*

16.5.4. NOBEL

A palavra "nobel" é oxítona, com a sílaba tônica em "bel", conquanto não desfrute de registro lexicográfico. Daí se recomendar a sua escrita com destaque (itálico ou aspas). À guisa de curiosidade, a origem do termo advém de Alfred Bernhard Nobel (1833-1896), um cientista sueco que instituiu, no fim da vida, uma praxe de premiar obras literárias ou científicas. A partir de 1901, portanto, os conhecidos prêmios Nobel começaram a ser conferidos aos privilegiados ganhadores.

Nesse passo, não confunda "nobel" com "novel", outra palavra oxítona, na acepção de "novo ou novato" – esta, sim, dicionarizada. Formando o plural "novéis", pode ser adjetivo (*novel guerreiro, novel engenheiro*) ou substantivo (*"Os novéis no ofício de ensinar têm de percorrer o intrincado caminho da arte do altruísmo"* – o Autor).

16.5.5. *PRÓVIDO* E *PROVIDO*

O adjetivo "próvido", proparoxítono, tem a acepção de "prevenido, prudente". Exemplos:
O soldado, próvido combatente, não foi pego na emboscada.
O boxeador foi à lona quando, impróvido e cansado, levou um golpe certeiro.

Por outro lado, "provido", paroxítono não acentuado graficamente, é particípio do verbo "prover", no sentido de "abastecer", além de representar o adjetivo, no sentido de "abastecido". Exemplos:
A biblioteca está provida de exemplares únicos.
A Intendência havia provido os soldados no campo.
A cozinha está provida de ótimos ingredientes para o jantar.

16.6. AS "PÉROLAS" DO PORTUGUÊS

Asalto
Correção: escreve-se *assalto*, com dois "ss".

Aperfeiçoação
Correção: o VOLP somente admite *aperfeiçoamento*, ficando os outros vocábulos adstritos ao campo das invencionices.

Quadro sinótico – Verbo

Conceito de verbo	Classe de palavras que, do ponto de vista semântico, contêm as noções de ação, processo ou estado, e, do ponto de vista sintático, exercem a função de núcleo do predicado das sentenças.

REFERÊNCIAS

ACADEMIA BRASILEIRA DE LETRAS. *Vocabulário Ortográfico da Língua Portuguesa*. 6. ed. Rio de Janeiro: Academia Brasileira de Letras, 2021. Disponível em: https://www.academia.org.br/nossa-lingua/busca-no-vocabulario.

ALMEIDA, Napoleão Mendes de. *Dicionário de questões vernáculas*. 4. ed., São Paulo: Ática, 1998.

_____. *Gramática metódica da língua portuguesa*. 28. ed., São Paulo: Saraiva, 1979; 44. ed., 1999.

AMARAL, A. *Revista da Academia Paulista de Letras* 26 (73): 171-2, 1969.

ANDRÉ, Hildebrando A. de. *Gramática ilustrada*. 2. ed., São Paulo: Moderna, 1982.

ARISTÓTELES. *Arte retórica e arte poética*. Rio de Janeiro: Ediouro, 1985.

ARRUDA, Geraldo Amaral (Des.). *Notas sobre a linguagem do juiz*. São Paulo: Corregedoria-Geral de Justiça – TJSP, 1988.

_____. *Como aperfeiçoar frases*. São Paulo: Corregedoria-Geral de Justiça – TJSP, 1988.

ASSIS, Machado de. *O alienista*. São Paulo: Ática, 1994.

BANDEIRA, Manuel. *Libertinagem & Estrela da manhã*. Rio de Janeiro: Nova Fronteira, 2005.

BARROS, Jaime. *Encontros de redação*. São Paulo: Moderna, 1967.

BECHARA, Evanildo. *Moderna gramática da língua portuguesa*. 22. ed., São Paulo: Companhia Editora Nacional, 1977.

_____. *Moderna gramática portuguesa – 1º e 2º Graus*. 19. ed., São Paulo: Nacional, 1979.

BELLARD, Hugo. *Guia prático de conjugação de verbos*. São Paulo: Cultrix, 1999.

BOAVENTURA, Edivaldo. *Como ordenar as ideias*. 5. ed., São Paulo: Ática, 1997.

BORBA, Francisco da Silva (Coord.). *Dicionário gramatical de verbos do português contemporâneo do Brasil*. 2. ed., São Paulo: UNESP, 1991.

_____. *Introdução aos estudos linguísticos*. 9. ed., São Paulo: Companhia Editora Nacional, 1987.

_____. *Instrumentos de comunicação oficial*. São Paulo: Estrutura, 1978.

_____. *Pequeno vocabulário de linguística moderna*. 2. ed., São Paulo: Companhia Editora Nacional, 1976.

BROWN, Dan. *O Código Da Vinci*. São Paulo: Sextante, 2004.

BUENO, Francisco da Silveira. *Grande dicionário etimológico-prosódico da língua portuguesa*. São Paulo: Saraiva, 1963.

CALDAS AULETE, F. J. *Dicionário contemporâneo da língua portuguesa*, 4. ed., Rio de Janeiro: Delta, 1958.

CALDAS AULETE, F. J.; GARCIA, H. *Dicionário contemporâneo da língua portuguesa*. 3. ed., Rio de Janeiro: Delta, 1980.

CALLADO, Antonio. *Sempreviva*. São Paulo: Círculo do Livro, 1981.

CÂMARA JR., Joaquim Mattoso. *Dicionário de linguística e gramática*. 8. ed., Petrópolis: Vozes, 1978.

_____. *Manual de expressão oral e escrita*. 2. ed., Rio de Janeiro: J. Ozon, 1966; 4. ed., Vozes, 1977; 6. ed., Vozes, 1981.

CAMÕES, Luís de. *Os lusíadas*. São Paulo: Cultrix, 1995; 4. ed., Porto Editora, 1995.

CAMPEDELLI, Samira Yousseff; SOUZA, Jésus Barbosa. *Português – Literatura – Produção de textos e gramática*. 3. ed., São Paulo: Saraiva, 2000/2002.

CARVALHO, Dolores; NASCIMENTO, Manoel. *Gramática histórica*. 7. ed., São Paulo: Ática, 1971.

CEGALLA, Domingos Paschoal. *Novíssima gramática da língua portuguesa*. 43. ed., São Paulo: Companhia Editora Nacional, 2000.

_____. *Dicionário de dificuldades da língua portuguesa*. 2. ed. rev. e ampl., Rio de Janeiro: Nova Fronteira, 1999.

CERVANTES, Miguel de. *Dom Quixote*. São Paulo: Nova Cultural, 1993.

CIPRO NETO, Pasquale. *Inculta e bela*. 3. ed., São Paulo: Publifolha, 2000.

COSTA, José Maria da. *Manual de redação profissional*. Campinas: Millennium, 2002.

COUTINHO, Ismael de Lima. *Gramática histórica*. 4. ed., Rio de Janeiro: Acadêmica, 1958.

CRYSTAL, David. *Dicionário de linguística e fonética*. Rio de Janeiro: Jorge Zahar, 1988.

CUNHA, Antonio Geraldo da. *Dicionário etimológico Nova Fronteira da língua portuguesa*. 2. ed., 16. reimp., Rio de Janeiro: Nova Fronteira, 2003.

CUNHA, Celso Ferreira da. *Gramática da língua portuguesa*. 9. ed., Rio de Janeiro: FAE, 1983.

CUNHA, Celso; CINTRA, Luís F. Lindley. *Nova gramática do português contemporâneo*. 2. ed., Rio de Janeiro: Nova Fronteira, 2000.

CUVILLIER, Armand. *Pequeno vocabulário da língua filosófica*. São Paulo: Companhia Editora Nacional, 1961.

DAMIÃO, Regina Toledo; HENRIQUES, Antonio. *Curso de português jurídico*. 8. ed., São Paulo: Atlas, 2000.

DUBOIS, Jean *et alii*. *Dicionário de linguística*. Dir. e coord. geral da tradução de Izidoro Blikstein. São Paulo: Cultrix, 1978.

FARACO, Carlos Emílio; MOURA, Francisco Marto de. *Gramática nova*. 19. ed., São Paulo: Ática, 2004.

FELLIPE, Donaldo J. *Dicionário jurídico de bolso*. 7. ed., Campinas: Julex Livros, 1993.

FERNANDES, Francisco. *Dicionário de regimes de substantivos e adjetivos*. 20. ed., Rio de Janeiro: Globo, 1987.

Português Jurídico

_____. *Dicionário de sinônimos e antônimos e Dicionário de verbos e regimes*. Porto Alegre: Globo, 1980.

FERNANDES, Paulo. *Nihil Novi Sub Sole*. Disponível em: <www.defato.com>, seção "Artigos", 2003.

FERRAZ JR., Tercio Sampaio. *Introdução ao estudo do Direito*. 4. tir., São Paulo: Atlas, 1991.

FERREIRA, Aurélio Buarque de Holanda. *Novo dicionário da língua portuguesa*. 2. ed., Rio de Janeiro: Nova Fronteira, 1986; 3. ed., 1999.

FOLHA DE S.PAULO. *Manual da redação*. 3. ed., São Paulo, 1992.

FREIRE, Ricardo. *Xongas*. *O Estado de S. Paulo*. São Paulo, 2001.

GASPARI, Elio. *Jornal Estado de Minas*. Belo Horizonte, 2001.

GOBBES, Adilson; MEDEIROS, João Bosco. *Dicionário de erros correntes da língua portuguesa*. 3. ed., São Paulo: Atlas, 1999.

HOUAISS, Antônio; VILLAR, Mauro de Sales. *Dicionário Houaiss da língua portuguesa*. Rio de Janeiro: Objetiva, 2001.

JHERING, Rudolf von. *O espírito do direito romano*. Rio de Janeiro: Alba, 1943.

JUCÁ FILHO, Cândido. *Dicionário escolar das dificuldades da língua portuguesa*. 3. ed., Rio de Janeiro: Fename, 1963.

LAROUSSE. *Dicionário da língua portuguesa*. Paris: Larousse/São Paulo: Ática, 2001.

LEITE, Marli Quadros. *Variação linguística: dialetos, registros e norma linguística*. In: SILVA, Luiz Antônio (Org.). *A língua que falamos. Português*: história, variação e discurso. São Paulo: Globo, 2005.

LEME, Odilon Soares. *Tirando dúvidas de português*. 2. ed., São Paulo: Ática, 1995.

LUFT, Celso Pedro. *Dicionário gramatical da língua portuguesa*. 2. ed., Porto Alegre: Globo, 1971.

_____. *Moderna gramática brasileira*. 4. ed., Porto Alegre: Globo, 1981.

_____. *Novo guia ortográfico*. 8. ed., Porto Alegre: Globo, 1979.

_____. *Dicionário prático de regência nominal*. 4. ed., São Paulo: Ática, 2003.

_____. *Dicionário prático de regência verbal*. São Paulo: Ática, 1987.

MACHADO, José Pedro (Coord.). *Dicionário etimológico da língua portuguesa*. Lisboa: Sociedade da Língua Portuguesa, 1965.

MARTINS, Eduardo (Org.). *Manual de redação e estilo*. São Paulo: O Estado de S. Paulo, 1990.

MARTINS, Ives Gandra da Silva. *A cultura do jurista – Formação jurídica*. São Paulo: Revista dos Tribunais, 1999; Sagra Luzzatto, 2000.

MICHAELIS. *Moderno dicionário da língua portuguesa*. São Paulo: Melhoramentos, 1998.

MIRABETE, Julio Fabbrini. *Curso de processo penal*. 2. ed., São Paulo: Atlas, 1995.

MORAES, Vinicius de. *Para uma menina com uma flor*. 13. ed., Rio de Janeiro: José Olympio, 1983.

NADÓLSKIS, Hêndricas; MARCONDES, Marleine Paula; TOLEDO, Ferreira de. *Comunicação jurídica*. São Paulo: Catálise Editora, 1997.

NASCIMENTO, Edmundo Dantes. *Linguagem forense*. São Paulo: Saraiva, 1992.

NICOLA, José de; TERRA, Ernani. *1001 dúvidas de português*. 10. ed., São Paulo: Saraiva, 2000.

NISKIER, Arnaldo. *Questões práticas de Língua Portuguesa*: 700 respostas. Rio de Janeiro: Consultor, Assessoria de Planejamento Ltda, 1992.

NOGUEIRA, Júlio. *A linguagem usual e a composição*. 13. ed., Rio de Janeiro: Livraria Freitas Bastos, 1959.

O ESTADO DE S. PAULO. *Manual de redação e estilo* – Eduardo Martins. São Paulo, 1990.

OLIVEIRA, Édison de. *Todo o mundo tem dúvida, inclusive você*. 5. ed., Porto Alegre: Sagra Luzzatto, 1999.

OLIVEIRA, Nélson Custódio. *Português ao alcance de todos*. 23. ed., Rio de Janeiro: Barbero, 1972.

OLIVEIRA, Ronaldo Alves de. *Escreva bem agora! Manual prático de estilística da língua portuguesa*. São Paulo: Edicta, 2001.

PAES, José Paulo; MASSAUD, Moisés. *Pequeno dicionário de literatura brasileira*. São Paulo: Cultrix, 1969.

PIMENTA, Reinaldo. *Português urgente*. 7. ed., Rio de Janeiro: Editora Campus, 1988.

PRETI, Dino. A norma e os fatores de unificação linguística, na comunidade. In: *Sociolinguística – Os níveis de fala (um estudo sociolinguístico do diálogo na literatura brasileira)*. 4. ed., São Paulo: Companhia Editora Nacional, 1987.

_____. Gírias saem da informalidade. *Revista Língua Portuguesa*, São Paulo, v. 40, 15 mar. 2009.

REALE, Miguel. *Lições preliminares de direito*. 27. ed., São Paulo: Saraiva, 2002.

_____. *Memórias*: destinos cruzados. Rio de Janeiro: Saraiva, 1986. v. I; 2. ed., 1987.

_____. *Filosofia do direito*. 4. ed., São Paulo: Saraiva, 1965.

REBELO GONÇALVES, R. *Vocabulário ortográfico da língua portuguesa*. Coimbra: Coimbra Editora, 1966.

REIS, Otelo. *Breviário da conjugação de verbos*. 38. ed., Rio de Janeiro: Francisco Alves, 1978.

RODRIGUES LAPA, Manoel. *Estilística da língua portuguesa*. Rio de Janeiro: Livraria Acadêmica, 1965.

RODRÍGUEZ, Victor Gabriel de Oliveira. *Manual de redação forense*. Campinas: Jurídica Mizuno, 2000.

RYAN, Maria Aparecida. *Conjugação dos verbos em português; prático e eficiente*. 5. ed., São Paulo: Ática, 1989.

SACCONI, Luiz Antonio. *Dicionário de pronúncia correta*. Ribeirão Preto: Nossa Editora, 1991.

_____. *Minidicionário Sacconi da língua portuguesa*. São Paulo: Atual, 1996.

_____. *Não erre mais!* 8. ed., São Paulo: Ática, 1986.

_____. *Tudo sobre português prático*. São Paulo: Moderna, 1979.

SANTOS, Hugo Rodrigues dos. *Latim para o jurista*. 3. ed., Belo Horizonte: Edições Ciência Jurídica, 1996.

SANTOS, Mário Ferreira dos. *Curso de oratória e retórica*. São Paulo: Logos, 1954. v. I.

SANTOS, Raquel Aparecida Lemes Bittencourt. *A importância do português no direito*. Monografia, Taubaté, 2001.

SILVA, Deonísio da. *De onde vêm as palavras; frases e curiosidades da língua portuguesa*. São Paulo: Mandarim, 1977.

_____. *De onde vêm as palavras II*. São Paulo: Mandarim, 1998.

SILVA, De Plácido e. *Vocabulário jurídico*. 5. ed., Rio de Janeiro: Forense, 1978.

SILVEIRA, Sousa da. *Lições de português*. Rio de Janeiro: Editora Livros de Portugal, 1972.

SILVEIRA BUENO, F. *Antologia arcaica*. 2. ed., São Paulo: Saraiva, 1968.

SQUARISI, Dad. *Dicas da Dad: português com humor*. 9. ed., São Paulo: Contexto, 2003.

_____. *Mais dicas da Dad – Português com humor*. São Paulo: Contexto, 2003.

TAUNAY, Visconde de. *Inocência*. 19. ed., São Paulo: Ática, 1991.

XAVIER, Antonio Carlos dos Santos. *Como se faz um texto; a construção da dissertação-argumentativa*. Campinas: Editora do Autor, 2001.

XAVIER, Ronaldo Caldeira. *Português no Direito*. 9. ed., Rio de Janeiro: Forense, 1991.

Outras fontes de consulta

DICIONÁRIO BRASILEIRO DA LÍNGUA PORTUGUESA. (1990) 12. ed., 3 v., São Paulo: Encyclopaedia Britannica.

DICIONÁRIO ELETRÔNICO BARSA. *CD-ROM*. (2003) São Paulo: Barsa Planeta.

DICIONÁRIO ELETRÔNICO HOUAISS DA LÍNGUA PORTUGUESA. versão 1.0. (2009), Curitiba: Objetiva.

NOVO DICIONÁRIO AURÉLIO ELETRÔNICO. (2010) 5. ed., versão 7.0, Curitiba: Editora Positivo.

Endereços Eletrônicos	Revistas e Jornais
https://sualingua.com.br	A Gazeta
https://ciberduvidas.iscte-iul.pt	Estado de Minas
https://folha.uol.com.br	Exame
https://academia.org.br	Folha de S.Paulo
https://comversos.com.br	Istoé
https://portugues.com.br	Jornal da Tarde
https://cursoanglo.com.br	Jornal do Brasil
https://educacao.uol.com.br/disciplinas/portugues	O Estado de S. Paulo
	O Globo
	Veja